中青年学者“双碳”目标学术研讨系列

“双碳”目标下金融支持乡村产业绿色发展研究

王　红◎著

中国财经出版传媒集团
中国财政经济出版社
·北京·

图书在版编目（CIP）数据

“双碳”目标下金融支持乡村产业绿色发展研究／王红著．--北京：中国财政经济出版社，2024.9.

（“3060”中青年学者“双碳”目标学术研讨系列）．

ISBN 978-7-5223-3285-7

Ⅰ．F323

中国国家版本馆 CIP 数据核字第 2024C91Z23 号

责任编辑：王佳欣　　　　责任印制：张　健

封面设计：潜龙大有　　　责任校对：张　凡

通　　读：杨　波

“双碳”目标下金融支持乡村产业绿色发展研究

“SHUANGTAN” MUBIAOXIA JINRONG ZHICHI XIANGCUN CHANYE LÜSE FAZHAN YANJIU

中国财政经济出版社 出版

URL：http：//www.cfeph.cn

E-mail：cfeph@cfeph.cn

社址：北京市海淀区阜成路甲 28 号　邮政编码：100142

营销中心电话：010-88191522

天猫网店：中国财政经济出版社旗舰店

网址：https：//zgczjjcbs.tmall.com

中煤（北京）印务有限公司印刷　各地新华书店经销

成品尺寸：170mm×240mm　16 开　15 印张　230 000 字

2024 年 9 月第 1 版　2024 年 9 月北京第 1 次印刷

定价：52.00 元

ISBN 978-7-5223-3285-7

（图书出现印装问题，本社负责调换，电话：010-88190548）

本社图书质量投诉电话：010-88190744

打击盗版举报热线：010-88191661　QQ：2242791300

前 言

本书得到“农村金融服务乡村产业振兴的机制与路径研究”（19BJY157）、“市场型环境规制诱发先进制造业绿色技术创新的机制与路径研究”（21CJY032）两个国家社科基金项目以及湖南省社科基金项目：后“混改”时代农村商业银行治理能力提升机制及路径研究（20YBA143）的资助。

全面推进乡村振兴是新时代建设农业强国的重要任务，实施乡村振兴战略，不仅是国民经济可持续发展的战略基础，更是解决新时代我国社会主要矛盾、实现“两个一百年”奋斗目标和中华民族伟大复兴中国梦的必然要求。产业兴旺是乡村振兴的重要基础，是解决农村一切问题的前提①，而要加快乡村产业绿色发展的脚步，金融的支持在其中起到至关重要的作用。“双碳”目标的提出，是中国推动构建人类命运共同体的责任担当和实现可持续发展的内在要求而做出的重大战略决策。在“双碳”目标下“碳交易市场”以及围绕降低碳排放和绿色发展的各种金融活动的出现和发展壮大也是我国实现高质量发展的必然趋势，在乡村产业绿色高质量发展缺乏经济内生力的前提下，金融在乡村产业绿色发展全过程中不可避免地成为极其重要的决定性因素。现阶段，党中央高度强调要构建以国内大循环为主体，国内国际双循环相互促进的新发展格局，为实现这一战略目标，就必须推进乡村产业绿色发展的进程，也就必须健全完善金融支持和乡村产业绿色发展之间的内在运行机制。金融和乡村产业绿色发展之间关系的研究是一个新的探索领域，因此，全面系统地探究金融对乡村产业绿色发展的作用机制以及具体影响程度等问题具有重要的理论探索与实证检验价值。

① 资料来源：《国务院关于促进乡村产业振兴的指导意见》（国发［2019］12号）。

一、研究的主要内容

（1）系统构建了金融支持乡村产业绿色发展的理论分析框架。在“双碳”目标重点提出的时代背景下，基于对相关理论概念及内涵的系统阐述，本书全面论述了金融支持乡村产业绿色发展的内在机制及路径，科学探究了金融支持乡村产业绿色发展的作用模式，创新性地分析了金融支持乡村产业绿色发展的能力和水平，多角度深入挖掘了金融支持乡村产业绿色发展的作用机制。

（2）全面阐述了“双碳”目标下金融支持乡村产业绿色发展的现状及存在的问题。本书首先对金融支持乡村产业绿色发展的政策进行全面梳理，详细描述了悠久的金融发展历程，接着对乡村产业绿色发展以及农村金融发展现状进行多维度分析，深入探究乡村产业绿色发展及农村金融发展存在的深层次问题。

（3）科学构建了乡村产业绿色发展的评价指标体系，并实证检验了金融对乡村产业绿色发展的作用方向、影响程度及区域异质性。在对乡村产业绿色发展评价指标体系构建的理论意义及实践意义进行双重探究后，本书基于五项评价体系构建原则，选取农林牧渔业、农产品加工业、乡村新型服务业、生态循环农业、农业科技创新、农村创新创业六大维度，采用熵权法整体构建了乡村产业绿色发展的评价指标体系，并以该体系科学测度了全国31个省份的乡村产业绿色发展水平指数以及各省份六项构建维度的局部情况。最后利用OLS模型实证检验了金融支持乡村产业绿色发展的作用方向及影响程度，并对该项关系中的区域异质性特征进行了重点剖析。

（4）探索性地构建了金融支持乡村产业绿色发展有关的政策建议框架。基于“双碳”目标下金融及乡村产业绿色发展的现状及问题分析，结合实证研究结论，在政策及建议部分，本书从乡村产业、金融体系及政府职能三大模块入手，运用全新视角与分析工具，结合实际科学地构建了金融支持乡村产业绿色发展的政策建议框架，针对性地提出了细化建议，并从顶层设计层面就如何实现相关政策的配套实践提出了一定的思路。

二、研究的主要结论

（1）在“双碳”目标重点提出的时代背景下，金融是乡村产业绿色发展的决定性因素。①金融能够撬动区域经济增长，推动乡村产业实现绿色低碳转型，优化产业结构，是保障“双碳”目标实现和乡村振兴战略成功的重要动能，是实现经济社会高质量发展的新支点。②金融服务可以积极提高储蓄率、储蓄投资转化率，使投资量增加，资本总量增加，以此提高乡村产业绿色发展的资本水平。③金融服务依靠资源配置机制、信息处理机制、风险分散机制、激励创新机制以及储蓄和投资机制，将更多的分散资金集中到绿色低碳、符合“双碳”时代背景、具有发展潜力的乡村产业，在促进乡村产业融合发展的同时，有效分散了产业发展中的潜在风险。④金融服务可以通过动员储蓄、信息揭示以及风险管理等功能促进技术进步，进而增强农村产业融合发展的核心驱动力，为乡村产业绿色发展提供强劲动能。

（2）自计划经济时期以来，农村金融服务的发展和壮大历程内嵌于不断演进的农业经济发展过程之中。大致经历了以下四个阶段：

计划经济阶段（1949—1978 年）。在该阶段内，我国实行计划经济制度，对金融方面的工作实行统一管理，也是在该时段内，新中国信用合作组织在广大农村开始建立。在这一时期，党和国家的工作重心放在工业化建设上，农村经济发展主要是为工业化发展而服务，农村金融此时重点也布置在工业化建设之中。国家在鼓励农村储蓄的同时，又不断降低储蓄利率，因而农村金融在支持农业农村经济发展上势态低迷。

经济体制转型时期（1978—1993 年）。这一时期农村金融体制开始初步改革，农村金融对乡村产业的支持开始引发各界关注。改革开放提出“计划与市场相结合”的改革思路，在家庭联产承包责任制等农村土地制度得到空前改革的同时，农业农村经济发展对农村金融提出了更多内生需求，农村信用社的一系列制度变革，不仅明确了农村金融机构的功能定位，也为农村的银行业、保险业等金融服务发展指明了方向。

中国特色社会主义市场经济时期（1993—2004 年）。在这一时段内，党的十四大明确提出建立社会主义市场经济体制，指出农村金融体制改革的目标是建立政策性金融、商业性金融、合作金融协调发展的农村金融体系。中国农村金融体系在社会主义市场经济制度顶层设计下逐步重新建立起来，并在实践探索中不断调整创新，走出了一条在不断试错中逐渐转型调整的改革道路。

新形势下的农村金融发展时期（2004 年至今）。在该时期内，农村金融的发展成为国家战略发展的重点，每一年的中央一号文件均有涉及。在信贷方面，国家先后提出要通过信用社改革，规范民间信贷，培育小额信贷组织，扩展多个银行的支农领域，奖励、补贴服务“三农”的金融机构，提供优惠的支农贷款利率。这一时期农村金融制度不断完善，农村金融机构不断多样化，用于服务农村的金融工具越来越广泛，国家促进农村金融改革创新发展的支持性政策也不断加强。

（3）现阶段，金融体系建设仍有许多问题亟待解决，金融助力乡村产业绿色发展这一过程面临严峻挑战，主要包括涉农信贷供给不足、支农助农服务欠缺、金融产品创新滞后等。①涉农信贷供给不足，农业经营主体资金缺口大依然是金融支持乡村产业绿色发展中的首要金融问题。目前，商业银行对于贷款的准入条件较为严苛，乡村产业链上的小微企业普遍尚未形成完整的经营体系，再加上金融体制有待完善，使乡村产业主体面临严重资金短缺以及贷款期限与农业生产周期不匹配等方面的问题。②金融机构支农助农服务落后，服务协同政策尚未落到实处。目前，由于融资渠道受限、融资程序较为烦琐以及部门协同程度欠佳等问题导致的融资渠道不畅，是造成我国农业农村经营主体发展资金短缺的重要原因，再加上乡村信息透明度偏低，致使农业经营主体难以获取足够的生产经营资金，抑制了乡村产业经营主体的融资能力与融资需求。③支持乡村产业的金融产品服务滞后较为严重，产品创新过程尚未实现与实际农村生产经营相结合，提供的金融产品和服务与城市商业领域趋同，难以满足农业经营主体的现实生产需要。

（4）乡村振兴发展水平逐年提升，呈现高质量发展态势，同时发展水平存在明显的区域性差别。本书以实现“双碳”目标为根本原则，以“绿色高质量发展”为导向，结合理论与实践，构建出全面、科学、可操作的乡村产业绿色发展水平评价指标体系，该体系同时囊括了农林牧渔业、农产品加工业、乡村新型服务业、生态循环农业、农业科技创新以及农村创新创业六个评价维度。在使用熵权法对乡村产业绿色发展水平评价指标体系的各项指标权重进行测算后，客观科学得出乡村产业绿色发展水平指数数值以及相对应的六大维度各自的指数数值。结果表明：从整体上看，乡村产业绿色发展水平指数大致呈逐年上升趋势，得益于2018年中央一号文件对乡村振兴战略的全面部署。从构建局部来看，六大维度相对应的指数数值也在2018年之后出现较为明显的增长，其中乡村新型服务业的增幅最为显著，农业科技创新的指数数值最高，说明乡村地区新产业、新业态的发展已见成效。从分布区域来看，乡村产业绿色发展水平存在较为明显的区域差异，整体上呈现东部地区 > 中部地区 > 西部地区的区域特征，且中西部地区的区域差异逐年缩小，虽两者相比东部地区仍有一定距离，但总的来说，我国乡村产业绿色发展态势可观，仍有广阔发展空间。

（5）金融对乡村产业绿色发展的支持具有显著的正向促进作用，具体表现为财力、物力以及保险三个维度的支持，并且该项正向促进作用具有明显的区域异质性特征。本书通过回归分析，重点选取全国范围内28个省份（除港澳台、西藏、北京、上海外）2011—2020年的样本数据，在研究假设前提条件下，采用OLS普通最小二乘法回归模型，实证检验全国范围内金融支持乡村产业绿色发展的作用方向及影响程度。回归结果表明，金融在人均涉农贷款余额、金融机构相对数以及人均农业保险保费三个方面对乡村产业绿色发展水平指数而言显著正相关，即金融能够通过财力、物力、保险三个维度显著地促进乡村产业绿色发展。此外，本书将全样本数据按照一定的分布标准分为了东部、中部、西部三大地区，实证考察了金融对乡村产业绿色发展的作用方向及影响程度在不同地区的差异水平。实证结果表明，金融对乡村产业绿色发展的支持具有明显的区域异质性特征，东部地区的作用效果从数值上看远超中西部地区。之所以呈现出这样的局面，可能是因为中西部地区经济基础落后于东部地区，金融供给模式有待进一步完善，农村产业的现代化水平也有待提高，中西部地区在金融支持乡村产业绿色发展上还存在很大的优化和提升空间。

三、研究的重要观点

乡村振兴战略的实施，是伟大中国实现“两个一百年”奋斗目标和中华民族伟大复兴中国梦的必然要求。在实施乡村振兴战略的过程中，我们必须认识到乡村产业发展，即产业兴旺，在整个战略布局中的核心地位，如果不能达成乡村产业发展，就不可能实现农业农村经济的高质量发展，就不可能完成乡村振兴这一伟大历史责任。在“双碳”目标重点提出的时代背景下，金融对乡村产业绿色发展的支持作用体现为绿色金融服务及制度不断更新变革，以最小的业务及制度成本获得最大的农村经济社会福利改进的过程，其最终目的是为乡村产业活血化瘀，促进农村经济的高质量发展，实现国民经济的可持续发展。金融对乡村产业绿色发展的支持力度也同时制约着乡村产业的有效协调发展，金融服务的质量效率对乡村产业绿色发展的质量成效起到至关重要的作用。

（1）产业发展是乡村全面振兴的基础和关键。“产业兴旺、生态宜居、乡风文明、治理有效、生活富裕”是实施乡村振兴战略的总要求，乡村振兴是包括产业发展、人才发展、文化发展、生态发展、组织发展的全面振兴，其中最重要、最根本、最关键的是产业发展。如果在乡村产业的层面上没有实现发展，乡村振兴的全面推进只能付诸东流。

（2）“双碳”目标是我国基于推动构建人类命运共同体的责任担当和实现可持续发展的内在要求而做出的重大战略决策。在“双碳”目标下，国内对金融发展提出新的需求，以碳中和为目标的政策措施会从需求和供给两方面提升绿色金融、碳中和经济、碳交易市场的发展潜力，实现经济效益和环境效益的双赢。从需求端来看，与减少碳排放、减少污染等指标直接相关的金融投放要求将进一步有助于促进经济增长方式转变，结合政策、社会、环境等方面的考量做出最适合当下“双碳”目标背景下的绿色发展；从供给侧来看，“双碳”目标下金融政策的升级以及投资红利显现时银行等金融机构产品与服务创新积极性的提升，可以有效促进金融发展。在供需两侧共同发力的背景下，金融市场将持续快速扩容。

（3）金融是乡村产业绿色发展的重要推手，通过资源配置机制、信息处理机制、风险分散机制、激励创新机制和储蓄投资机制对乡村产业的绿色发展起到推动作用，在促进乡村产业绿色高质量发展、实现“双碳”目标，推进现代农业产业发展和壮大农村实体经济等方面发挥着至关重要的作用。

（4）金融与乡村产业绿色发展之间的联系与影响是长期自然的历史过

程，在对二者进行干预的过程中必须遵循自然规律、经济规律和社会规律，尊重农民农业农村发展的自主权，长期不懈地解放并优化其潜在的生产力。

(5) 金融支持乡村产业绿色发展高质量和高效率化的核心在于高素质人才。没有潜心农村、热爱农业的高素质人才在农业领域的扎根，就不可能切实有效地提高金融对乡村产业绿色发展的支持质量和效率。因此，在乡村经济发展过程中，必须通过引入外来专业人才、提升本地居民综合素质，发挥其正向主观能动作用，通过实现资源配置效率和生产效率的提升，进而促进乡村产业的绿色、低碳、高质量发展。

(6) 在乡村产业绿色发展过程中应将提升绿色金融、碳中和经济、碳交易市场的发展潜力放置于绝对领先的位置上。现阶段，要促使农村产业融合的资源资本化，资本要素化，要素市场化，就必须强化金融的基础设施建设，没有金融现代化的进步，乡村产业就无法得到有效的绿色、低碳、高质量发展。

(7) 金融对乡村产业绿色发展带动的过程中，各级政府的引领发挥着关键的作用。要通过强化政府宏观调控手段，加强财政对乡村产业绿色高质量发展和金融现代化发展的支持，有效弥补现有金融服务体系的缺陷和不足。唯有在宏观层面真正做到最大限度地防范、化解金融与乡村产业绿色发展之间的不协调风险，农村经济社会的可持续发展才可能实现。

四、研究的政策建议

(1) 夯实乡村产业发展基础，实现产业效益最大化。①加大乡村人才培育力度。一方面，要引进专业人才，真正满足“三农”发展过程中对农业人才的需要。另一方面，要注重本地居民素质提升，结合当地实际情况，利用多元化方式向农民传授系统性的科学知识和技术，增强专业知识。②加强农村基础设施建设。主要表现为加大农业相关基础设施投入力度，积极完善道路交通网、水利设施、电力通信网络等基础设施，进一步加强网络支付结算系统和网络安全系统建设，构建便捷、快速、安全的交易系统。③大力培育新型农业经营主体。其中，家庭农场以家庭成员为主要劳动力，是现代农业的主要经营方式，应当对家庭农场的经营模式进行进一步的引导和管理，提高农业规模化、标准化、集约化生产经营效率。因为农民合作社是自愿联合、民主管理的互助性经济组织，为促进小农户与现代农业发展的有机衔接，有关农业部门或市场监督管理部门应当提高合作社规范化管理水平，因时因地地探索适合当地发展的合作社模式，增强农民合作社服务带动能力并加强其示范引领作用。④重点发展符合“双碳”目标大背景的绿色农业，既要对原有的高碳产业进行技术改造，也要发展低碳产业，明确绿色农业对于农业产业绿色、低碳、高质量发展的关键促进作用。有关政府机构应当强化整体布局，以多元协同为引领发展碳交易市场，通过市场化的手段发展绿色金融，解决“双碳”目标下金融支持乡村产业绿色发展过程中所遇到的资金短缺问题。在此基础上，进一步打造全产业链，以信息技术推动农业数字化建设。在乡村产业绿色发展的进程中，我国已经进入了绿色、低碳、高质量的发展阶段，在这个实现生态环境质量由量变到质变的关键时期，农村优势和特色需要延伸到产业链，通过产业链将价值变现，所以需要大力发展全产业链，将绿色高质量乡村产业与数字经济相结合，以产业融合为抓手创新农业业态，从而助力乡村振兴。

（2）推进金融现代化发展，健全农村普惠金融服务体系，提升绿色金融、碳中和经济、碳交易市场的发展潜力，创新绿色金融产品。①完善金融基础设施。推动农村支付体系、信用体系、现金服务、提供居民金融素养等基础设施建设。在农村支付体系的建设方面，要在不断强化农村支付服务基础设施建设，高效提升资金使用效率的同时，巩固农村特色支付服务，推广创新支付产品升级，持续推进移动支付便民工程的进度。在农村信用体系建设方面，要因地制宜地推动农村信用信息服务平台建设，强化评级结果应用，形成信用培育示范效应，多措并举增强农村经济主体的信用意识。在优化农村地区现金服务方面，要强化农村地区现金服务渠道建设，深入了解农村地区群众的现金需求，创新农村地区现金服务形式，加强假币违法犯罪防范体系建设。在提升农村地区金融素养方面，要统筹开展集中性金融知识的普及活动，启动金融教育示范基地建设，推进金融知识纳入国民教育体系的进程，并对农村居民金融素养水平进行定期评估以检验金融教育普及的总体成效。②健全绿色金融组织体系，加快推进金融机构分工协作支农体系建设，在考虑政策背景、乡村产业优势和市场的情况下推动绿色与传统金融服务融合，进一步加快“双碳”目标下绿色金融、碳中和经济、碳交易市场的发展进程，深化金融改革。③丰富绿色金融信贷产品，创设中长期低息贷款品种，创新抵押品的形式和范围，借助农村产业融合的产业链延伸优势，通过产业链核心龙头企业的联动作用，发挥供应链的联合增信功能。④健全农业保险分担体系，高效推动保险产品的创新开发，强化政策性农业保险对于农村产业经营主体经营风险的兜底性保障作用，积极推动农村保险服务模式创新，有效提升农业保险服务质量与效果。

(3) 优化政府职能作用，聚焦乡村产业绿色发展。①强化各级政府的引领作用，致力于营造有利于乡村产业绿色发展的良好生态环境。一方面，要为金融机构支持产业发展营造良好环境，鼓励建设新型互联网平台和搭建好碳交易市场；另一方面，要进一步发挥政府的多方协调作用，形成支持乡村高质量发展的政策合力，通过优化配置进一步促进农村一二三产业的深度链接。②做好项目资金流向监管，确保金融信贷资金真正用在“刀刃”上。包括加快建立财政金融专项资金监管平台，加强金融机构涉农贷款的追踪调查和管理，针对不同情况的地区采取差异化、分层级的灵活监管模式以扶持农村产业化发展稳步推进。③以宏观调控优化资源配置，为乡村产业绿色发展这一战略目标争取更多的资源倾斜。其中，需要进一步强化政府所承担的财政支农职能，加大财政投资力度，灵活运用财政投资工具支持乡村产业绿色发展；需要扩大税收优惠幅度，对新设立的金融机构给予税收减免，对县域内新设网点并积极为农村产业经营主体提供金融产品服务的金融机构实施适当的税收减免，对农村信用合作社在接受和处置抵债资产过程中应缴纳的税收予以减免，将农村非正规金融机构的规范激励纳入税收优惠范围等；需要灵活运用财政补贴、损失注销和补充资本金等转移支付工具，降低金融机构支农成本和风险。④完善顶层法律规制框架。一方面，坚持公平原则、效率原则以及激励相容原则的基本导向，使民间金融业态合法合规，降低金融支农的市场风险和交易成本；另一方面，结合“双碳”目标的背景，国家为推进“双碳”目标出台的系列政策为绿色金融创造了良好的条件，实现金融支持乡村产业绿色发展，发展绿色金融是刚性要求，所以需要加强绿色金融发展的顶层设计。⑤对乡村产业绿色发展的方向进行引导，明确低碳产业是未来的发展方向，再因地制宜，结合东部、西部、中部农村自身的天然优势和地域特色分别从生态环保业、旅游业、清洁能源等方面去明确未来低碳产业发展方向。

五、研究的主要创新

（1）本书从理论架构层面较为全面地廓清了金融支持乡村产业绿色发展的理论依据以及作用机制。本书在借鉴金融发展理论、产业经济理论等经典理论的基础上，从乡村产业绿色发展的需求出发，结合“双碳”目标重点提出的时代背景，系统构建了金融支持乡村产业绿色发展的理论分析框架，在极大程度上拓展并深化了金融支持乡村产业绿色发展的理论研究范围。本书对“双碳”目标下乡村产业绿色发展内涵进行了重新阐释，从多角度论述了金融支持乡村产业绿色发展的作用机制，深入挖掘了乡村产业绿色发展及农村金融目前的发展状况和存在的主要问题，科学探究了乡村产业绿色发展水平的测度依据以及方法，并对金融与乡村产业绿色发展之间的关联关系进行了回归分析。

（2）本书从经验证据层面明晰了各个地区乡村产业绿色发展水平指数以及其子系统指数的分布状况，并对其呈现的分布格局进行了成因剖析。从指数测算、整体描述、异质分析等视角出发，从实证层面提供了较为完整的全国范围内乡村产业绿色发展水平的经验证据支撑，创新性地揭示了以往研究较少涉及的全国范围内乡村产业绿色发展水平分布情况及六个子系统水平指数的变动趋势。在众多权重赋予路径的选择上，本书采用熵权法这一严谨科学的方法，定量测度了一个地区乡村产业绿色发展水平的程度，分析了各地区乡村产业绿色发展水平指数的区域差异以及变动趋势并深入剖析了相对应的成因起源，进一步采用回归分析的方法实证检验了金融对乡村产业绿色发展水平的作用方向以及影响程度，考察了金融对乡村产业绿色发展的传导机制并探究了金融对乡村产业绿色发展的总体影响以及区域异质性情况。

（3）本书从政策体系层面系统架构了金融支持乡村产业绿色发展的政策建议框架，创新性地从夯实乡村产业基础、推进金融现代化以及强化政府的引领作用三个维度具有针对性地提出了政策建议。基于实证研究的重要结论，结合当前中国乡村产业绿色发展现状以及金融支持乡村产业绿色发展过程中所存在的问题，本书提出了金融支持乡村产业绿色发展的指导思想，揭示了金融支持乡村产业绿色发展的作用机制，划分了金融支持乡村产业绿色发展的优化模式，提出了金融支持乡村产业绿色发展的政策建议。本书论证和揭示的重要理论观点和政策主张，可以为各级政府部门以及涉农金融机构制定支持乡村产业绿色发展相关的战略布局和政策措施提供一定的理论依据和思路参考。

综上所述，本书在借鉴前人理论研究成果的基础上，构建了具有创新性的理论框架，研究结果也紧密契合中国金融与乡村产业绿色发展之间的现实逻辑，并据此提出了具有针对性、创新性的政策建议，对此我们深感欣慰。尽管本书可能存在着一定的不足，但希望本书的编撰能够为相关领域的理论研究进行进一步补充并以此帮助指导实践工作，同时愿更多的专家、学者关注中国农业农村农民问题，对该领域内的研究问题进行更为深入的探索，切实解决更深层次的现实问题。

王 红

2024 年 6 月

目 录

第1章　导　　论

乡村要振兴，产业必发展。习近平总书记在党的二十大报告中指出："全面建设社会主义现代化国家，最艰巨最繁重的任务仍然在农村。"产业发展是乡村振兴的重中之重，也是实际工作的切入点，而传统农业发展模式的转型升级，因受资金等多重因素的制约，在很大程度上影响了乡村振兴战略目标的推进。现阶段，党中央高度强调要构建以国内大循环为主体，国内国际双循环相互促进的新发展格局，为实现这一目标，就必须推进乡村产业绿色发展的进程，也就必须健全完善金融支持和乡村产业绿色高质量发展之间的内在运行机制。因此在"双碳"目标提出的背景下，金融成为激活农村发展内生力，推动农村经济发展的桥梁。金融为乡村产业绿色、低碳、高质量发展提供了契机。

推动乡村产业绿色发展，金融是重要保障和有力支撑，要从实际出发，加大金融支农力度，不断提升金融服务能力和效果，为乡村产业绿色发展提供有力的资金支持。因此，要落实好相关的政策，增强对乡村产业的金融服务职能。本章在全书过程中起到导入作用，主要阐述研究的问题及背景、研究的意义与价值、研究的目标与思路、研究的方法与内容和可能的创新之处，力求为整个研究搭建一个清晰的逻辑体系。

1.1　研究的问题及背景

党的十九大报告指出：当前"我国社会主要矛盾已经转化为人民日益增长的美好生活需要和不平衡不充分的发展之间的矛盾"。我国不平衡不充分发展的一个突出表现是"三农"问题。"三农"问题是关系国计民生的根本性问题。乡村兴则国家兴，乡村衰则国家衰。全面建成小康社会和全面建成社会主义现代化强国，最艰巨最繁重的任务在农村，最广泛最深厚的基础在农村，最大的潜力和后劲也在农村。实现乡村振兴有利于解决新时代我国社会主要矛盾，同时也在实现“两个一百年”奋斗目标和中华民族伟大复兴的中国梦道路上起到重要作用。中共中央、国务院在所印发的《乡村振兴战略规划（2018—2022年）》中对乡村振兴战略进行具体阐述，指出乡村振兴战略主要体现在：产业兴旺、生态宜居、乡风文明、治理有效和生活富裕五个方面。产业兴旺是核心，也是乡村振兴战略的基础和保障，是乡村振兴战略的首要任务和中心问题。乡村产业绿色发展能够提供更多的就业岗位给农民，从而提高他们的收入水平，这有利于实现农民生活富裕，符合乡村振兴要求。新时代做好“三农”工作离不开乡村振兴战略，而乡村振兴，产业发展是关键。我国目前正在大力推进乡村振兴，乡村产业绿色发展将是今后工作的重点。

推进乡村产业绿色发展、加快建设农业强国，是党中央着眼全面建成社会主义现代化强国做出的战略部署。但目前的乡村产业尚处于传统发展阶段，集约式农业和过度使用农地会带来一系列的生态问题。首先，虽然工业、能源部门是碳排放主体，但是农业二氧化碳气体的排放量也不容小觑。Clark（2020）指出：“即使其他所有领域的温室气体排放量立即归零，仅全球粮食系统的排放就足以阻碍《巴黎协定》将全球升温控制在1.5℃以内的目标实现”。其次，为了保障粮食的自给率以及粮食出口，在农业农耕地面积有限的情况下只有通过不断地增加促使粮食生长的水、化肥以及农药的投入，才能减少农耕土地管理不善的问题。但这种传统的农业发展模式导致了生物多样性丧失、土壤结构被破坏以及生物环境退化等一系列生态问题，而依赖生态环境而存活的许多生物将会面临栖息地被破坏、数量锐减等生存问题，因此生态系统会因为生物多样性的丧失而变得脆弱。这种情况将会导致生态环境与生物环境相互作用的恶性循环，生物环境将直接影响生态环境的供给服务并反作用于农业生产，也间接影响如防风固沙、防土壤侵蚀、作物之间的授粉等其他生态系统的功能。生态环境的维持，不仅靠的是人力，更多的是靠生态系统的自我调节，传统农业的运作和发展方式严重地破坏了生态环境与生物环境的平衡，使生态系统植物群落的生产力与碳固存能力变弱、气候变化速度加快、农业环境的污染变得越来越严重。因此，传统农业发展模式不仅会导致生态系统的碳吸收能力变弱，同时由农业本身产生的碳排放量也不容忽视。这种传统的农耕方式及自然条件的固有限制，困扰着农村产业的发展，很难找到能实现乡村振兴的可持续发展的产业，产业兴旺更是难上加难。

传统农业高强度集约式和机械化的生产是为了保证粮食的生产，而粮食产量的提升与粮食生产基础的自然资源利用是否有可持续性密切相关，传统农业发展模式导致的恶性循环只能一度导致农业生态环境的污染程度加深，所以如何实现传统农业绿色低碳的转型在当下尤为重要。农业绿色低碳转型的目的是实现产业兴旺，而产业兴旺需要金融的大力支持。习近平总书记在第七十五届联合国大会一般性辩论会上强调，中国二氧化碳排放争取在 2030 年前达到峰值，努力争取在 2060 年前实现碳中和。“碳达峰”“碳中和”目标为乡村产业的绿色发展指明了绿色、低碳、高质量发展且适合农业农村特点的最优路径。一方面，“双碳”目标将会引起未来政府层面对于低碳排放产业的政策倾斜力度，传统的高碳产业将会被低碳产业所取代，乡村产业在未来绿色、低碳、高质量的发展，将会使其在中国绿色发展产业的调整期迎来重大的机遇。另一方面，金融可以缓解乡村产业减碳的融资约束、分散投资人对于农村减碳产业投资的风险并且还能够为乡村低碳产品提供信用担保。同时，金融可以有针对性地通过创新绿色金融产品，如绿色信贷服务、绿色债券、绿色基金、绿色保险、绿色租赁以及供应链金融等来缓解乡村产业绿色发展的资金不足等问题，成为乡村产业实现绿色、低碳、高质量发展的重要桥梁。

近年来，党和政府高度重视农村金融工作，监管部门对金融服务提出要求，农村地区金融投入实现大幅度提升。截至 2022 年末，我国本外币涉农贷款余额达到 49. 25 万亿元，同比增长 14%，增速比 2021 年末提高 3. 1 个百分点，本外币绿色贷款余额 22. 03 万亿元，同比增长 38. 5%，比 2021 年末高 5. 5 个百分点。从一级市场发行规模来看，政府与国企绿色债券发行规模近两年逐年攀升，2021 年仅为 8101 亿元，2022 年则已超过万亿级，达到11409亿元，较2021年增长40.83%。从发行期限来看，自2016年至2018年，绿色债券平均发行期限较为平稳，自2019年起，绿色债券的最长发行期限由15年延长至30年，这类超长期绿色债券发行人主要为地方政府。尽管金融投入力度不断加强，但在深入分析后却不难发现，虽然从总量来看，涉农贷款总量已超过同年国内生产总值（GDP）的40%，但从结构上来看，真正投向农业、农民的信贷资源较少，截至2022年末，农户贷款余额只有14.98万亿元，农业贷款余额只有5.06万亿元，在涉农贷款中的占比相对较低，融资难、融资贵的基础性问题仍然存在，金融对乡村发展、产业推动、农民增收致富等方面的促进作用还有待加强，还没有完全建立金融与乡村发展相互融合的机制。在“双碳”目标下，乡村产业绿色发展还需依靠政府相关财税部门以及金融机构的宏观调控作用，不断完善金融和乡村产业绿色发展的融合机制，完善金融的顶层设计。如何在“双碳”目标下构建一套乡村产业绿色发展量化评价指标体系，并量化研究金融对乡村产业绿色发展的具体影响，以金融助力乡村产业绿色发展的评估体系为依托，完善金融助农发展建设过程中评估系统和认证标准，建立项目大数据库以便于农业绿色转型的需求，及时对接社会各类金融机构，实现实时的绿色数据的分享，以便更加精准施策来助推农业绿色低碳发展，建设生态宜居的美丽乡村，是一个值得深入思考的问题。

为了实现金融支持乡村产业绿色发展的职能，本书对我国目前金融支持乡村产业绿色发展的效果进行分析，探究金融服务职能的现有水平，以期更好为金融支持乡村产业绿色发展提供符合现阶段水平的政策建议。使金融更好地促进传统农业实现绿色、低碳、高质量发展，激发乡村产业绿色发展的活力。

1.2 研究的意义与价值

基于以上背景，深入系统地研究“双碳”背景下，金融支持乡村产业绿色发展效果有利于精准定位我国金融服务乡村产业绿色发展的现状，设计符合我国现阶段发展情况的政策，也能够丰富金融支持乡村产业绿色发展的相关理论。

现实意义层面：改革开放以来，我国农村地区实现了经济水平、生活水平的重大提升。但是，发展不均衡不充分的问题也随之凸显。中国城乡二元结构导致了农村的空心化，比起乡村的农业产业发展的内生力不足，城镇以工业发展为主的情况显然能获得更高的经济收入，这就使农村人口逐步地向城镇转移，主要的年轻劳动力都转移到城镇，而老人小孩则留守农村，这使缺乏劳动力的农村一度陷入恶性循环。农村地区的发展相对于城镇仍有较大差距，使资源在分配过程中也向城镇倾斜，导致乡村发展受到制约，城乡之间的鸿沟逐渐加深，农村产业绿色、低碳、高质量发展面临着人才、资金等方面的严重制约。为了实现共同富裕，增强人民群众的生活幸福感，缩小城乡差距成为新时代党指导工作的重大部署。在“双碳”目标提出的背景下，不仅是政策上的资源倾斜和融资渠道的拓宽为乡村产业带来了经济内生力，同时乡村本身所富含的碳汇资源有机会成为可变现资产，农村产业经济价值的快速增值和资源优势将快速地吸纳更多的人才以及优质劳动力留守农村，成为扎实的内生力。乡村的振兴和发展离不开乡村的产业发展，乡村产业绿色发展是乡村经济发展的驱动力。而乡村产业绿色发展的制约来源于经济发展内生力的不足，乡村产业主要以农业为主，农业和其他产业相比缺乏自我发展能力，其自力更生、自主创新、自行投资和自我发展的能力较差，因而造成城乡发展不均衡、不充分的局面。在“双碳”目标下，金融是实现产业发展的要素，金融的充分支持和有效流通有利于乡村产业创新经济发展模式和弥补经济发展内生力不足的缺陷，实现乡村产业高质量发展。综观现有研究，专家、学者们关于“金融支持乡村产业绿色发展”的关注不够，基于“双碳”目标的乡村产业绿色发展评价指标体系尚不够完整，难以对金融支持乡村产业的详细状况进行客观评价，尤其是我国幅员辽阔，地区之间存在异质性，只有对不同地区的异质性进行深入、量化研究，才能精准靶向地进行相应政策引导，以促进乡村产业绿色、低碳、高质量发展。

因此，本书基于“双碳”战略目标，构建了一个客观、全面的乡村产业振兴水平评价体系，定量分析了金融对乡村产业绿色发展的影响程度以及区域之间存在的异质性。实证结果表明，金融在人均涉农贷款余额、金融机构相对数以及人均农业保险保费三个方面对乡村产业绿色发展水平指数而言呈显著正相关，即金融能够通过财力、物力、保险三个维度显著促进乡村产业绿色发展。同时金融对乡村产业绿色发展的支持具有明显的区域异质性特征，东部地区的作用效果从数值上看远超中西部地区。本书通过以上对我国现阶段“双碳”目标下金融支持乡村产业绿色发展的效果进行研究，能够对我国金融支持乡村产业绿色发展的现状进行更细化的状态区分。这一精准定位有利于锁定该阶段存在的核心问题，便于制定更有效的政策。精准的政策落实能够使金融资源效率最大化，助推农业产业绿色、低碳、高质量发展。

在理论意义层面，本书详细总结和归纳了前人的研究成果，基于前人对金融和乡村产业绿色发展的研究基础，结合我国农村经济发展的实际情况，深入分析“双碳”目标下金融对我国乡村产业绿色发展的作用机制以及发展现状，量化评估金融对乡村产业绿色发展的具体影响，并试图探求适合我国国情的解决策略。本研究有利于丰富农村金融以及金融支持乡村产业绿色发展的文献资料，为“双碳”目标下金融支持乡村产业转型升级、兴旺发展提供一定的理论依据和政策支持。

1.3 研究的目标与思路

本书研究的总体目标是运用科学的理论和方法，结合当下“双碳”目标的背景下中国农村地区农业产业急需绿色低碳转型的基本情况，对金融支持乡村产业绿色发展的效果进行深入分析，以期为金融更好地服务乡村产业绿色发展提供政策建议，助推农业产业绿色、低碳、高质量发展。为实现该目标，本书需要做到以下几个方面：①系统回顾和借鉴经典的理论基础，借鉴国内外已有研究成果，对金融支持乡村产业绿色发展的相关概念进行科学界定。分析金融支持乡村产业绿色发展的内在机理，构建金融支持乡村产业绿色发展的理论框架。②以时间为主线，分析金融支持乡村产业绿色发展的历史进程，以及金融支持乡村产业绿色发展的现状和存在的问题。③运用OLS模型实证探究金融支持乡村产业绿色发展的现状以及效果，并对实证结果进行分析。④科学合理地设计金融支持乡村产业绿色发展的总体目标以及创新模式，提出金融更好地服务乡村产业绿色发展的政策建议。

本书主要对金融支持乡村产业绿色发展展开研究，在研究过程中分析金融支持乡村产业绿色发展的现状，得出金融支持乡村产业绿色发展的一般规律，剖析其中存在的问题。同时，通过构建乡村产业绿色发展评价体系，来量化乡村产业绿色发展水平，并以此为基础对金融支持乡村产业绿色发展的作用效果展开实证研究。实证研究过程中通过对我国东中西部地区进行异质性分析，得出不同地区的金融服务乡村发展水平差异。最后在实证研究的基础上提出我国金融支持乡村产业绿色发展的政策建议。本书的研究思路为：首先，在回顾和借鉴农村金融理论、产业融合理论的基础上，全面总结国内外有关金融支持乡村产业绿色发展的成功经验。剖析金融支持乡村产业绿色发展的作用机理。分析我国乡村产业绿色发展现状，金融支持乡村产业绿色发展政策现状，金融支持乡村产业绿色发展的现状，以及金融支持乡村产业绿色发展存在的问题和原因。其次，展开金融支持乡村产业绿色发展的实证研究。在这个过程中，第一步，建立我国乡村产业绿色发展水平评价体系，通过熵权法对该指标体系进行量化。在该过程中，分别从总体水平、区域水平、各省份水平，展开由面到点，从整体到局部的分析。第二步，基于前文熵权法测定的乡村产业绿色发展水平，通过主回归分析和异质性检验分析金融支持乡村产业绿色发展的作用效果。最后，基于以上研究，提出金融支持乡村产业绿色发展的政策建议。本书在研究过程中力求将定量分析与定性分析相结合，在此过程中也充分结合我国农村金融支持和乡村产业绿色发展的实际情况，并为更好地深化农村金融服务乡村产业绿色发展提供政策建议。本书将严格遵循理论和实证结合的分析模式，本书的技术路线图可以概括为图1.1。

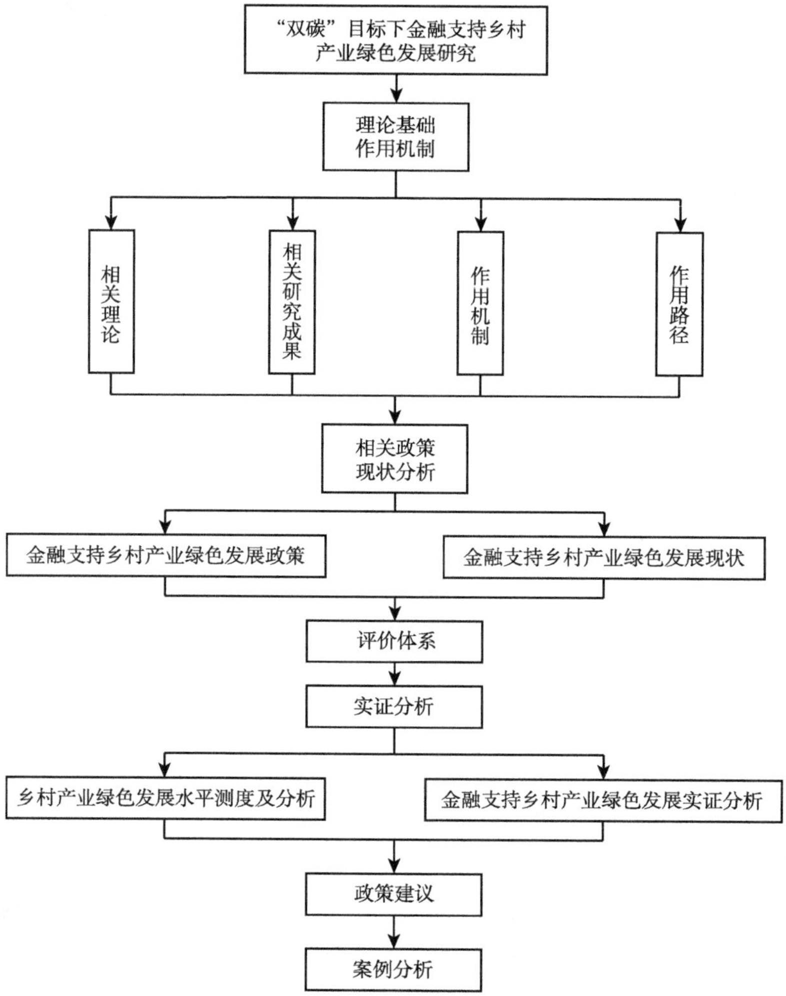

图 1.1　技术路线图

1.4　研究的方法与内容

本书结合了理论和实证研究方法，具体内容如下：

第 1 章为导论。阐述本书的研究问题及背景、研究的意义与价值、研究的目标以及思路、研究的内容与方法以及本书可能的创新之处。

第2章为金融支持乡村产业绿色发展的理论基础及文献梳理。主要归纳和总结了"双碳"目标下金融与乡村产业振兴的相关理论基础。其中，主要借鉴农村金融发展理论、产业经济理论，以期为本书的研究提供理论指导。

第3章分为"双碳"目标下金融支持乡村产业绿色发展的作用机制和路径。主要介绍了金融支持乡村产业绿色发展的作用机制，其中包括金融支持乡村产业绿色发展的资源配置机制、信息处理机制、风险分散机制和激励创新机制，同时还介绍了金融支持乡村产业绿色发展的路径。

第4章为金融支持乡村产业绿色发展政策梳理。金融支持是推动乡村产业绿色发展的重要保障，而农村金融服务的发展贯穿了农业经济发展的全过程。本书以农村经济发展历程为时间主线，将其划分为以下五个阶段：计划经济时期（1949—1978年）、经济体制转型时期（1979—1992年）、中国特色社会主义市场经济时期（1993—2004年）、普惠金融发展时期（2005—2015年）、绿色金融发展时期（2016年至今），并详细阐述了各阶段农村金融发展状况及相关的乡村产业绿色发展金融支持政策，以便更清晰地理解金融在推动乡村产业绿色发展中的作用与政策环境。

第5章为"双碳"目标下金融支持乡村产业绿色发展现状。主要介绍乡村产业绿色发展现状及金融支持现状。从农业经营主体规模变化、农业绿色生产发展形势走向、农产品加工业发展情况、乡村产业整合发展趋势及农村创新创业活动等方面描述我国农村地区产业绿色发展的现状，并对该现状下乡村产业绿色发展存在的主要问题进行深度剖析；同时从农村金融机构、涉农贷款总量、农业保险服务水平等几个维度全方位分析金融支持乡村产业绿色发展的现状及面临的主要问题。

第6章为"双碳"目标下乡村产业绿色发展评价体系构建。乡村产业绿色发展评价指标的选取是准确评价乡村产业绿色发展水平，精准施策，助力乡村振兴战略实施的重要依据，但是目前关于乡村产业绿色发展水平的指标体系尚无统一标准。本书在借鉴前人研究的基础上，基于"双碳"目标要求，以《国务院办公厅关于推进农村一二三产业融合发展的指导意见》为参考，从农林牧渔业、农产品加工业、乡村新型服务业、生态循环农业、农业科技创新、农村创新创业等六个维度设立评价指标，以期多维度、全方位衡量乡村产业绿色发展水平。

第7章为“双碳”目标下乡村产业绿色发展水平测度及分析。首先对乡村产业绿色发展水平进行测度，本书用熵权法来确定各个具体指标的权重，原因在于熵权法具有客观赋权的优点，可以避免专家赋权的主观性，能够实事求是地反映各指标在综合指标中的重要性。其次，基于此对我国乡村产业绿色发展水平进行分析。通过对2011—2020年中国乡村产业绿色发展水平综合指数及六个子系统指数的变化进行分析，得出我国总体乡村产业绿色发展水平趋势。为了进一步全面掌握区域发展动态，依照各省级行政区自然资源的分布、经济社会发展水平，将28个省份分为东部、中部和西部三大经济区域，对三大区域乡村产业绿色发展水平综合指数和各子系统指数进行分析，为区域协调发展政策的制定提供事实依据。此外，鉴于2018年才开始启动实施乡村振兴战略，实施效果存在一定滞后性，因此，为了了解最新乡村产业绿色发展情况，同时结合数据的可获得性，以省份为单位（天津、河北、辽宁、江苏、浙江、福建、山东、广东、广西、海南、山西、内蒙古、吉林、黑龙江、安徽、江西、河南、湖北、湖南、重庆、四川、贵州、云南、陕西、甘肃、青海、宁夏、新疆），进一步分析中国各省份乡村产业绿色发展水平及各子系统的发展差异。

第8章为“双碳”目标下金融支持乡村产业绿色发展实证分析。首先，以全国28个省份2011—2020年的面板数据为样本，采用OLS普通最小二乘法回归模型，实证分析金融支持对农村产业发展的作用方向以及程度。其次，对本书的解释变量、被解释变量以及控制变量进行说明。以乡村产业绿色发展水平为被解释变量；以人均涉农贷款余额、农村金融机构相对数、农村金融机构网点相对数、人均农业保险保费支出为解释变量；以第一产业地区生产总值、第二产业地区生产总值、第三产业地区生产总值以及城镇化率为控制变量。再次，处理相关数据并构建实证模型。最后，通过描述性统计、相关性分析、稳健性分析以及异质性检验来展开本书的实证研究过程。

第9章为金融推动乡村产业绿色低碳发展的政策建议。主要对前期研究进行总结，再针对性地提出政策建议。为了更好地实施乡村产业绿色发展这一重大战略，本书立足于“双碳”目标下中国乡村产业绿色发展和金融支持乡村产业绿色发展的现状和问题，提出针对性的措施，分别从商业性金融、合作性金融、政策性金融等维度提出优化建议。

第10章为湖南省金融支持乡村产业绿色发展案例分析。基于前期的理论和实证分析，本章选取我国的农业大省——湖南省做实例分析，具体包括：湖南省乡村产业绿色发展现状、湖南省金融支持乡村产业绿色低碳发展现状、湖南省金融支持乡村产业绿色低碳发展存在的问题等方面。分析结果显示，湖南省乡村产业绿色发展的综合水平低于全国平均水平，各子系统的绿色发展水平也整体落后于全国平均水平，特别是在农产品加工业和农业科技创新方面差距较大，这表明湖南省乡村产业绿色发展仍有较大的提升空间。尽管湖南省政策文件、涉农贷款和农业保险的力度不断加强，金融环境进一步得到改善，金融可得性逐步增强，但金融支持乡村产业绿色发展仍面临一定的问题，既包括金融基础设施维护不足和功能单一、金融服务和产品同质化严重等金融内生问题，也包括农村信用环境亟待改善、金融人才短缺等外生问题，针对这些问题，本章提出了相应的政策建议。

本书在研究过程中采用定量分析与定性分析结合、规范分析与实证分析同步的方法，防止了单一方法造成的分析缺陷。此外，通过运用计量经济学中的回归分析等实证研究方法，本书围绕金融对乡村产业绿色发展的影响进行了较为系统的理论刻画与实证检验。

（1）文献研究法。根据实际研究的需要，本书在研究过程中，对国内外的文献以及资料进行了广泛搜集、分析和整理。较为全面地梳理了相关的理论，归纳了相关文献，为本书开展深入研究提供经验借鉴。

（2）综合指数测度法。本书第6章和第7章分别从农林牧渔业、农产品加工业、乡村新型服务业、生态循环农业、农业科技创新、农村创新创业六个维度构建了乡村产业绿色发展的综合评价体系。其中，农林牧渔业涵盖农村劳动生产率，农业增加值增长率，粮食、棉花以及油料作物单位产值三个指标；农产品加工业涵盖农产品加工业人均收入、农产品加工业收入占农林牧渔总产值之比两个指标；乡村新型服务业包括休闲农业人均年营业收入、乡镇综合文化站人均数量；生态循环农业包括单位面积农用薄膜施用量、单位有效灌溉面积；农业科技创新包括农业技术人员数占农村人口数之比、农业科技进步率；农村创新创业则以农村创业率为代表。上述六个维度根据《国务院办公厅关于推进农村一二三产业融合发展的指导意见》构建，较为全面系统地体现出乡村产业绿色发展特征。

（3）描述性统计分析法。本书第 8 章采用描述性统计分析方法，采用全国 28 个省份 2011—2020 年的数据，分析了我国乡村产业绿色发展水平指数在不同区域、不同年份的差异，描述了人均涉农贷款余额、农村金融机构相对数、农村金融机构网点相对数、人均保险保费支出的现状、特征、趋势以及差异。

（4）计量模型研究方法。在第 8 章中，本书基于我国 28 个省份 2011—2020 年的数据，构建 OLS 普通最小二乘法回归模型，采用计量分析方法，借助 Stata17、SPSS 等数据处理软件，实证分析了金融对乡村产业绿色发展的作用效果。此外，通过异质性检验，进一步探究了基于不同经济发展水平下，我国东部、中部、西部地区金融对产业发展的影响差异，为优化金融服务提供思路。

（5）定量与定性结合法。本书中的定性研究法主要用于金融和乡村产业的发展历程、存在的问题，以及政策构建的研究；定量研究主要体现在金融支持乡村产业绿色发展的现状分析和实证研究。

1.5 可能的创新之处

在选题方面，目前大多数学者主要集中于“乡村振兴”的总体战略，很少聚焦到“乡村产业绿色发展”。此外，对金融支持乡村产业绿色发展的研究很少有学者聚焦当前的发展阶段，本书以金融支持乡村产业发展的现阶段为研究主体，结合当下“双碳”目标的政策，系统构建了金融支持乡村产业绿色发展的理论分析框架以及作用机制，深入分析我国当前金融支持乡村产业绿色发展的现状和问题，能够为政策的精准制定提供帮助，也对金融支持乡村产业绿色发展的相关文献进行了完善。本书主题包含金融和乡村产业绿色发展，集中分析了金融对乡村产业绿色发展的支持效果。在评级指标体系构建方面，本书基于已有学者的研究从乡村产业绿色发展和金融支持两方面对指标内涵进行了丰富，不仅包含了产业兴旺的具体要求也综合了现代农村产业发展的要素，同时也多角度完善了农村金融支持的指标体系。在实证研究方面，本书从经验证据层面明晰了各个地区乡村产业绿色发展水平指数以及其子系统指数的分布情况，并对其呈现的分布格局进行了成因剖析，通过构建量化评价体系，分析金融支持乡村产业绿色发展的效果并综合各省份情况展开区域异质性分析，利用 OLS 模型实证检验了金融支持乡村产业绿色发展的作用方向以及影响程度，并对该项关系中的区域异质性特征进行了重点剖析。最后，本书基于金融以及乡村产业绿色发展的现状和问题，从政策体系层面，结合实证分析的研究结论，探索性地构建了金融支持乡村产业绿色发展有关的政策建议框架。

第2章　金融支持乡村产业绿色发展的理论基础及文献梳理

本书借鉴国外的先进实践经验以及前人的研究成果，较为系统地研究了金融支持乡村产业绿色发展的现状。本章将系统地对所涉及的产业经济学理论、农村金融理论进行提炼、整合，同时也搜集、分类、整理相关的文献资料。以此为基础，对国内外的研究成果和先进经验进行总结，为我国金融支持乡村产业绿色发展的后续研究提供借鉴。本章的理论与实践借鉴将为后续的实证分析以及政策建议奠定基础。

2.1　经典理论借鉴

2.1.1　农村金融发展理论

任何理论都是特定历史条件和历史环境的产物，理论的发展总是跟随历史发展的轨迹。农村金融发展理论是20世纪60年代以来主流经济思潮在农村领域的反映，这些理论与社会历史发展阶段有着紧密的联系，随着时代的变迁而变迁。

农村金融发展理论第一阶段是管制理论。农村金融管制理论，又称为信贷补贴理论，诞生于凯恩斯主义盛行的20世纪60年代，该阶段的农村金融发展理论和主流的凯恩斯主义具有同样的政策主张，强调政府干预在经济增长中的积极作用。农村金融管制论支持信贷供给先行的农村金融战略。该理论基于对农村经济的一个基本判断：农村居民收入普遍偏低致使农村储蓄能力低下，资金供给不足，同时农业生产的脆弱性、高风险性和低收益性，商业性金融机构以利润最大化为目标，不愿涉足农村金融市场，因此应该利用政府这只有形之手加以干预。因此该理论对应的政策建议为：政府需要建立专门的政策性金融机构对贫困阶层进行指导性贷款，对贫困阶层实施农业信贷补贴政策，运用政策性金融机构的低利率贷款排斥民间金融，同时对农村高利贷的民间金融加以取缔，遏制农村非正规金融发展。

农村金融发展理论第二阶段是市场理论。20 世纪 80 年代以来，以新古典经济学为理论基础、主张自由主义价值观的新自由主义思潮开始流行，以麦金龙和肖为代表的金融深化理论逐渐成为主流，此时，农村金融管制理论受到质疑和挑战，继之以主张放松管制和强调市场机制的农村金融市场理论开始兴起。农村市场价值理论实际上是新自由主义思潮在农村金融领域的反映，该学派对政府过度干预农村金融市场持反对态度，认为发展中国家的低利率政策会削弱发展中国家的储蓄动员能力，因此该学派的核心观点之一是要保持正的实际利率水平。

农村金融发展理论第三阶段是不完全竞争理论。20 世纪 90 年代以后新兴市场国家和发展中国家爆发了一系列金融危机，经济学家不得不思考完全自由主义和金融自由化的负面效应，同时注意到政府适度干预对经济社会的积极意义。这种反省体现在农村经济领域就是农村金融市场不完全竞争理论，其代表人物是斯蒂格利茨，他是一位温和的国家干预主义者，换句话说也是温和的自由主义者，他努力做到二者的平衡。斯蒂格利茨既肯定市场机制的重要性，也强调政府适度干预对矫正市场失灵的积极意义。

1. 农业信贷补贴理论

在三种主流理论中，农业信贷补贴理论最早出现。该理论主张，在农村生产出现资金短缺的情况下，要求不以营利为目的的金融机构提供帮扶农村生产的低息贷款。该理论充分肯定了农业信贷补贴对农村发展的重要意义，也强调了政策干预的正确性。该信贷补贴理论的前提是：首先，农村产业缺乏足够的资金支持，农户必须依靠外部资金弥补资金缺陷。其次，以盈利为目的的商业银行鉴于对农村农民贷款回收情况不确定等因素而不愿意向农户提供贷款。在此情况下，为填补农村发展资金缺口，政府干预为农村提供低息贷款势在必行，以期为农村产业发展提供助力。

但是，该理论并非在任何情况下都适用。如果较低的贷款利率和交易成本之间存在较大差距，金融机构在此情况下甚至要承担亏损。那么，出于自身情况考虑，金融机构给出的信贷资金将较大程度偏移向手头较为宽裕的农户，而本身缺乏资金支持的农户不能享受该政策带来的红利，其面临的问题也得不到解决，如果该群体占多数，那么此理论能够发挥的作用更是微乎其微。又或者在信用体系不健全，监管体系不完善的偏僻的农村地区，贷款未及时归还，很可能出现贷款难以回收、坏账比率高等情况，加上监管不力，农村金融市场将会出现乱象丛生，难以健康发展。另外，如果一味注重补贴而使农户过多依赖于政府干预，将会出现农户金融市场意识欠缺，自身能动性弱化，难以激发农村产业发展的内生性，形成农村将长期成为政府财政负担的恶性局面。

2. 农村金融市场理论

在农村金融理论的发展过程中，农业信贷补贴理论作为基石奠定了农村其他理论的发展。其中，农村金融市场理论对农业信贷补贴理论进行了充分吸收。该理论肯定了金融深化、金融抑制等观点，同时对政府干预提出质疑，认为市场本身进行调控才是正确途径。该理论提出三点假设，首先，农民本身应该具有在资金上自给自足的条件，并且能够在自有基础上进行正常的生产经营活动，没必要进行外部资金扶持。其次，金融机构的低息贷款在一定程度上抑制农户储蓄。最后，非正规金融机构由于农业本身的不稳定性缺乏对农民贷款的信任程度而提高农民的贷款利率。

同样，该理论也不完美。虽然该理论肯定市场在其中的重要地位，但是利率完全市场化可能并不利于农村的产业发展。比如，本身缺乏资金的贫困农户贷款时没有抵押物或者没有能力承担较高的贷款利息，从而导致原本安排给农村的贷款资金难以真正落实到农户手中，剩余部分流入城市，出现贷款不能有效发挥主作用的现象。我国目前仍处于发展中阶段，在信用体系完善程度等方面和发达国家仍存在一定距离，特别是贫困的农村地区，金融体系更是没有形成，仍然需要政府的大力扶助。

3. 不完全竞争市场理论

农业信贷补贴理论和农村金融市场理论分别强调了政府干预和市场本身的重要性，但各自都存在缺陷。而不完全竞争市场理论对二者进行了综合，既肯定了市场的重要性，也肯定了政府干预的存在意义。该理论认为市场机制能够有效促进农村金融的发展，而政府能够在市场失灵的情况下对市场进行干预，二者相辅相成。该理论的前提为：存在逆向选择和道德风险的情况。具体为，金融机构在为农村地区提供贷款时会存在由于农村信用体系不健全或者贷款人信息难以获得而导致金融机构和贷款人双方信息不对称的情况。在此情况下，仅仅依靠市场本身难以为继，所以政府干预成为缓解该问题的重要途径。政府具体可以通过颁布惠农政策，建立借款人联保模式，调节市场利率等方式来为农户提供多种类的融资形式、信息系统健全的融资模式、利率有保障的融资方式。

4. 农村金融发展评价标准理论

除上述三种经典理论外，基于发展中国家农村金融机构与市场结构的特殊性，一些学者将研究的重心集中在发展中国家金融机构与市场上，以发展中国家农村金融领域为研究视角，形成了第四种理论——农村金融发展评价标准理论。该理论认为：发展中国家金融市场的自主性与可持续性是评判金融发展的两项重要指标。农村金融对经济发展的贡献程度取决于经济增长与公平这两项标准。而自主性和可持续性基于以下要素：农村金融机构调动储蓄的能力、盈利能力、补贴依赖性、资金回报率等。以该标准理论为基础，由于农村金融机构效率低下，我们应当从农村金融机构的服务范围以及自我维系来判断农村金融机构的效益成果。其中，衡量农村金融机构服务广度的具体指标取决于农村及机构的服务是否实现了多元化，分布在各个群体当中，并且其服务的客户类型是否实现了多样化，不单单局限在某几个相同或者相似的客户群体。此外，从自我维系的角度来说，当农村金融机构的营业收入等于或者高于支出时，我们称之为能够达到自我维系的程度，即能在经济层面实现可持续发展。

2.1.2 产业经济理论

1. 产业结构理论

"结构"一词的含义是指某个整体的各个组成部分的搭配和排列状态，它较早地被应用于自然科学中。在经济领域，产业结构这个概念始于20世纪40年代。产业结构理论是指在社会再生产过程中，一个国家或地区的产业组成即资源在产业间配置的状态，产业发展水平即各产业所占比重，以及产业间的技术经济联系即产业间相互依存、相互作用的方式。产业结构可以从两个角度来考察：一是从"质"的角度动态地揭示产业间技术经济联系与联系方式不断发生变化的趋势，揭示经济发展过程的国民经济各部门中，起主导或支柱地位的产业部门的不断替代的规律及其相应的"结构"效益，从而形成狭义的产业结构理论；二是从"量"的角度静态地研究和分析一定时期内产业间联系与联系方式的技术经济数量比例关系，即产业间"投入"与"产出"的量的比例关系，从而形成产业关联理论。广义的产业结构理论包括狭义的产业结构理论和产业关联理论。

产业结构理论的思想源头可以追溯到17世纪。W. 配第在17世纪第一次发现了世界各国国民收入水平的差异和经济发展的不同阶段的关键原因是产业结构的不同。他于1672年出版的《政治算术》就通过考察得出结论：工业比农业收入多，商业又比工业的收入多，即工业比农业附加值高、商业比工业附加值高。而后，产业结构理论被越来越多的学者关注并发扬光大。

产业结构理论中最著名的是克拉克法则。C. 克拉克在吸收并继承配第、费夏等人的观点的基础上建立起了完整、系统的理论框架。在1940年出版的《经济发展条件》一书中，他通过对40多个国家和地区不同时期三次产业劳动投入和总产出的资料的整理和比较，总结了劳动力在三次产业中的结构变化与人均国民收入的提高存在着一定的规律性：劳动人口从农业向制造业，进而从制造业向商业及服务业的移动，即所谓克拉克法则。其理论前提是，以若干经济在时间推移中的变化为依据，这种时间系列意味着经济发展，而经济发展在此是指不断提高的国民收入。而后，库兹涅茨（1941）把克拉克单纯的“时间序列”转变为直接的“经济增长”概念，即在不存在人均产品的明显减少即人均产品一定或增加的情况下产生的人口的持续增加。同时，人口与人均产品双方的增加缺一不可，而所谓持续增加，是指不会因短期的变动而消失的大幅度提高。在后期，库兹涅茨将产业结构重新划分为“农业部门”“工业部门”和“服务部门”，并使用了产业的相对国民收入这一概念来进一步分析产业结构，并得出库兹涅茨产业结构论：产业结构和劳动力的部门结构将趋于下降；政府消费在国民生产总值中的比重趋于上升，个人消费比重趋于下降。

2. 产业融合理论

产业融合是一个不断发展变动的过程，是不同产业之间或者同一产业之间相互融合的过程，最终会产生一个新的产业。世界经济在全球化趋势下逐步一体化，科学技术的发展也呈现出飞跃发展，产业融合成为提升产业核心竞争力的重要方式。技术创新是产业融合的内生力，技术创新能对过时的技术和产品进行更新，以此渗透其他产业，在更深层次上改变原始工业品和服务的技术路线，促进产业之间的融合。同时，技术创新能够改变原有市场的需求特征，创造出新的市场需求，这能为产业融合提供更大的空间。除此之外，多元化的竞争压力和规模经济对产业融合的进程起到推进作用。在竞争压力大的市场环境下，公司提升自身竞争力并且找到适合自己发展道路的关键在于持续进行技术创新以满足客户的多元化需求，保持并且创造竞争优势来将利润最大化。

技术创新提供满足需求的多元化途径使企业在竞争激烈的市场中获得自身的核心竞争力和长远优势。在市场竞争中协同合作是必不可少的，放松管制可以将具有相同外部条件的行业融合在一起，因为不同行业间会存在行业壁垒，所以必然存在一定界限。而新公司想要加入该行业就会存在行业壁垒，相对于已经存在的公司来说，其进入市场的成本会更高。除此之外，世界上不同的国家也存在各自的宏观调控政策，这也是造成壁垒的重要原因。因为，一旦放松管制其他产业的从业人员和相关业务就会渗透。产业一体化能够推动新兴产业的出现并且使新的经济增长点浮现出来。在农村，一旦进行产业融合，新的产业和新的经济增长点就会应运而生。举例来说，乡村的休闲农业、生态农业、工业化农业等在一定程度上实现了一站式服务，这也为农村劳动者提供了大量的就业岗位，延伸了农村地区的产业价值链，为农村实现了价值上的提升。

3. 产业组织理论

产业组织理论是在不完全竞争条件下研究企业的行为和市场构造的理论，该理论属于微观经济学理论。产业组织理论的主要研究对象为产业组织。产业组织理论的存在有效地解决了"马歇尔冲突"这一难题。马歇尔冲突是指产业内企业的规模经济与企业之间的竞争活力的冲突。产业组织理论的基本内容是研究企业之间的交易关系、资源占用关系、利益关系和行为关系等，这些关系会存在变化与发展。这些变化与发展会对企业的生存和后续发展产生影响，也会对该产业涉及范围的国民经济产生影响。传统意义的产业组织结构认为，市场结构是决定市场行为和市场绩效的原因，市场行为取决于市场结构，市场行为决定着市场绩效，市场绩效受市场结构和市场行为的共同制约，是反映资源配置优劣的最终评估标志。市场行为和市场绩效会反作用于市场结构，对未来的市场结构产生影响。

产业组织问题也存在于农村金融与产业融合发展之中。通过对经典理论进行借鉴，可以从理论上分析农村金融组织服务的深化与农村产业融合发展组织优化的关系。农村产业融合发展的组织形式对农村金融的服务形式有着重要影响，农村产业结构模式在一定程度上决定农村金融服务结构，农村市场结构决定着农村金融市场结构，农村产业融合主体行为制约着农村金融组织的服务行为，农村产业融合绩效决定着农村金融服务绩效。反之，农村产业融合的可持续发展受到农村金融服务组织形式、组织结构、市场结构以及服务行为的制约。

2.2 国内外文献综述

为了研究我国现阶段金融支持乡村产业发展的现状，并有针对性地提出政策建议，本书在借鉴经典农村金融发展理论和产业经济理论基础上，对前人的研究成果进行详细梳理，从以下几个方面展开文献综述：首先，对乡村产业发展的研究进行梳理，主要从乡村产业发展的内涵及重要意义、乡村产业发展的实现路径、乡村产业发展的评价指标体系构建三个方面进行叙述；其次，对金融支持农村发展的相关研究进行整理；再次，对金融支持乡村振兴相关研究进行梳理，主要包含金融支持乡村振兴理论研究、金融支持乡村振兴实证研究；最后，梳理金融支持乡村产业发展相关研究，一是介绍金融支持乡村产业发展的模式；二是介绍金融支持乡村产业发展的影响；三是对“双碳”目标下金融支持乡村产业绿色发展的相关研究进行梳理。通过对前人的文献进行总结，以期为本书后期写作提供理论基础。

2.2.1　乡村产业发展内涵及重要意义

在乡村产业发展的内涵及重要意义方面，不同学者基于不同层面和侧重点进行解释，有的学者对三次产业及其融合发展情况进行研究，也有学者探讨了农业产业链和产业体系的重要性，还有学者侧重于农村产业现代化的发展研究。在三次产业发展以及产业融合方面，安晓明（2020）、陈一明（2021）注重三次产业和产业融合，李周（2021）则强调农业产业链和产业体系的重要性。刘红峰（2020）和宋保胜（2020）侧重于农村产业现代化研究。在三次产业发展和融合方面，安晓明（2020）以我国基本情况为立足点，认为产业振兴发展不仅局限于传统农业，而是以农业为中心，实现产业内容多样化，形成现代化农业产业体系的发展。他认为农业是我国乡村产业发展的十分重要的部分，但是这并不代表要忽视其他产业的发展，实现真正意义上的乡村产业振兴发展是以农业为中心的产业多样化。陈一明（2021）则认为，以数字经济结合产业发展之类的产业融合能够提高产业生产效率，提高人们的福利水平。产业融合是乡村产业实现高质量发展的有效措施，将数字经济和产业融合结合起来有利于我国乡村产业的高质量发展。在农业产业链和产业体系的重要性方面，李周（2021）认为产业兴旺是乡村振兴的重要基础，加快构建现代乡村产业体系有利于产业升级，使农村居民享受产业发展的红利，推进乡村振兴。要实现乡村产业发展，构建现代化的产业体系是十分重要的，产业不是孤立存在的，只有在农村的产业形成一个完整健康的产业体系才能使乡村产业实现可持续发展。在农村产业现代化的发展研究方面，刘红峰（2020）认为乡村产业高质量发展应该结合绿色发展的时代特征，宋保胜（2020）则认为应该结合信息时代的特征不断进行科技创新。刘红峰（2020）指出产业高质量发展要保障粮食安全，结合绿色发展的时代趋势和特色产业的发展特征，使产业实现高质量发展。他认为，乡村产业高质量发展应该有另外一层内涵，产业高质量发展不仅是局限的，而且是要实现现代化的高质量发展，涵盖绿色和人民幸福福祉。现代的乡村产业高质量发展是为人民服务的。宋保胜（2020）以创新为角度，认为科技创新能使生产要素重新组合，实现全产业链升级。这种观点赋予了产业发展技术上的创新支持，在当代大数据和云计算的发展下，信息化、技术化发展是大势所趋，农业的发展也应该结合时代发展的要求，只有实现创新赋能，才能在生产中实现效率的提升。此外，技术的创新也应该结合其他生产要素，使农业的发展向规模化推进。此外，要实现乡村产业发展，意识形态上的重视必不可少。金萍女（2022）指出乡村产业高质量发展是全面推进乡村振兴的不竭动力，必须确定乡村产业高质量发展的重要地位。要实现乡村产业高质量发展，意识形态的支持必不可少，只有将其摆在重要地位，才能更聚焦乡村产业发展，从而使政策上的红利落实到乡村产业发展。

2.2.2 乡村产业振兴发展的实现路径

在乡村产业发展的实现路径方面，通过总结研究成果发现，不同学者基于不同角度提出乡村产业发展的实现路径。有的学者认为乡村本身应该提升内生发展动力，有的学者则认为外部环境应该改善。李凌汉（2020）、史作廷（2021）、段龙龙（2023）等人认为提升乡村产业发展内生力，如发展生产要素、制定合理策略等对乡村产业发展十分重要。农业农村部课题组（2018）、张吉岗（2022）则认为外部环境的改善是产业兴旺的重要依托。在内生力提升方面，李凌汉（2020）认为农村内生发展是促进乡村产业发展的有效途径。包括村集体产业规模化水平、技术人才梯度开发、内生发展资源平台式整合和农村内生发展能力等核心范畴。乡村产业的发展离不开要素的支持，而内部要素比外部要素更加重要，只有内部要素健全，乡村产业发展才有源源不断的内生力，包括乡村本身的治理水平，人才的多少，资源平台等，这些都需要村集体本身和国家政策的共同努力。除此之外，外部环境的改善也十分重要。另外，正确的发展策略也不可或缺，如从自身情况出发，发展特色优势；结合时代发展正确定位经营模式等。史作廷（2021）认为产业发展需要从当地实际情况出发，建立自身发展优势，以品牌建设为重要突破口，引领乡村产业发展。当代，不少乡村都实现了巨大的发展，然而别人的发展经验不能照搬照抄，只有结合乡村本身的发展情况和自身优势，找到适合自身的发展道路，才能事半功倍，使乡村产业实现真正意义上的发展。段龙龙（2023）从产业经营模式出发，提出以农业生产托管为例的模式能加强多主体的利益联结机制实现激励兼容、创新经营模式、推动智慧数字化转型、畅通三次产业融合五大机制推动乡村产业全面发展。乡村产业发展不能以原有老态模式为标准，应该从多方面进步，产业经营模式的改进应该成为关键，将产业模式结合时代发展的创新能够为乡村产业发展注入动力。农业农村部课题组（2018）提出乡村产业发展根本上是靠市场，同时也离不开政府的引导和支持。为了促进乡村产业发展，国家层面应该制订乡村产业发展振兴计划，建立好产业效率评估体系，抓紧建立完善制度政策体系，同时加大公共资源分配向农村的倾斜力度，引导资金流向农业农村，助力乡村产业发展。张吉岗（2022）认为产业发展环境的改善是产业兴旺的重要依托，包括基础设施、公共服务、营商环境等，解决这些关键因素的制约是产业兴旺的前置条件。产业发展离不开基础要素的支持。基础设施的健全能够为乡村产业发展提供便利，公共服务的优质能够提供更舒适的体验，商业环境的健康能为整体的产业集群提供更良好的发展土壤，这些都是产业发展不可缺少的。

2.2.3 乡村产业发展水平的评价指标体系构建

在乡村产业发展水平评价指标体系构建方面，目前大多数学者主要集中在产业为基础的指标体系构建，分别是以农业为核心、三次产业为核心以及在三次产业的基础上衍生的指标体系构建。闫周府（2019）主张以农业为核心，金婧（2022）则以三次产业的角度，刘赛红（2021）、戴文娇（2022）等人则主张以三次产业为基础衍生指标体系的构建。在产业结构维度中，闫周府（2019）主张以农业为核心。他从农业高效化、农业产业化、农业科技化、联农带农利益联结四个维度构建乡村产业振兴发展评价指标体系，实现对省域乡村产业振兴发展的定量测度。该指标体系主要以农学为连接点，围绕农业的高效化，产业化，科技化以及联农带农利益联结进行测算。金婧（2022）则从三次产业的角度进行指标体系构建。她采用两种度量乡村产业振兴发展的指标。第一种为采用传统的第三产业占比进行衡量，第二种则结合乡村产业振兴发展的“乡村属性”，参照乡村振兴产业兴旺维度，构建乡村产业振兴发展指标，如农业生产性服务占农业增加值的比重、农产品加工值占农业总产值的比例、农产品电子商务交易额三个层次。除此之外，还有学者认为应以三次产业为基础，对产业兴旺的内涵进行丰富。刘赛红（2021）从农林牧渔业、农产品加工业、乡村新型服务业、生态循环农业、农业科技创新和农村创新创业六个维度设定指标体系综合衡量各省份乡村产业振兴发展情况，利用 Moran 指数测度金融资源配置与乡村产业振兴发展的空间依赖性。相比之下，该指标体系涵盖了第一产业、第二产业、第三产业，对乡村产业集群进行更广泛的概括分类。除了以产业为角度，另外还有学者认为可以从结构、技术等方面进行分类来描述该指标体系。

综上所述，关于乡村产业发展评价指标体系的构建，目前大多数学者主要从以农业为核心、三次产业为核心以及在三次产业的基础上衍生的指标体系为核心进行构建。而“双碳”目标将绿色高质量发展的要求提到了一个新高度，助推乡村产业绿色、低碳、高质量发展成为我国乡村产业实现可持续发展的内在要求和必然选择。但从目前研究文献来看，尚没有构建一个成熟的乡村产业绿色发展综合评价指标体系，不能较为全面且客观地去评价乡村产业绿色高质量发展的水平。

2.2.4　金融支持农村发展研究

金融支持农村发展主要体现在盘活农村经济、增加农民收入，为农村产业发展提供保障和支撑。目前的研究成果大多从金融内生化视角展开研究，探究农村金融对农村经济发展的影响。结论大体分两种：一种认为农村金融和农村经济发展之间存在较强联系，主要有姚耀军（2014）、魏雪燕（2016）、汤雪（2018）、徐欢（2020）等人，他们通过理论和实证研究方法，证明金融对促进农村经济起到促进作用。姚耀军（2014）提出农村金融发展状况是农村经济增长的格兰杰（Granger）原因，这表明加快农村金融体制改革，改善农村金融发展状况，对农村经济增长极为重要。事实上，农村金融体制改革的严重滞后，确实制约了农业结构调整、农村发展和农民增收。加快农村金融体制改革已成为当前解决“三农”问题的迫切要求。魏雪燕（2016）利用 VAR 模型并选取河南省 1985—2014 年数据对农村金融与农村经济关系的研究结果表明：农村金融发展的规模和结构在农村经济增长中起到显著促进作用，金融发展效率的影响不显著，但农村经济增长是农村金融效率提高的原因，这种“需求遵从”以及农村资金的外流阻碍了农村金融与经济增长的促进作用。为了提高农村金融对农村经济增长的推动力，应在普惠金融的理念下深化农村金融体制改革，积极发挥政策金融的作用，引导商业银行拓展支农业务，并建立对农村金融资金的反哺回流机制。汤雪（2018）认为金融资源在现代经济社会中占据着核心地位，农村经济的发展也离不开金融的支持，要实现农业产业化、加快农村经济发展、促进农民实现增收，就离不开农村金融资源要素的支持。徐欢（2020）认为金融支持有利于促进区域农村产业之间的协同发展，在区域农村经济发展过程中，金融具有资金导向的作用。同时也能够对农民增收、降低农户损失有一定的作用。通过相关的金融支持，区域农村企业能得到一定的发展，同时也会创造出更多的就业机会，这样来自农村的人员就有了较多的就业选择，一定程度上推动了农民的增收。

另一种认为农村金融发展会抑制农村经济增长，甚至在长期很可能存在显著的负面效应。主要以刘旦（2007）、温涛（2005）、杨小玲（2009）、周一鹿（2010）等人为代表。这些学者对不同的样本进行实证研究，证明金融抑制农村经济发展。刘旦（2007）运用1978—2004年的统计数据，对中国农村金融发展效率与农民收入增长的关系进行了实证研究，结果显示，农村金融发展效率对农民收入增长具有显著的负效应。温涛（2005）在对中国金融发展与农民收入增长进行制度和结构分析的基础上，运用1952—2003年的实际数据，对中国整体金融发展、农村金融发展与农民收入增长的关系进行了实证研究。结果显示：中国金融发展对农民收入增长具有显著的负效应，用金融发展与经济增长的正向作用关系直接替代金融发展与农民收入增长的关系，与我国经济发展的事实并不相符；同时，也验证了制度和结构分析所揭示的"中国金融发展中防止结构和功能失衡至关重要"的命题。杨小玲（2009）提出"三农"问题的核心是农民收入增长缓慢，她基于农民收入来源结构，实证分析了1978—2008年我国农村金融发展对农民收入的影响。结果表明，农村金融发展对农民家庭经营收入起负向作用。周一鹿（2010）等基于1978—2008年的农村金融资源开发与农民收入的数据，运用单位根检验、协整检验、误差修正模型对农村金融资源开发与农民收入之间的关系进行了经验分析。结果显示，农村金融资源开发在短期内没有显著促进农民收入的增长，而在长期内具有显著的负面效应。

2.2.5 金融支持乡村振兴研究

1. 金融支持乡村振兴理论研究

关于金融支持乡村振兴，不同学者从不同角度展开分析。有的学者认为金融支持乡村振兴主要体现在提供直接的要素支持，有的学者则主张金融在乡村振兴的各个环节都起到支持作用。张峁（2018）、余春苗和任长青（2021）、邵晓翀（2021）认为金融能提供支持乡村发展的要素，武拉平（2020）、陆静超（2021）认为金融能带动乡村的整体发展，在乡村振兴的各个环节发挥作用。在要素提供方面，金融主要提供直接的资金支持和保险保障。张峁（2018）认为金融能够为乡村振兴提供充足的资金来源，从而对乡村振兴起到促进作用；同时随着乡村发展，乡村振兴也能为农村金融发展带来新机遇，二者相互作用、互相促进，起到一个良性的循环作用。余春苗和任长青（2021）认为农村金融能有效解决产业发展资金短缺问题，产业发展能有效衔接脱贫攻坚和乡村振兴。因此农村金融能够帮助巩固脱贫攻坚成果，促进乡村振兴。邵晓翀（2021）认为金融是支农主力军和农业现代化发展的“活水”，在乡村振兴中发挥举足轻重的作用。在促进乡村振兴的各个方面，金融的发展不仅能够带动政策体系的完善也能在乡村振兴的全过程起到积极的带动作用。罗屹、武拉平（2020）认为农村金融政策体系的完善对于农村发展起到重要作用。因为金融政策能够从宏观上对金融的布局和发展产生影响，这有利于弥补金融在乡村服务中的缺陷，政策体系的完善从金融本身来说能够提升金融服务农村的质量水平。此外，也体现出政策对乡村振兴的重视，能为乡村振兴带来辐射作用。陆静超（2021）认为金融在农村发展的各个过程中都必不可少，金融能帮助完善乡村基础设施建设，推动农村产业现代化进程，精准服务乡村振兴多元化、多层次的需求。

2. 金融支持乡村振兴实证研究

关于金融是否对乡村振兴有支持作用，不同学者基于不同指标维度、不同区域、不同时代情况展开分析。田秀丽和姜健（2019）、杨菊（2019）从不同指标维度进行分析，李洪侠（2021）、张晓娜和陈超（2021）基于不同地域展开研究，杜家廷等（2022）则结合时代发展趋势进行分析。在指标维度上，部分学者认为探究金融是否能对乡村振兴产生支持作用可以体现在支持乡村产业发展，如促进产业融合、提高产业发展效率。田秀丽和姜健（2019）以产业融合为切入点进行实证分析，研究云南省农村产业融合发展效率，以农村产业发展、农户收入、农业基础作为指标，从政府、金融机构和农户角度进行多方面分析。杨菊（2019）以农村产业为研究点，利用 DEA 模型从时空两个角度实证测评重庆市金融支持对乡村产业发展的效率；金融投入方面从人力、物力、财力三个层面进行分析，最后得出结论并提出促进重庆市金融支持乡村产业发展的对策建议。在区域分析上，区分我国东部、中部、西部的支持程度能够对我国金融支持乡村振兴有更深入的了解。除此之外，对某一经济带或者省份的具体研究更能加强该实证研究的说服力。李洪侠（2021）采用 2011—2019 年 28 个省份的面板数据，用来研究财政支农和金融支农的协同作用以及东部、中部、西部的差异。采用 DEA - Malmquist 和 Tobit 模型，分析财政支农和金融支农的联合效果。张晓娜和陈超（2021）基于 2014—2019 年长江经济带沿线省域的微观面板数据，建立实证模型，分析农村市场发展背景下金融发展类型的异质性对农村市场发展及其不同维度指标的影响差异性。对金融支持和乡村振兴的研究也应该结合时代发展趋势，在数字经济时代，关注普惠金融的影响也能为未来的发展趋势提供建议和证据。杜家廷等（2022）采用固定效应模型测算数字普惠金融促进农村经济发展和农村居民消费结构升级，推动乡村振兴。

2.2.6 金融支持乡村产业发展研究

1. 金融支持乡村产业发展模式

不同的学者对金融支持乡村产业发展的模式有不同的看法。有的学者认为金融支持乡村产业发展的模式应该结合时代发展趋势，有的认为应该符合地方特色，还有的认为应该以缺陷为导向以填补缺陷为目的。任海峰（2020）、陈峰（2022）认为金融支持乡村产业发展和振兴的模式应该因地制宜，周之茹（2019）、程玉伟（2021）、马骏（2021）、姜中裕（2022）认为应该结合时代发展趋势，陈志松（2022）则认为应以填补缺陷为重点。

任海峰（2020）、陈峰（2022）认为金融支持乡村产业发展的模式应该因地制宜。任海峰（2020）以平顶山市为例，提出在乡村产业振兴发展新趋势以及乡村产业主体金融需求新变化的形势下，金融可以通过完善金融组织体系，扩大金融资源供给主体；通过创新信用体系，增强金融资源供给信心；通过引导金融服务创新，提升金融供给质量等建立金融供给新模式，为乡村产业振兴发展增添活力。陈峰（2022）认为金融支持乡村振兴发展的模式因地而异，以江西省金融系统为例，经过实践探索，江西省形成了优质涉农产业下沉、壮大村集体经济、能人大户带动创业、乡村旅游产业振兴发展四种金融支持乡村产业振兴发展的基本机制模式。

周之茹（2019）、程玉伟（2021）、马骏（2021）、姜中裕（2022）认

为金融支持乡村产业发展的模式应该结合时代发展趋势。周之茹、李勇（2019）认为金融是乡村产业振兴发展的活水。新模式下应该扩大乡村产业振兴发展的资金来源，推广使用“1 + N”信贷模式，加快传统乡村金融模式改造。程玉伟（2021）提出金融模式改进应该牢牢把握机遇。农村一二三产业的融合和农村新产业新业态的兴起为金融业创造了巨大发展机遇和空间。马骏（2021）认为在“双碳”目标的大背景下，金融支持乡村产业的发展，需要金融机构，包括地方政府在内的多部门以及农业主管部门发挥协同作用，建议农业主管部门健全绿色农业标准体系，完善金融支持乡村产业绿色发展的市场体系、支撑体系和法律法规体系。金融机构也要通过创新绿色金融服务支持绿色农业发展来助推乡村产业发展。姜中裕（2022）认为金融支持乡村振兴的模式应融入时代元素，我们处于数字经济时代，所以应创新数字普惠金融赋能乡村产业振兴发展的支持模式；完善乡村地区的数字普惠金融软硬件基础设施，有利于推动城乡均衡发展，提高乡村振兴效率。

陈志松（2022）则认为乡村产业发展目前面临诸多困难，金融实现支持的新模式应以填补缺陷为重点。例如，目前供给产品和结构革新不到位、供应链和风险制度不成熟是引发上述难题的重要因素。所以新模式下地方银行与政府应该借助扩大筹资渠道优化供给结构、增加人才与技术支持、加快普惠金融发展和构建成熟的政策制度与考评制度等一系列策略来更好地支持乡村产业振兴发展。

2. 金融支持对乡村产业发展的影响

金融是乡村产业发展的重要基础，是乡村产业发展的不竭动力。现有学者认为金融能够对乡村产业发展起到明显的支持作用，有的学者认为金融能有效促进农村三次产业的发展，有的学者认为金融的与时俱进能够在原有基础上提高对乡村产业发展的支持力度，此外，还有学者认为金融对乡村产业的可持续发展起到支持作用。Dholakia Bakul H.（1992）、黄宏斌（2014）、李婕妤（2017）、杨西水（2020）等以三次产业为角度论述金融对产业发展的支持，李季刚、马俊（2021）、康书生、杨娜娜（2022）提出符合时代发展的普惠金融能有效促进乡村产业发展，Allan W. Gray

(2013)、余春苗（2021）认为金融支持对乡村产业的可持续发展起到重要作用。

Dholakia Bakul H.（1992）、黄宏斌（2014）、李婕妤（2017）认为金融支持能够有效促进农业产业发展，杨西水（2020）认为除了促进农业产业发展，金融支持对三次产业的发展和融合同样起到积极作用。在促进农业产业发展方面，Dholakia Bakul H.（1992）认为金融能够促进农业发展和农业现代化建设，由于农业现代化离不开资金的支持，金融能为其提供购买机器设备的资金来源，所以金融机构对农业的资金支持力度对农业发展的速度也会起到较大影响。黄宏斌、王少楠（2014）则以江苏省为研究对象，并运用 AD 检验、VAR 分析和 Granger 因果检验三种方法，实证检验出金融能有效支持农业产业发展。李婕妤等（2017）认为金融能促进农业发展与时俱进，在农业现代化进程中金融提供有效的资金供给能满足农业的发展需要。除了对农业产业的支持外，金融支持对三次产业的发展以及产业融合起到重要作用。杨西水（2020）认为金融能有效解决在三次产业融合发展过程中资金缺乏和资源配置效率较低的问题，因为金融支持能够给有发展潜力但是存在资金制约的企业支持，有利于提高资金配置效率。

金融发展的与时俱进也能大大提升对乡村产业发展的支持能力。在数字经济时代，普惠金融成为提高金融支持效率的热点。为了探究这种新型方式的金融服务对乡村产业发展的影响，李季刚、马俊（2021）使用系统 GMM 法和门槛模型分析了数字普惠金融对乡村发展的影响，结果表明具有明显的促进作用。康书生、杨娜娜（2022）采用熵权法、固定效应模型，通过实证检验 2010—2019 年全国 30 个省份数字普惠金融对乡村产业振兴发展的作用效果，证明发展数字普惠金融能有效促进乡村产业振兴发展。

此外，金融支持对乡村产业的可持续发展起到重要作用。Allan W. Gray（2013）提出在乡村产业发展面临资金短缺问题时，企业能够从金融机构贷款，因此金融的支持能对企业的资金瓶颈起到有效缓解作用，这有利于企业渡过阶段性难关，为乡村企业实现可持续发展提供支持。余春苗（2021）认为产业发展是农村地区实现经济内生力发展的根本途径，农村金融是生计资本有效转化为经济资源并增值的重要保障，金融支持产业长效可持续发展是从产业扶贫到产业兴旺的重要途径。

关于金融支持乡村产业发展的影响，目前国内外学者大多都是以需求为导向，分析乡村产业发展中存在明显的资金短缺和经济内生力不足等问题，明确金融支持是满足这些需求的重要途径，金融能够对乡村产业发展起到明显的支持作用。但是“双碳”目标下，由于需求导向下金融支持乡村产业绿色发展的角度，不再局限于资金支持，它还可以同时结合政策性金融供给来分析金融对乡村产业绿色发展的影响，之前所存在的经济内生力不足、缺少融资渠道和资源配置效率低的问题，可以用这种政策执行为主导的金融安排来保证乡村产业的高质量发展，以需求为导向的金融支持乡村产业发展能够顺利实现乡村振兴战略助推农业现代化的顺利过渡。在“双碳”目标大背景下绿色金融体系的建立和政府相配套的绿色投入，金融支持乡村产业发展的金融框架将会实现突破，关于“双碳”目标下金融支持乡村产业绿色发展的影响尚待进一步进行实证分析。

2.2.7 “双碳”目标下金融支持乡村产业绿色发展研究

通过国内学者的研究发现，“双碳”目标下金融为碳达峰和碳中和发挥支持作用，需要发挥其资金方面的支持作用，连同政策缓解绿色投资的融资约束，促进金融体系的高质量发展。而金融支持乡村振兴核心是产业兴旺，按照“双碳”目标的要求，农业产业既要通过减排和增汇减缓气候变化，又要增强自身适应气候变化的能力，农业产业需尽早转型实现绿色低碳高质量发展。对于当下如何解决农业产业高质量发展滞后的问题，程静（2021）认为绿色发展是其主攻的方向。何可（2022）认为按照“双碳”目标要求，在保障粮食和重要农产品有效供给的前提下，农业既要通过减排和增汇减缓气候变化，又要增强自身适应气候变化的能力。尽早关注农业转型可以防范“吉登斯悖论”，并降低“双碳”目标实现的社会成本。然而，农业在减缓和适应气候变化方面的功能具有典型的外部性特征，存在价格生成困境，需要通过构建多元市场交易体系，推动农业低碳生产的成本投入与收益获取在边际上维持均衡，并使以低碳农业为代表的生态环境部门的价值与经济社会其他部门的“价值”相均衡。徐政

(2021)认为为了让金融更好地为碳达峰和碳中和发挥支持作用,需要系统整合,从全产业链上下缓解绿色投资的融资约束;着眼全局,增进统一碳市场的价格发现与风险分散能力,促进金融体系的高质量发展;在碳减排和碳吸收的视角下进行动能转换,助力产业结构向清洁化和高能效方向演进;连通内外,通过绿色债券国际化推动低碳市场建设;畅通信息,协同脱碳工具加速实现既定政策目标。程静(2021)认为乡村振兴战略的核心是产业兴旺,是带动乡村全面振兴的新功能,是乡村实现高质量发展的关键性要素。新时代农业现代化的发展必须要以新发展理念为指导,以新时代农业发展的新条件为依据,围绕农业现代化的主要矛盾,重点解决一系列导致农业高质量发展滞后的突出问题。关于解决问题的对策,程静提到了绿色是农业现代化的基色,绿色发展是农业现代化的主攻方向。农业的绿色发展,一是要推进农业生产过程的清洁化,当务之急是减少化肥和农药使用量;二是要系统地、长期持续地提升整个农业生产的土壤、水质、空气及整个生态系统的修复;三是要不断地、更多地提供绿色、有机、无公害的农产品。

2.2.8 研究现状述评

通过上文分析可以发现,关于金融支持乡村发展以及乡村产业发展的文献较多,专家们普遍意识到,目前我国乡村振兴仍存在着人才流失、资金短缺、技术落后等缺陷,作为乡村振兴的核心,产业尚没有实现真正意义上的兴旺。金融作为支持乡村产业发展的有力手段,在供给和需求上仍然存在不匹配、效率低、经济内生力不足等问题。同时金融服务组织体系不够健全、资金的需求和供给不能达到平衡,即使"双碳"目标能够刺激更多金融工具的创新,但从现有的金融工具助力乡村振兴的情况来看,金融产品过于单一、农村地区授信和额度获取率存在限制等问题依然存在,使农业绿色低碳生产的成本投入与收益获取在边际上维持均衡,因此无法同等地刺激其乡村产业绿色发展所要求的经济内生力。想要达到乡村振兴的目的,还是需要政府、市场、社会多管齐下,保证"服务型""引导型"以及"创新型"金融的形成。

国内外众多学者持有的一致观点是：金融在创新绿色金融服务支持乡村产业绿色发展方面将会发挥极大的作用。但光靠国家扶持乡村是无法实现发展的，农村应提高财政自给率，这就需要引导传统乡村产业模式的革新，在“双碳”背景下实现绿色、低碳、高质量的转变，降低碳排放率或生产绿色替代品，这将引发乡村产业的重大转型。“双碳”目标下，乡村产业发展承担着“美丽乡村”的历史责任，将以“绿色”“环保”可持续发展为根本要求，因此乡村产业绿色发展水平评价指标体系将与传统评价指标体系有所不同，在“双碳”目标大背景下绿色金融体系的建立和政府相配套的绿色投入，金融支持乡村产业发展的金融框架将会实现突破，关于“双碳”目标下金融支持乡村产业发展的影响尚待进一步进行实证分析。但现有学者很少有针对性的研究，尚没有关于金融支持乡村产业绿色发展的完整研究框架，这为本书提供了可能的研究空间。

第3章 “双碳”目标下金融支持乡村产业绿色发展的作用机制和路径

3.1 金融支持乡村产业绿色发展机制

党的二十大报告中提出，全面建设社会主义现代化国家，最艰巨、最繁重的任务仍然在农村。推动乡村振兴，要坚持农业农村优先发展。在这个过程中，要扎实推动乡村产业、人才、文化、生态、组织发展，完善农业支持保护制度，健全农村金融服务体系。乡村产业发展是乡村振兴的重要部分，农村金融是乡村产业发展的重要力量。金融作为乡村产业发展的重要推手，在促进乡村产业升级、推进现代农业产业发展和壮大农村实体经济等方面发挥着重要的作用。探讨金融支持乡村产业绿色发展的作用机制，能为金融如何更好地服务乡村产业绿色发展提供针对性建议。大部分学者认为金融促进产业发展的机制主要为其本身的协助机制以及利益联结机制、信用增信机制、抵押替代机制等。吴东军（2018）认为金融机构能够通过其本身的协助机制助力乡村产业发展。如通过促进农业与乡村旅游、文化等产业领域的协同共促使产业实现融合发展，多个产业协调发展能促进产业融合，发挥产业集群的最大优势，体现出自身特色，达到效果最优。此外，董小君（2022）则聚焦于供应链金融，他认为供应链金融服务乡村产业发展的内在机制有四种：利益联结机制、信用增信机制、抵押替代机制、风险防控机制。因此，需要加强金融产品和服务模式创新，完善涉农供应链金融利益联结机制，健全供应链金融风险防控体系，进而形成供应链金融服务乡村产业发展的长效机制，以金融高质量服务助力乡村产业发展。这有利于支持乡村产业发展，切实提高农业经营主体的资金可获得性，提高财政自给率。

结合“双碳”目标背景，在乡村产业绿色发展中，金融起着至关重要的作用，国内的一众学者认为“双碳”目标的提出，“绿色”是其重要机遇。金融处于当下“双碳”目标的经济发展背景下，在金融支持乡村产业绿色发展的过程中，王俊（2019）认为乡村振兴战略下新时代乡村建设机制包括构建乡村创新发展机制、培育乡村产业协调发展机制和建设生态宜居乡村机制。其中建设生态宜居乡村机制中提到，绿色发展已经成为未来乡村建设的方向，乡村产业的发展应在科学发展观的指导下，以绿色发展理念为前提，积极建设生态宜居的美丽乡村。左正龙（2021）基于区域均衡模型框架，揭示了在城乡融合发展的背景下绿色低碳金融促进乡村振兴的内在机理，即绿色低碳经济可以通过促进产业兴旺、加强乡风文明、能源链转型促进有效治理和造就乡村宜居生态，最终引导乡村走向共同富裕。

“双碳”目标下，金融能够撬动区域经济增长，推动乡村产业实现绿色转型，实现绿色、低碳、高质量发展，优化产业结构，为乡村产业振兴提供内生力，从而引导资金流向重点产业和优势产业；同时金融能够通过创新融资方式，使资本总量增加，以此提高乡村产业绿色发展的资本水平；通过动员储蓄、信息揭示以及风险管理等功能促进技术进步，进而增强农村产业融合发展的核心驱策力，为乡村产业绿色发展提高强劲动能，金融通过资源配置机制、信息处理机制、风险分散机制、激励监督机制、储蓄和投资机制推动乡村产业绿色、低碳、高质量发展。

3.1.1 资源配置机制

乡村产业绿色发展离不开资金支持，而金融作为资金支持的重要形式，在支持乡村产业绿色发展过程中起到关键作用。在“双碳”目标下，金融能够通过资源配置机制合理分配资金，以发挥资金的最佳使用效率。我国农村地区目前处于人才、资金、技术等生产要素相对短缺的情况，加之农业本身的弱质性，农村地区仅仅依靠自身将产业发展的可能性较小，缺乏经济内生力，所以需要外部资金注入来促进乡村产业绿色发展，而金融可以通过将更多的资金集中于资金短缺领域，弥补资金缺陷，激活农村经济发展活力，从而促进农村经济发展。另一方面，通过金融给回报率较高的产业注入资金，能够扶持优势产业并且减少坏账的可能性，从而促进农业产业高质量发展。

农村金融资源的配置方式为政府和市场相辅相成，其中政府为主，市场为辅。市场的资源配置功能具体体现在其本身的自由竞争机制。市场释放出的价格信号会使收益水平较高的产业得到青睐，资金更多地向该类优势产业倾斜。而发展潜力较小、盈利水平较差的产业会在此过程中隐退，由此带来乡村产业结构化升级和质量提升。

我国农村地区信用体系亟须完善，因为许多农户没有或者只有极少的信用信息，小微企业和家庭农场等新型农业经营主体信用档案也不健全，金融机构对农户和新型农业经营主体的信息掌握程度，不足以使其在向农村地区的贷款过程中实现有效的风险控制，加之对农村进行帮扶的贷款利息较低，使银行类金融机构普遍认为很多绿色农业融资主体的信贷业务风险大、收益小、管理难度高，从而导致金融机构缺乏意愿。所以，在“双碳”目标的背景下，金融是目前经济绿色、低碳、高质量发展的刚性要求，国家层面会对金融支持乡村产业绿色低碳转型的运行过程进行宏观调控，政府干预、引流有利于农村产业得到资金支持使资源配置得到优化。一方面，对于金融机构收益较小的问题，政府可以提供补贴，使金融机构提高贷款积极性；另一方面，对于绿色农业主体信用信息缺失问题，政府可以从中提供担保或者提供具有发展潜力的乡村产业信息，使资金向重点产业和优势产业倾斜，提高资源的配置效率。

同时，伴随农村金融的不断发展，农村金融机构储蓄规模不断扩大，投资不断增加，储蓄投资不断上升，农村地区的金融资源得到了合理的配置。具体地说，农村金融的资源配置效应主要体现在以下方面：首先，在市场机制的作用下，资金导向机制会引导资金从收益率低的产业流向收益率高的产业，这样农村地区的金融资源将会进一步地在不同的农村地区产业部门之间进行优化配置，进而推动乡村产业的发展。其次，农村金融机构在合理配置农村地区资源的前提下，通过农村绿色金融产品的创新，促进资本的积累，可以将资金优先流向农村地区的特色产业或者优势产业，促进农村特色产业以及优势产业的发展壮大，推进乡村产业绿色发展。

3.1.2 信息处理机制

外部支持对于乡村产业绿色发展具有重要作用，以资金支持为例，资金投入者在决定支持对象前需要对其进行还款能力、发展潜力等系列水平的评估。长期收集、积累农村经营主体信息的农村金融体系成为资金投入者了解信息的主要渠道。金融虽然可以优化和创新融资结构，但处于发展初期的局限性，以及农业高风险、低利润特征与金融机构的风险规避本性，使其信息披露尤为重要。为此，政府层面以及金融机构都需要加强绿色信贷和项目的信息披露，国家金融监督管理总局也需要制定更为系统和宏观的审核机制来评估绿色农业主体的信息准确性和环保表现，以减少信息不对称所导致的融资不足的问题。由此，资金投入者能有效减少信息搜集成本，减少信息壁垒，有利于农村产业发展的资金注入，使更多有发展潜力的农村产业能够被发现、被选择、被扶持。

一方面，商业银行等金融机构能够为乡村产业绿色发展提供信息支持。在当地企业信息的了解程度方面，农村金融机构由于更早扎根于当地，所以信息较为全面深入，并且其运行机制也较为符合当地情况，更有利于对当地企业的经营情况，财务水平进行更有效的评估，外部投资者也能借此得到更可靠有效的信息。

另一方面，农村金融机构的信息处理机制能够对当地企业的情况进行有效识别，从而达到引导资金流向更合理的企业和项目；并且由于资本市场的交易规则要求信息透明化，供求双方的交易会更加合理公平，同时监督管理制度也能使交易信息的可靠性增强，使外部投资者有效识别值得投资的企业并做出合理选择。

3.1.3 风险分散机制

要实现乡村产业绿色发展，加快农业集约化、现代化发展是重要途径。农产品种植过程中由于自然灾害等不确定因素使农业本身存在较高风险，阻碍了农民收入增加和乡村产业绿色发展。而农村金融体系可以通过完善农业保险、期货等金融工具，以减少农业风险，降低投资风险，增强投资者的农业投资意愿，从而引导资金流向农村，使农村获得更多资金支持，从而促进乡村产业绿色发展。

具体来说，在金融体系中，银行等金融机构主体可以通过绿色金融产品的提供来减少产业风险。首先，企业可以通过绿色信贷、绿色债券、绿色基金等绿色金融产品来获得资金支持，这些资金可以贷给有需要的农村经营主体，再通过其自有的资源配置机制，不仅能有效提高资源的利用效率，也能降低农村经营主体的资金风险。其次，农产品春种秋收，不可预测的自然灾害难免会使农产品收成面临不稳定风险，类似农业绿色保险等金融产品能使农业生产得到有效保障。农村产业承受着社会风险、经济风险、自然灾害等多重风险，严重影响着乡村产业的发展，因此农业绿色保险对于保护农业生产者权益，稳定乡村产业绿色发展，起到至关重要的作用。

相对于正规金融机构来说，农村绿色保险机构是对农村地区金融体系的完善与补充。首先，农业绿色保险可以有效分散和转移农业生产中的自然风险和市场风险，保障农民收入，是一种特殊的经济补偿制度，表明农业绿色保险的存在对农民的收入具有明显的促进作用。农业绿色保险保护农业生产者的利益，避免其受到自然灾害、生产过程以及事故经济损失的伤害，从而提高农业经营者应对风险的能力，通过健全农业绿色保险制度，提供多元化保险服务，如定制专属保险条款，实行政府保费补贴，为牲畜疾病责任、意外责任、自然灾害等提供损失保险，完善农业风险管理体制，以此来推进农业产业绿色、低碳、高质量发展。农业绿色保险通过转移支付效应、损失补偿效应影响乡村产业的发展。通过保费补偿，在一定程度上降低了农户购买保险的成本，实际上提高了农户的可支配收入，具有“转移支付”的效应。

其次是损失补偿效应，当农户遭受灾害损失后，对于灾害所造成的损失，保险机构会进行相应的赔偿，进而提高农户生产经营的积极性与农业生产的稳定性。通过风险的分散与转移，农民在农业生产过程中，可以通过农业绿色保险来避免较大的损失，保障农户自身的经济利益。农业绿色保险的存在使农业生产得以顺利进行，农业生产的顺利进行则有助于乡村产业的顺利发展。根据农业保险的转移支付以及损失补偿效应，对农户的生产经营产生影响，从而对乡村产业绿色发展产生影响。目前，我国的农业绿色保险种类有待完善，增加保险的覆盖广度，推出更新形式的金融产品能有效弥补该缺陷，以达到使农户降低种植风险，实现稳定经营的目标。

从市场层面来看，农业市场的风险会因金融的融入变得更加可控。具体来说，资金供给方和需求方，可以通过金融产品的出售和购买使资金流通更加迅速可靠。我国农村目前存在企业或者农户资金短缺的问题，金融体系的建立会使农村资金短缺问题得到缓解。另外，借鉴发达国家资本市场经验，期货市场的发展可以有效运用于农业市场，使农业风险在一定程度上得到规避。所以，加强农村金融知识的普及，使农业生产者了解绿色信贷、绿色债券、绿色保险、绿色基金等金融产品，促使资金向低碳、绿色产业流动，在有效缓解农业风险基础上，可以实现农业产业的绿色转型，助推“双碳”目标实现。

3.1.4 激励创新机制

在“双碳”目标下，金融对于农村产业发展也会有激励创新的作用。在这个过程中，不仅政策上的倾斜以及绿色金融工具的创新会使乡村产业获得资金上的支持，同时通过资源配置机制，还能让有助于碳中和、碳达峰的绿色乡村优势产业实现绿色、低碳、高质量发展，乡村优势产业的生产经营效率和农村创新积极性得到提升。从激励创新层面来说，金融机构能够通过绿色金融产品为乡村产业提供资金，在这个过程中必不可少的是考察企业的资质，那么企业的经营合法性，信用程度等都会被监督。金融机构选择有发展潜力的企业并对其实施资金支持，能够使其研发费用得到保障，增强企业的创新积极性和创新能力。

从激励监督层面来说，贷款前考察企业的资质，贷款中通过贷款条约对企业的经营进行限制，能够监督企业的经营情况，使资金运用合理合法，企业经营和还款状况得到监督。除此之外，金融市场除了政府干预外，市场本身的性质使优质资源向更合规、更有潜力的企业倾斜，农村市场结构和整体经营效率得到优化。

3.1.5 储蓄和投资机制

从储蓄效应来说，农村金融机构的储蓄是乡村产业绿色发展的主要资金来源。乡村产业绿色发展中的资金支持，需要一定规模的储蓄才能满足。在“双碳”目标背景下，随着农村金融的发展，由于国家层面政策的倾斜和其他金融机构的重视，发展金融市场，打造可交易的绿色金融产品，引导规划乡村产业的发展成为必然趋势，因此农村金融机构推出的绿色金融产品会吸引资金的投入，这样农村地区的金融机构储蓄总量就得到了提升，农村地区的投资有了一定的资金来源。随着农村金融的发展，农村金融机构不断增加，农村金融体系不断完善，金融的中介功能将得到充分的发挥。一方面是资本的流动性与透明度逐步加强，更多便利化的融资渠道不断出现；另一方面，由于互联网以及金融知识的不断普及，有意愿向绿色金融产品投资的企业和投资者将会越来越多，进一步扩大了农村金融机构的储蓄总量。通过储蓄效应，可以为乡村的产业绿色发展提供资本支持。

从投资效应来说，储蓄效应为乡村产业绿色发展提供了资本，但是只有充分实现储蓄—投资的转化，农村金融机构的储蓄才能真正对乡村产业绿色发展起到推动作用。在储蓄—投资转化的过程中，转化的效率越高，对乡村产业绿色发展的支持力度也就越大。伴随着农村金融的不断发展，绿色金融产品与绿色金融工具不断丰富，在降低交易成本的同时，也为农户发展主体提供了融资渠道，扩大了融资规模，提高了储蓄到投资的转换比。与此同时，农村金融的发展，在一定程度上提高了农户对金融的认知，加强了农户理财经营的能力，有助于减缓信息不对称问题所带来的影响。这些都将有助于农村地区资金由储蓄向投资的转化，从而为乡村产业绿色发展提供有力的资金支持，图 3.1 所示为金融支持乡村产业绿色发展的机制。

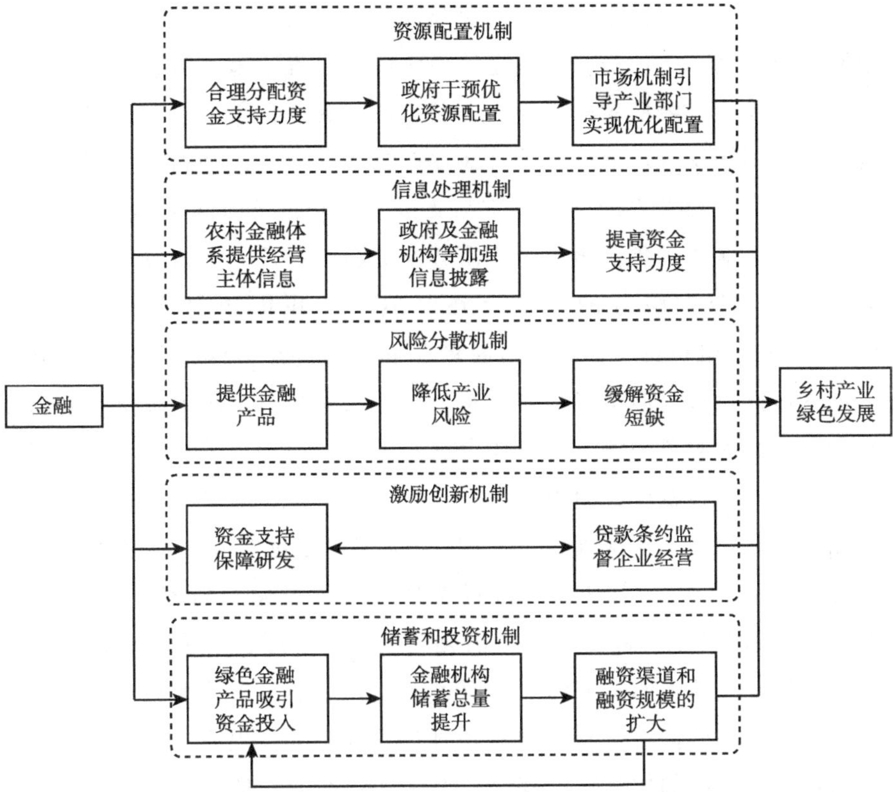

图3.1　金融支持乡村产业绿色发展机制图

3.2　金融支持乡村产业绿色发展路径

一般情况下，金融支持乡村产业绿色发展的路径主要为直接路径和间接路径。何广文（2019）、刘世波（2020）认为直接支持主要体现在提供贷款和保险等金融服务；夏诗涵、王建洪等（2019），郭佳莲（2019）认为间接支持主要是优化服务带动乡村产业发展、优化资源配置等。何广文、何婧（2019）指出金融最主要的作用是解决产业发展资金短缺问题，所以金融机构的联结机制可以通过银证合作等方式不断扩大乡村产业发展的资金来源，创新产业链金融服务模式，构造更坚固的资金来源，为乡村产业发展营造良好环境。刘世波等（2020）则认为金融的作用不仅是提供资金支持，为农业降低生产风险的保险作用也不可忽略。首先，金融机构除了降低贷款利率，增加融资渠道外还应该通过推广地方特色或者专门农产品的农村保险来降低农村产业的经营风险。其次，金融也能通过优化资源配置起到间接支持。夏诗涵等（2019）认为金融可以通过加大对龙头企业或者有较大发展潜力的企业的支持力度从而形成产业发展的引领效应，并且该举措也能够优化资源配置，使金融资源向优质企业流动，形成良性结果。最后，金融服务的优化存在对地区的积极辐射作用。郭佳莲（2019）认为金融机构可以通过自身产品和服务的提升来支持乡村产业发展，如通过优化农村信贷资金的配置、推动农村绿色金融的发展、顺应以科技创新产品和服务为特征的时代发展趋势、大力发展普惠金融，提升服务质量等方面为金融全方面服务乡村产业发展奠定基础。

周成（2023）以“双碳政策”为关键词，通过对402篇（中文）和2837篇（英文）核心期刊文献进行文献计量可视化与内容分析后发现，“双碳”政策路径主要包括能源清洁化转型、产业绿色化升级、碳交易市场和生态环保与碳汇四个方面。总而言之，关于金融支持乡村产业绿色发展除了政府的作用，还应从金融和乡村产业两个维度出发，一方面，乡村产业绿色发展可以细化为三个部分：抑制高碳产业、低碳技术研发和发展绿色农业；另一方面，促进金融现代化发展，对于围绕低碳排放和绿色发展的各种金融活动，不管是政界还是学界，都要给予相应的重视。邓磊（2023）提出在“双碳”目标的背景下，国家层面需要完善金融的法律政策体系，加强对围绕低碳排放和绿色发展的各种金融活动运行过程的宏观调控；地方层面要发展碳交易市场，打造可交易的碳汇产品，并且引导规划乡村产业绿色、低碳、高质量发展。

综上所述，关于“双碳”目标下金融支持乡村产业绿色发展的路径，需要国家、地方、乡村、市场等共同发力，促进乡村产业绿色发展，既要立足于我国乡村的基本情况，也要考虑到东部、西部、中部各农村地域的差异，结合当下的背景和未来的趋势，完善金融支持乡村产业绿色发展的顶层设计，为实现乡村产业绿色、低碳、高质量发展营造良好的发展环境。

第4章 金融支持乡村产业绿色发展政策梳理

金融体系的发展以及配套政策措施的完善对推动“双碳”目标的实现有着重大意义，同时与国家经济发展的质量息息相关。产业发展离不开金融支持，但乡村地区自有资金匮乏，无法满足产业发展需要，需要社会资本的支持，而社会资本无序涌入农村地区不仅不会促进地区产业发展，甚至会加剧现有的发展矛盾，因此，政府需要从多方面对农村金融发展进行管控，促进农村地区金融有序发展，有序支农。

4.1 计划经济时期（1949—1978年）

1978年以前，受限于国际政治形势、国内社会发展情况，我国实行计划经济制度，对金融方面的工作实行“大一统”模式管理，即由中国人民银行领导全国金融市场，中国农业银行进行农村信贷统筹，信用社在中国农业银行协助下进行农村小额存贷款业务。1951年，为支持新中国农村经济的恢复与发展，组建中国农业合作银行（中国农业银行的前身）。1953年设立中国农业银行。在1951—1965年，中国农业银行历经“三立三撤”的波折，一方面可以反映当时国家对于农村金融发展的支持，另一方面也反映了农业银行的金融服务和金融功能与中国人民银行存在重合，专业性不够强的现状。1951年召开的第一次全国农村金融工作会议，新中国信用合作组织在广大农村开始建立。1960年发布《全国农业发展纲要》，积极支持和巩固农村信用社的发展。

表4.1所示为中国农业银行发展历程。

表 4.1 中国农业银行发展历程

时间	主要事件
1951.7	农业合作银行建立（中国农业银行的前身），承担金融服务新中国农村经济社会恢复与发展的职责
1952.7	与中国人民银行第一次合并，职能并入人民银行
1955.3	按照为农业合作化提供信贷支持的要求，正式以“中国农业银行”的名称建立
1957.4	与中国人民银行第二次合并
1963.11	根据统一管理国家支援农业资金的要求，中国农业银行作为国务院直属机构再次建立
1965.11	与中国人民银行第三次合并
1979.2	中国农业银行第四次恢复建立，并发展至今

在这一时期，党和国家的工作重点是工业化建设，解决人民对于建立先进的工业国要求同落后的农业国现实之间的矛盾。为实现工业化目标，农村经济发展更多为工业化而服务，农村金融也不例外。一方面，国家鼓励农村储蓄，农村个人储蓄占城乡储蓄的比例 1953 年为 0.8%，1958 年上升到 36.4%。另一方面，将农村储蓄存款用于工业发展，1953—1979 年，农村信用社总计存款 1941 亿元，而向农村发放的贷款仅有 530 亿元，向工业部门净流出资金达到 1411 亿元。农村金融在落实支持农业农村发展方面存在不足。

4.2 经济体制转型时期（1979—1992 年）

改革开放提出“计划与市场相结合”的改革思路，以计划经济为主，充分重视市场调节的辅助作用，拉开中国经济体制改革的帷幕。以家庭联产承包责任制为代表的农村土地制度变革极大地解放了农村生产力。农业农村发展要求有更多的金融服务，国家也不断出台政策积极回应农民的信贷需求。在金融机构设置上，1979 年农业银行恢复建立，大力发展农村信贷事业，将由中国人民银行管理的涉农金融转至农业银行，并由其统筹管理农村信用合作社，形成以农业银行为主体的、相对独立的金融体系。1981 年 5 月，中国农业银行《关于农村借贷问题的报告》认可了民间非正式借贷的作用，将其作为正式金融的补充。1984 年 8 月，中国农业银行推进信用社管理制度改革，农村信用社实行“权、责、利”三结合的经营责任制。1984 我国农村经济体制改革进一步深化，乡镇企业迅猛发展，国家提出以提高资金效益为目标，将“农业银行企业化”，把农业银行改革为真正的经济实体，同时由其统一管理农信社。1985 年的中央一号文件强调，要把农村金融搞活，兴办农村保险事业，让资金在融通的过程中产生更大的效益。1986 年中央一号文件提出，要降低信用社准备金比例，增加信用社贷款的发放。同年，邮政部门恢复办理业务。这一连续性的制度设计，不仅明确了农村金融机构的功能定位，也为农村的银行业、保险业发展指明了方向。

此阶段，农业银行企业化速度加快，以货币经营、利润最大化为经营目标加速发展。农信社管理体制也有了初步改革，业务得到一定的发展，对农业生产、农村经济增长起到了一定的积极作用。但改革始终围绕信用社作为银行基层机构的体制进行，其产权性质的集体化或准国有化及管理体制并未发生实质变化，农村地区金融领域在商业化过程中，缺乏有效竞争。

4.3　中国特色社会主义市场经济时期（1993—2004 年）

1992 年，在邓小平南方谈话时发表的讲话肯定了市场经济的作用后，中共十四大明确提出建立社会主义市场经济体制，农村金融转型调整的步伐逐步加快。1993 年 12 月，中国农业发展银行成立，专门负责承担农业政策性金融业务。1996 年 8 月，国务院发布《关于农村金融体制改革的决定》指出，农村金融体制改革的目标是建立政策性金融、商业性金融、合作金融协调发展的农村金融体系，决定使农村信用社与农行“脱钩”，成为完全独立法人，这为当时的农村金融全方位改革提供了阶段性的实施路线图。这一时期，由于受到 1997 年通货紧缩和受 1998 年亚洲金融危机的影响，国家加强了对金融的监管，提出要取缔非法金融机构和非法金融业务活动（1999 年农村合作基金会被撤销）。进入 21 世纪，面对农村信用社发展中的信贷资源错配和改革困难，经济发达、金融活跃的江苏省在 2000

年率先开展信用社改革试点，这为农村信用社加快管理制度和产权制度改革提供了重要实践借鉴。2003 年农村信用社改革在吉林、贵州、重庆等八省份大范围展开。总体而言，这一阶段中国农村金融体系在社会主义市场经济制度顶层设计下逐步重新建立起来，并在实践探索中不断调整创新，走出了一条在不断试错中逐渐转型调整的改革道路。

2004 年中央一号文件发布至今，农村金融发展在每一年的文件中均有涉及。综合来看，在信贷方面，国家先后提出要通过信用社改革，规范民间信贷，培育小额信贷组织，扩展多个银行的支农领域，奖励、补贴服务“三农”的金融机构，提供优惠的支农贷款利率，引入互联网为农村贷款服务等方式，不断提高农村贷款的比例，增大对农户、涉农企业的贷款力度。在抵押方面，为了能够让农户和小微企业顺利获得贷款，经过不断探索，抵押的方式越来越多样，目前可以用于抵押贷款的有动产、仓单、农业生产设施、林权、四荒地使用权、土地经营权、农民住房财产权、应收账款、水利项目收益权、可转让股权、商标专用权、信贷资产等。在金融工具的完善和创新方面，历年中央一号文件提到完善农村保险制度，建立健全农业保险体系，多种形式、多种渠道的农业保险也得到发展，渔业、农产品生产、森林、农作物制种、贷款保证、信用、农产品价格指数、农产品收入等相继成为保险标的。

在建立健全保险体制的同时，不断引入新的金融工具、发展新的金融业务为“三农”服务。例如，国家提出要引导涉农企业上市，发展涉农金融租赁业务，开展农产品“保险 + 期货”“订单农业 + 保险 + 期货（权）”模式试点。在金融机构的建设方面，先后提出建立社区金融机构、村镇银行、服务“三农”的地区性中小银行，发展农民专业合作组织、小额信贷组织、贷款公司、农村资金互助社、金融租赁公司。

4.4 普惠金融发展时期（2005—2015 年）

2006 年 12 月，原银监会放宽了农村地区金融机构的准入条件，鼓励开办村镇银行，鼓励其他银行在农村办理业务。2007 年中国邮政储蓄银行成立。2008 年 5 月，小额贷款公司在全国开展试点；同年，十七届三中全会提出建立现代农村金融制度。2010 年中央农村工作领导小组提出“在 3 年内消除没有金融服务的乡镇”，推动提升农村金融服务质量和水平。

2013 年党的十八届三中全会正式提出了关于普惠金融的工作安排，鼓励金融创新，丰富金融市场层次和产品；2014 年我国进行了土地“三权分置”改革，推进土地经营权可抵押贷款进程。

习近平总书记在 2015 年中央扶贫开发工作会议上强调“要做好金融扶贫这篇文章”，指出“通过完善激励和约束机制，推动各类金融机构实施普惠金融政策，加大对脱贫攻坚的金融支持力度”；同年 11 月 29 日，中共中央、国务院颁布了《关于打赢脱贫攻坚战的决定》，加大金融扶贫力度，鼓励和引导商业性、政策性、开发性、合作性等各类金融机构加大对扶贫开发的金融支持。

随着国家脱贫攻坚战略的提出与实施，农村金融服务的针对性与目的性不断提高，满足农村产业发展的金融服务需求。农村金融制度不断完善，农村金融机构不断多样化，用于服务农村的金融工具越来越广泛，国家促进农村金融改革创新发展的支持性政策也不断加强。

4.5　绿色金融发展时期（2016 年至今）

2016 年 8 月，七部委联合印发《关于构建绿色金融体系的指导意见》（以下简称《指导意见》），初步确立了绿色金融发展“五大支柱”，推动建立中国绿色金融体系，鼓励社会资本对绿色产业的投入，抑制对于高能耗、高污染企业的投入，引导产业进行绿色创新，促进低碳、环保、节能等领域的创新与进步，助力我国经济向绿色化转型。

在不断探索与实践下，2017 年 6 月，中国绿色金融发展进入“自上而下”顶层设计与“自下而上”区域探索相联结的新发展阶段，在绿色金融产品的创新、政策支持体系的完善、激励约束机制的建立等方面取得了许多经验。国家持续加大对绿色金融的支持力度，在浙江、广东、江西、贵州和新疆五省份的八个地区建设各具特色的绿色金融改革创新试验区，充分利用地方工作主动性，建立创新型绿色金融产业，健全统一管理系统，引导金融资源向绿色领域聚集。

中共中央、国务院于2018年9月发布《乡村振兴战略规划》，提出要健全适合农业农村特点的农村金融体系，满足乡村振兴对于金融产品多样化的需求；2018年，我国正式成立了绿色金融标准工作组，聚焦低碳节能、污染治理等绿色领域，走生态优先、绿色环保的发展道路，着力于构建完善的跨领域、市场化、内嵌于金融机构全业务流程的绿色金融标准体系，我国绿色金融水平得到了迅速的提升。

2018年6月，《农业农村部、中国邮政储蓄银行关于加强农业产业化领域金融合作助推实施乡村振兴战略的意见》强调：利用邮储银行农村基层网点较多、服务"三农"能力较强的优势，加大对农业产业化的金融支持，提升农业产业化发展质量和效益，充分发挥农业产业化助推乡村振兴的功能作用。

2019年初，人民银行、原银保监会、证监会、财政部、农业农村部联合发布《关于金融服务乡村振兴的指导意见》，对标实施乡村振兴战略的三个阶段性目标，明确了相应阶段内金融服务乡村振兴的目标：短期内，突出目标的科学性和可行性，到2020年，要确保金融精准扶贫力度不断加大、金融支农资源不断增加、农村金融服务持续改善、涉农金融机构公司治理和支农能力明显提升；中长期，突出目标的规划性和方向性，推动建立多层次、广覆盖、可持续、适度竞争、有序创新、风险可控的现代农村金融体系，最终实现城乡金融资源配置合理有序和城乡金融服务均等化。2019年文化和旅游部办公厅、中国农业银行办公室联合发布了《关于金融支持全国乡村旅游重点村建设的通知》，加大重点村的文旅资源开发保护，预计在未来五年向重点村提供人民币1000亿元意向性信用额度，并积极推进产品创新，推广乡村旅游特色贷款产品，出台乡村旅游专属信贷产品等。

2020年，"碳达峰""碳中和"目标的提出则为绿色金融的高质量发展提出了更为明确的要求，在"双碳"目标下，我国绿色金融的发展上升到了全新的战略高度。

2021 年 3 月，中国人民银行提出了“三大功能”“五大支柱”的绿色金融发展政策思路，以绿色贷款、绿色债券为主发展绿色金融，中国绿色金融政策体系开始向“3060 目标”调整；此后，第十三届全国人民代表大会批准了《中华人民共和国国民经济和社会发展第十四个五年规划和 2035 年远景目标纲要》，强调了绿色金融促进乡村产业振兴的重要性，明确了绿色金融助力乡村振兴的目标和要求。2021 年 5 月，农业农村部办公厅和中国农业银行办公室联合发布《关于加强金融支持乡村休闲旅游业发展的通知》，对乡村休闲旅游业给予重点支持，以农业农村部推介的中国美丽休闲乡村和全国休闲农业重点县为重点区域，结合实际情况开发推广相应的金融服务产品，建立合适的信用担保方式，满足该区域内乡村休闲旅游经营主体融资需求。2021 年 10 月，中共中央、国务院印发《关于完整准确全面贯彻新发展理念做好碳达峰碳中和工作的意见》，提出要完善绿色信贷评估框架与评估体系，引导金融行业为乡村项目提供期限长、成本低的绿色金融产品。

2022 年，原中国银保监会印发《银行业保险业绿色金融指引》，要求银行保险机构深入贯彻落实新发展理念，将环境、社会、治理要求纳入管理流程和全面风险管理体系，强化环境、社会、治理信息披露和与利益相关者的交流互动，完善相关政策制度和流程管理，从战略高度推进绿色金融，加大对绿色、低碳、循环经济的支持，防范环境、社会和治理风险，促进我国经济体系进行绿色转型。2023 年，习近平总书记在全国生态环境保护大会上指出，要完善绿色低碳发展经济政策，强化财政政策支持、税收政策支持、金融政策支持、价格政策支持①。

基于党中央、国务院以及各部委《关于促进乡村产业振兴的指导意见》《全国乡村产业发展规划（2020—2025 年）》等一系列政策法规的出台，金融助力乡村产业发展的顶层设计不断健全。地方各级政府根据相关文件要求，探索符合地方发展实际的金融支农模式与乡村产业发展模式，诸如北京市《关于印发〈关于落实乡村振兴重点工作支持农产品加工中小

---

① 习近平在全国生态环境保护大会上强调：全面推进美丽中国建设 加快推进人与自然和谐共生的现代化．新华社，2023 年 7 月 18 日．

企业发展若干措施〉的通知》、湖南省《关于深入推进农业“百千万”工程促进产业兴旺的意见》等均对金融支持地方乡村产业发展提出了要求，具体情况如表4.2所示。

表4.2　金融支持农村产业发展的部分政策文件

发布时间	文件名称	具体内容
2017.5.31	农业部办公厅、中国农业发展银行办公室关于政策性金融支持农村一二三产业融合发展的通知	支持一批产业链条健全、功能拓展充分、业态比较新颖并在经济规模、科技含量和社会影响力方面具有引领优势的领军型企业和农民合作社，促进农村产业融合发展总体水平明显提升，促进农业产业链条完整、功能多样、业态丰富、利益联结更加稳定的新格局基本形成
2017.11.21	农业部、中国农业银行关于推进金融支持农业绿色发展工作的通知	加快构建现代农业产业体系、生产体系和经营体系，助力农业供给侧结构性改革和农业现代化；集成利用资源要素，大幅增加农业绿色发展资金供给，持续增强农业绿色发展内生力
2017.11.23	农业部办公厅、中国农业发展银行办公室关于政策性金融支持农村创业创新的通知	发挥政策性金融的支农作用，进一步加速现代科技、生产方式和经营理念等融入农业，提高农业质量效益和竞争力；进一步推动新产业新业态新模式发展，促进农村一二三产业融合；进一步激活各类城乡生产资源要素，促进农民就业增收
2017.12	中国银监会、国家林业局、国土资源部关于推进林权抵押贷款有关工作的通知	加快开发适应林业经营特点的金融产品，创新金融服务方式，健全林权融资、评估、流转和收储机制，通过多种形式推进林权抵押贷款工作
2018.5	农业农村部、中国邮政储蓄银行关于加强农业产业化领域金融合作助推实施乡村振兴战略的意见	引导农业产业化扶持政策与邮储银行信贷资金有效对接，加大对农业产业化的金融支持，提升农业产业化发展质量和效益
2018.9	财政部关于贯彻落实实施乡村振兴战略的意见	落实农村金融机构定向费用补贴政策，积极发挥国家融资担保基金作用，激发金融机构服务“三农”的内生力。健全农业信贷担保体系，推动农业信贷担保服务网络向市县延伸，支持地方农业信贷担保机构降低担保门槛、扩大担保覆盖面，切实增强农业新型经营主体贷款的可得性，着力解决新型经营主体融资难、融资贵的问题

续表

发布时间	文件名称	具体内容
2018. 11. 20	工业和信息化部、中国农业银行关于推进金融支持县域工业绿色发展工作的通知	发挥金融支持在推动县域工业绿色发展中的作用，进一步推进金融服务实体经济；增加工业绿色发展的资金供给，补齐绿色发展短板，培育县域工业发展新动能，扎实推进县域工业绿色发展，加快构建科技含量高、覆盖范围广、可持续的县域工业绿色发展产业体系和金融服务体系
2019. 6. 17	国务院关于促进乡村产业振兴的指导意见	引导县域金融机构将吸收的存款主要用于当地，重点支持乡村产业。支持小微企业融资优惠政策适用于乡村产业和农村创新创业。发挥全国农业信贷担保体系作用，鼓励地方通过实施担保费用补助、业务奖补等方式支持乡村产业贷款担保，拓宽担保物范围。允许权属清晰的农村承包土地经营权、农业设施、农机具等依法抵押贷款。加大乡村产业项目融资担保力度
2019. 1. 29	中国人民银行、银保监会、证监会、财政部、农业农村部关于金融服务乡村振兴的指导意见	完善绿色信贷体系，鼓励银行业金融机构加快创新“三农”绿色金融产品和服务，通过发行绿色金融债券等方式，筹集资金用于支持污染防治、清洁能源、节水、生态保护、绿色农业等绿色领域，助力打好污染防治攻坚战。加强绿色债券后续监督管理，确保资金专款专用
2019. 7. 26	文化和旅游部办公厅、中国农业银行办公室关于金融支持全国乡村旅游重点村建设的通知	加大信贷投放，将向重点村提供人民币 1000 亿元意向性信用额度，用于支持重点村的文化和旅游资源开发；推进产品创新，积极推广乡村旅游特色贷款产品，出台乡村旅游专属信贷产品等
2020. 3. 27	关于充分发挥政府性融资担保作用为小微企业和“三农”主体融资增信的通知	地方各级政府性融资担保、再担保机构进一步提高支小支农业务占比，确保 2020 年新增小微企业和“三农”融资担保金额和户数占比不低于 80%，其中新增单户 500 万元以下小微企业和“三农”融资担保金额占比不低于 50%
2021. 4. 20	科技部、中国农业银行印发《关于加强现代农业科技金融服务创新支撑乡村振兴战略实施的意见》的通知	充分发挥科技系统和农行系统优势，打通“科技—产业—金融”的合作通道，发挥“科技 + 金融”双轮驱动效能，加快绿色农业科技运用脚步，实现科技资源与金融资源的有效对接和产业链、创新链、资金链“三链”协同发展

续表

发布时间	文件名称	具体内容
2021. 5. 17	农业农村部办公厅　中国农业银行办公室关于加强金融支持乡村休闲旅游业发展的通知	创新支持乡村休闲旅游业的金融服务产品，强化金融支持中国美丽休闲乡村的措施
2021. 5. 25	中国人民银行　中央农办　农业农村部　财政部　银保监会　证监会联合发布《关于金融支持新型农业经营主体发展的意见》	加强新型农业经营主体信息共享；增强新型农业经营主体金融承载力；健全适合新型农业经营主体发展的金融服务组织体系；拓宽新型农业经营主体抵押质押物范围
2021. 9. 24	农业农村部办公厅、中国农业银行办公室关于金融支持农业产业化联合体发展的意见	聚焦重点产业，发挥农业产业化联合体内资源要素集聚、利益联结紧密、购销服务协同、信息渠道共享等优势，构建涵盖上中下游主体全产业链金融服务模式，拓宽农业经营主体融资渠道，加大信贷投放力度，创新“三农”金融产品，缓解“三农”客户贷款难贷款贵问题
2022. 7. 15	农业农村部办公厅、国家乡村振兴局综合司、国家开发银行办公室、中国农业发展银行办公室关于推进政策性开发性金融支持农业农村基础设施建设的通知	聚焦农业农村基础设施重点领域，强化区域资金、资产、资源全要素整合，强化地方政府部门、金融机构、实施企业多主体协同，引导政策性、开发性金融支持适度超前开展农业农村基础设施投资，撬动更多中长期信贷资金高效率、低成本倾斜流入农业农村
2022. 9. 5	农业农村部办公厅、中国农业银行办公室关于印发《金融助力畜牧业高质量发展工作方案》的通知	以推进畜牧业高质量发展为目标，以强化金融服务为着力点，聚焦主要畜禽、重点领域、关键主体和全产业链发展，创新金融产品，推行精准服务，完善工作机制，探索政银合作金融服务畜牧业的新模式，激发产业发展活力，增强畜牧业质量效益和竞争力

随着国家支农政策的不断出台，我国金融支持乡村产业绿色发展的政策支持体系也不断完善，更多的绿色金融产品被运用于乡村产业绿色发展，拓宽了农业农村经营主体的金融获取渠道，增强了金融服务与产品的可得性、多样性，提高了农村金融服务效率水平，为农村经济发展持续发力。

“绿色决定发展的成色”，国家要实现高质量发展，就需要在各方面进行绿色转型，构建绿色低碳循环发展经济体系，促进生产领域节能降碳。随着未来中国绿色市场规模的不断扩大，绿色金融保障体系也将不断完善，政府职能与市场责任的相互协调能够促进绿色金融制度更为有效地运行，也能够进一步挖掘绿色金融节能潜力。

第5章 “双碳”目标下金融支持乡村产业绿色发展现状

5.1 乡村产业绿色发展现状

乡村亦指农村，是除城市建成区外具有自然、社会、经济特征和生产、生活、生态、文化等多重功能的地域综合体。乡村产业发源于农业，主要在乡村区域布局，以农产品生产、加工、流通为主要业态，以农民为主体，包含一二三产业及产业间融合形成的各类市场经营主体的统称。主要产业既包含农业、林业、畜牧业、渔业、农产品加工业等传统产业，也包含休闲农业、乡村旅游业、特色产业等新兴产业。乡村产业的多元化发展拓宽了乡村发展的渠道，促进了乡村产业链的延伸，能够帮助乡村产业绿色发展吸引和培育人才，促进新资源、新技术的吸纳与引进，从而助力乡村产业绿色化转型。纵观我国乡村产业发展，经历了农业产业主导期、工业化快速推进期、多元化产业培育期以及现今的产业融合发展期，乡村产业类别从单一到多元，取得了产业结构不断优化、农村经济繁荣发展、城乡差距进一步缩小等优秀成绩，成为支撑乡村发展的长效动能。目前，我国经济正在由高速度发展逐步向高质量发展过渡，在“双碳”政策的引导下，乡村发展也在积极向低碳化、绿色化靠拢，农业发展机制不断完善，乡村产业正在向绿色化转型。自2015年国家进行脱贫攻坚到2017年底实施乡村振兴战略，再到2020年全面建成小康社会，农业现代化、农村产业发展绿色化、农民生活改善等均取得了显著的成效，但在发展过程中仍面临着诸多挑战。

5.1.1 农业经营主体规模扩张

农业经营主体规模的发展壮大是支撑乡村产业绿色发展的重要力量，通过农业经营主体把资源、技术、资本、人才等要素进行整合，将生态资源转换为经济资源，促进产业融合发展，增强绿色农业发展的内驱动力。充分利用农业经营主体的发展激活乡村要素资源，高效利用乡村现成的资源，走好经济与环保协同发展的乡村发展道路，实现乡村产业高质量发展。同时，农业经营主体在发展自身的同时能够带动周边的小农户发展，调动小农户生产的积极性，促进小农户高质量生产，这不仅拓宽了农民的增收渠道，也增强了小农户融入农业经营主体的意愿，促进农业产业链的延伸发展，直接关系到乡村产业绿色发展的可持续性。

1. 农民合作社

从图 5.1 中可以看出，农户专业合作社的数目整体上呈上升趋势，到 2021 年，合作社总数达到 203 万余家（见图 5.1）。农民专业合作社迅速发展，合作社形式多元化，以农业生产为依托，吸纳人才、凝聚人才，激发农民生产的主观能动性，为农村产业创新发展注入了新的活力。农民合作社能够统一回应农民的核心诉求，有效地改善了社会组织凝聚力不足的问题，有效推动了乡村产业高质量发展，同时为农村产业低碳发展、农业生产技术绿色化提供了广阔的发展平台。

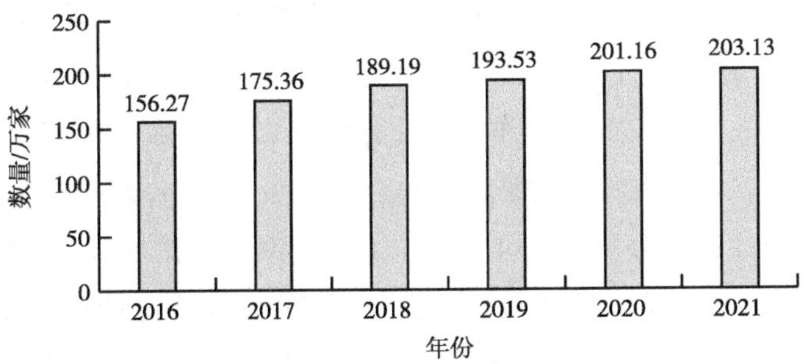

图 5.1 历年农民专业合作社数量

数据来源：《中国农村合作经济统计年报》《中国农村经营管理统计年报》中的农业农村部数据（部分新注册的合作社、已停止运行未注销的合作社、西藏自治区合作社等未纳入统计范围）。

（1）农民专业合作社数量和质量同步提升。农民专业合作社数量稳中缓升，发展质量稳步提升，服务能力不断增强，联合与合作的水平进一步提高，成为组织小农户、服务小农户、提升小农户的重要载体。农民专业合作社经营服务能力不断提升，逐步延长产业链条。2021 年，实行产销一体化服务的合作社 104.4 万家，占比 51.4%。以运销、加工服务为主的合作社分别为 9.5 万家、6.8 万家，同比增长 3.7% 和 2.0%。创办加工、流通、销售等实体的合作社 10.7 万家，同比增长 14.8%。为成员统一购买农业生产投入品占成员当年农资购买总额 80% 以上的农民专业合作社 41.6 万家，同比增长 7.5%。拥有注册商标的合作社 10.2 万家，通过农产品质量认证的合作社 5.8 万家。规范水平不断提高，分配机制更加健全。截至 2021 年年底，全国县级及以上示范社 18.9 万家，同比增长 12.5%，占农民专业合作社总数的 9.3%，其中国家级 0.8 万家、省级 3.4 万家、市级 5.6 万家、县级 9.1 万家。提留公积金、公益金、风险金的合作社 25.5 万家，同比增长 6.7%。

（2）种养业合作社占比超七成，新兴产业发展迅速。作为农民组织化、集体化的重要载体，合作社在促进农村产业多元化发展、推动产业低碳转型、助力乡村环境治理、拓展乡村经济发展渠道等方面都发挥着重要作用。截至 2021 年年底，从事种植业、畜牧业、服务业、林业、渔业的农民专业合作社数量依次为 111.3 万家、41.3 万家、15.9 万家、11.6 万家和 5.9 万家，占比分别为 54.8%、20.3%、7.8%、5.7%、2.9%。种养类合作社数量占比稳中有升。种养业合作社占比 75.5%，比上年提高 0.1 个百分点。种植业合作社中，粮食、蔬菜类合作社数量分别为 51.7 万家、21.4 万家，同比增长 7.0% 和 3.6%；畜牧业合作社中，肉牛羊、肉鸡、蛋鸡合作社数量分别为 11.4 万家、3.9 万家和 2.4 万家，同比增长 8.7%、6.3% 和 6.2%；生猪、奶业合作社数量分别为 13.0 万家、1.0 万家，比上年减少 0.5% 和 23.9%。农机植保服务类合作社数量保持增长态势。农机、植保服务类合作社数量分别为 9.4 万家、1.8 万家，同比增长 1.4% 和 2.4%。从事新产业新业态的合作社发展势头强劲。开展电子商务的合作社 5.8 万家，开展休闲农业和乡村旅游的合作社 1.7 万家，分别比上年增长 7.5% 和 8.1%。从事民间工艺及制品开发经营的合作社 3610 家，同比增长 34.2%。

（3）合作社组织农民功能凸显，联农带农成效显著。合作社成员类型多样，普通农户成员占比超 95%。全国农民专业合作社成员数 6006.0 万个，社均成员 30 个。合作社成员中，普通农户成员 5737.5 万个、占比 95.5%；家庭农场成员 164.1 万个、占比 2.7%；企业成员 26.8 万个、占比 0.4%。合作社持续为成员提供统一服务。农民专业合作社为成员提供的经营服务总值为 8885.0 亿元，成员人均享受合作社统购统销服务 1.5 万元，比上年增长 5.2%。农民专业合作社年经营收入 6269.6 亿元，社均 30.9 万元；可分配盈余 867.0 亿元，社均 4.3 万元，合作社成员人均获得盈余返还 1443.5 元，同比增长 8.8%。加入合作社的建档立卡脱贫户 342.9 万个，比上年增长 45.8%。

（4）社际间联合合作发展，规模效应持续显现。截至 2021 年年底，农民专业合作社联合社 1.3 万家，比上年增长 15.3%。联合社成员社 21.3 万个，同比增长 4.8%。农民专业合作社联合社经营收入总值 159.9 亿元，社均营收 118.9 万元；可分配盈余 21.5 亿元，社均可分配盈余 16.0 万元，成员社平均获得盈余返还 10104.4 元，比上年增长 7.8%。合作社联合会 1773 个，较上年减少 0.6%。

2. 家庭农场

全国家庭农场数量逐年增长（见图 5.2），2019—2021 年间更是呈现出显著增长趋势。到 2021 年底，我国家庭农场数量已经从 2015 年的 34.3 万个增长为 391.42 万个，6 年内增长了超过 10 倍，充分展示了我国家庭农场蓬勃发展的强劲势头。

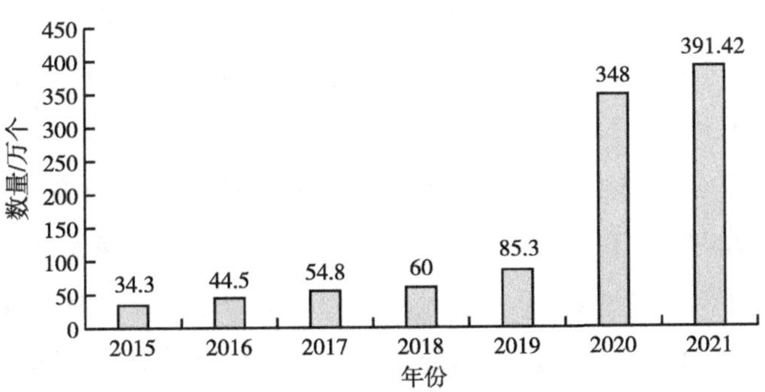

图 5.2 历年家庭农场数量

数据来源：农业农村部。

（1）家庭农场发展质量明显提升。绿色农产品、有机农产品认证以及标识体系等监管手段的发展推动了家庭农场向绿色化、低碳化发展，农业生产逐渐向生产优质农产品靠拢。

2021 年，县级及以上示范家庭农场近 17 万个，同比增长 50.2%；7.7 万个家庭农场拥有注册商标，同比增长 69.6%；22.5 万个家庭农场通过农产品质量认证，同比增长 148.9%。在“双碳”政策与乡村振兴战略的推动下，节能减排成为乡村产业转型的鲜明底色，国民对于农产品质量以及对环境影响的关注度日益上升。截至 2021 年年底，全国认定绿色、有机和地理标志农产品生产主体 2.8 万家，产品超 5.9 万个（数据来源：《经济日报》，2022）。

（2）行业分布多元，种粮家庭农场占比近四成。截至 2021 年年底，从事种植业的家庭农场 261.1 万个，占家庭农场总数的 66.7%，同比增长 12.4%；从事畜牧业的家庭农场 70.6 万个，占家庭农场总数的 18.0%，同比增长 10.4%；从事种养结合、渔业、林业、农业服务业的家庭农场分别为 29.9 万个、18.7 万个、2.0 万个、1.6 万个，分别占家庭农场总数的 7.6%、4.8%、0.5%、0.4%。家庭农场保障重要农产品生产作用凸显，种粮家庭农场达 154.5 万个、占家庭农场总数的 39.5%，从事生猪产业和奶业的家庭农场分别为 18.6 万个、5.7 万个，分别占家庭农场总数的 4.7%、1.4%，如图 5.3 所示。

（3）经营土地面积增加，规模经营水平稳步提高。截至 2021 年年底，全国家庭农场经营土地总面积 6.7 亿亩，比上年增加约 2 亿亩，增长 44.1%（主要原因是内蒙古、甘肃、青海较上年补录了 1.9 亿亩草地面积）。按照不同土地类型，全国家庭农场经营耕地、草地、园地、林地、水面及其他土地面积，分别为 3.1 亿亩、3.2 亿亩、0.02 亿亩、0.16 亿亩、0.15 亿亩、0.08 亿亩。家庭农场积极发展粮食适度规模经营，粮食作物种植面积 2.24 亿亩，同比增长 7.5%，平均每个种粮家庭农场经营土地面积 145.1 亩，同比增长 12.5%。种粮面积在 50 亩以上的家庭农场占种粮家庭农场总数的 74.1%，同比提高 3.2 个百分点。其中，种粮面积 50 ~ 100 亩的占 33.8%，100 ~ 200 亩的占 24.2%，200 ~ 500 亩的占 13.0%，500 亩以上的占 3.1%。

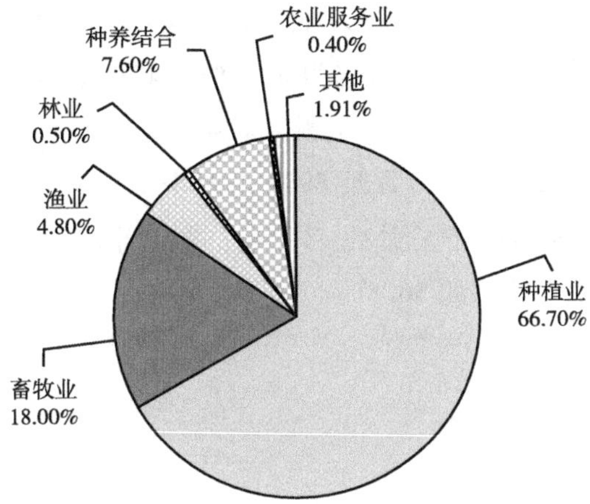

图 5.3　家庭农场行业分布情况

数据来源：农业农村部。

(4) 经营收入和净利润稳定增长，经济效益进一步提高。2021 年，全国家庭农场经营总收入 11947.6 亿元，同比增长 34.3%。半数以上家庭农场年经营收入 10 万~50 万元，其中，年经营收入 10 万元以下、10 万~30 万元、30 万~50 万元、50 万元以上的家庭农场数量占比分别为 39.7%、41.2%、10.0%、9.1%。全国家庭农场经营净利润总额 4881.4 亿元，平均每个家庭农场 12.5 万元。

3. 农业社会化服务组织

农业社会化服务组织是农村经济的主要组成部分，对保障国家粮食安全和重要农产品有效供给、促进小农户和现代农业发展有机衔接、实现农业生产低碳化，推动农业现代化发展发挥出越来越重要的引领支撑作用。小农户协同农业社会化服务组织共同经营，有利于获取农业生产技术资源、整合金融资源，推动农业产业集约高效生产。

(1) 农业社会化服务加快发展。截至 2021 年底，全国农业社会化服务组织总数 104.1 万个，较上年增长 9.0%（见图 5.4）；服务营业收入总额 1738.3 亿元，较上年增长 104.7 亿元，增幅为 6.4%。从增长速度看，农业服务专业户、农村集体经济组织、服务型企业增速较明显，数量分别较上年增长 20.2%、11.2% 和 9.8%；农民合作社数量平稳增长，增速为

3.6%。从结构分布看，农业服务专业户在各类服务组织中占比仍然最高，为53.0%；农民合作社次之，占比为31.1%；农村集体经济组织和服务型企业占比分别为6.8%和3.8%。从服务对象看，各类服务组织持续把小农户作为服务重点，服务小农户数量8939.1万个（户），占服务对象总数的85.6%，占全国农业经营户总数的43.1%；服务小农户营业收入987.7亿元，占服务营业收入总额的56.8%。

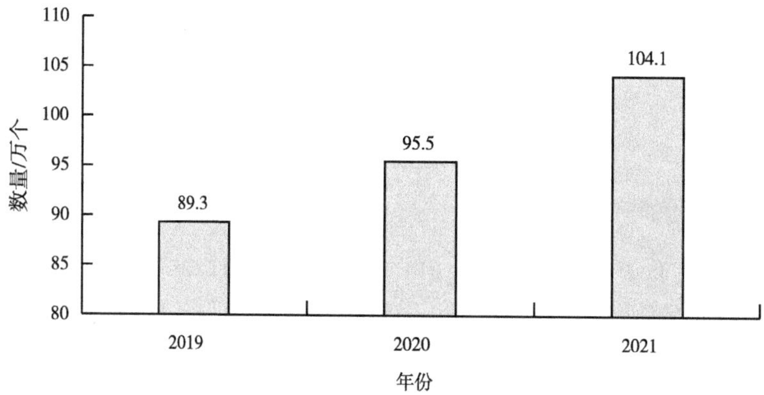

图5.4 农业社会化服务组织数量

数据来源：农业农村部。

表5.1 2020—2021年各类农业社会化服务组织数量 单位：万个

年份及增长率	农民合作社	农村集体经济组织	服务型企业	农业服务专业户	其他服务组织	合计
2020	31.3	6.4	3.6	45.9	8.3	95.5
2021	32.4	7.1	4.0	55.2	5.5	104.1
增长率/%	3.6	11.2	9.8	20.2	-34.4	9.0

数据来源：农业农村部。

（2）服务保障国家粮食安全作用显著。2021年，全国农业生产托管服务总面积18.7亿亩次，较上年增长12.1%；全国农业生产托管服务粮食作物面积13.5亿亩次，较上年增长27.3%，增速比上年提高4.3个百分点；服务粮食作物面积占全国托管服务总面积的72.2%，比上年提高8.7个百分点。其中，13个粮食主产省的粮食作物托管服务面积达11.4亿亩次，占全国托管服务粮食作物面积的84.4%，占全国托管服务总面积的

60.9%，生产托管能够将农村资源进行有效整合，统一引进农业技术，促进农业产业低碳发展、高质量发展，在保障国家粮食安全和重要农产品有效供给方面发挥出不可或缺的重要作用。

(3) 服务带动小农户能力进一步提升。2021年，农业生产托管服务小农户面积12.6亿亩次，较上年增长17.3%，占全国托管服务总面积的67.3%，比上年提高3个百分点。在农业生产过程的耕、种、防、收四个主要环节，小农户接受托管服务面积分别占各环节全国托管服务面积的66.1%、69.7%、64.2%和69.0%，比重均超过六成。

5.1.2 农业绿色生产综合水平提升

1. 农业生产条件持续改善

农业生产条件是影响农业产出和农业产业发展的重要因素，也与农业的发展、产业资金的流向、金融资源的配置直接相关。农业作为碳排放、碳固存的主要贡献者，其生产条件的改善对于"双碳"目标的实现能够发挥推进作用。近年来，我国农业生产方式逐步向绿色化变革，农业科技发展也取得重大进步，滴灌技术、太空育种、温室暖棚的运用，以及农村沼气建设、秸秆气化等技术的普及都是对"双碳"目标的积极响应。我国农业现代化建设工程落到实处，为实现作物高产、提高资源利用效率和环境可持续性提供支持，农业生产条件取得了明显的改善和进步。

2022年我国农业科技进步贡献率为62.4%，较往年增长0.9%，较2015年提升了5.5%。农业科技进步是农业生产条件进步的一大重要推手，能够在农村金融发展与城乡经济融合之间发挥中介效应，形成推进城乡经济融合的强大合力，助力乡村振兴，推动经济高质量发展。将科技运用于农业生产、加工、销售等步骤，有益于延长农业产业链，丰富农村产业业态，对农业总产值增长率的贡献显著。

2022年，我国农业机械总动力为110408.00万千瓦（见图5.5），较2016年提高13.54%，随着种业、农机等科技创新和推广应用，农作物耕种收综合机械化率再创新高，达到73.11%，较2015年提高14.59%，农业科技化有较大程度提升。

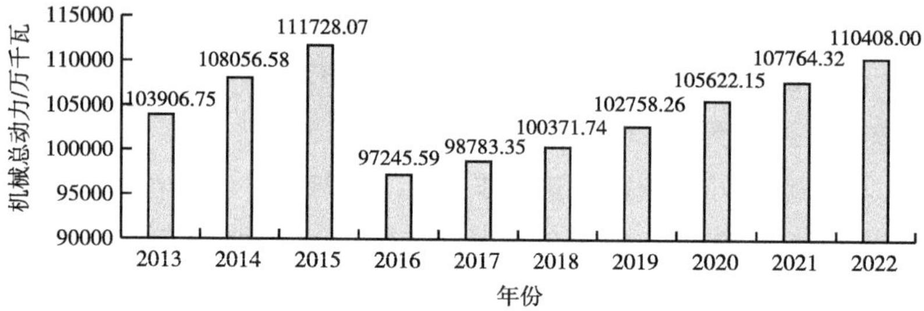

图 5.5　2013—2022 年全国农业机械总动力

数据来源：国家统计局。

2022 年，全国农用化肥施用量为 5079.2 万吨，与 2013 年相比减少 14.09%；2022 年农药施用量为 119 万吨，较 2013 年减少 33.96%；2022 年农用薄膜使用量为 237.3 万吨，相比 2013 年减少 4.81%，如图 5.6 和图 5.7 所示。我国农业生产方式逐步向绿色化、生态化迈进，施肥结构不断优化、绿色防控技术持续升级，农药使用量持续减少，对盲目施肥、过度施肥等不良生产习惯进行了纠正，农村生态环境得到了极大改善。

自 2017 年以来我国农产品总体抽检合格率也一直处于 97% 以上，2022 年为 99.1%。我国农业生产绿色健康无害化水平不断提高，农村生产环境得到极大改善。在“双碳”工作相关政策的引导下，农业生产方式取得了长足的进步，绿色无公害生产成为农业生产的主要发展目标，农产品生产更加趋向科技化、低碳化。

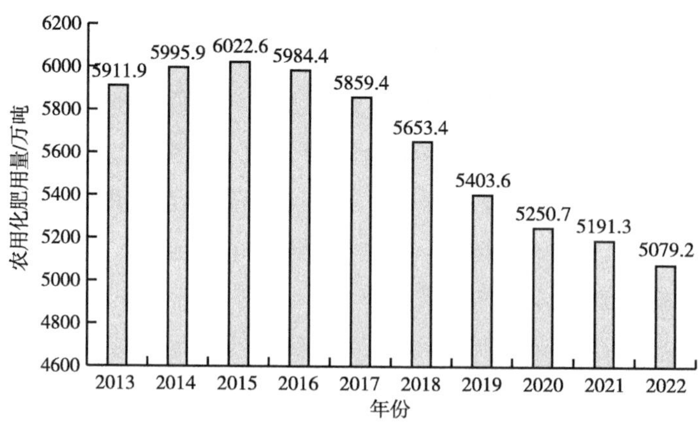

图 5.6　2013—2022 年全国农用化肥施用量

数据来源：国家统计局、农业农村部。

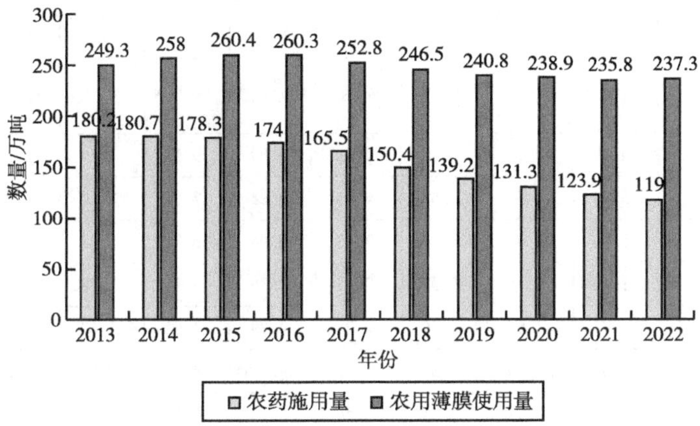

图 5.7 2013—2022 年全国农药施用量与农用薄膜使用量

数据来源：国家统计局、农业农村部。

2. 农业生产能力不断加强

农业综合生产能力关系到农业发展根本，既是确保国家粮食安全的物质基础，又是促进农民增收的必要条件；既是推动农村经济发展的重大举措，又是实现农村社会进步的重要保障。农业综合生产能力提高，反过来能够促进耕地质量建设加强、农业先进生产技术引进；实现农业生产的低碳化、绿色化，对于“双碳”目标的实现也发挥着重要意义。

（1）农业产值稳定增长。农业是我国立国之本、强国之基，在我国国民经济中起着重要作用。多年来，我国农业也保持着稳定的增长水平，2022 年，我国农业总产值达 147013.4 亿元，同比增长 6.16%，年均增长率大于 4%；其中，种植业所占比重最大，达 54.10%，增长率水平也最高，同比增长 7.79%；2022 年林业总产值同比增长 313.13 亿元，涨幅为 4.81%，同年占农业比重为 4.37%，林业总产值不断扩大、增量可观，但随着底数的扩大，增长幅度在逐渐变小。2022 年牧业占比为 26.05%，产值同比增长 741.53 亿元，涨幅为 1.86%，总产值破 4 万亿元。2017 年渔业产值同比增长 960.71 亿元，增长率为 6.62%，占农业总产值的 9.91%，渔业总产值虽在增加，但其历年增幅变换较大，具体如表 5.2 所示。

表 5.2　2014—2022 年农业总产值及农林牧渔增长率与所占比重

年份		2014	2015	2016	2017	2018	2019	2020	2021	2022
农业总产值/亿元		93173.7	97822.51	101893.5	106478.7	109331.7	113579.5	123967.9	137782.2	147013.4
增长率/%	总产值	4.99	4.16	4.50	2.68	3.89	9.15	11.14	6.70	6.16
	种植业	5.94	4.54	2.68	4.31	5.84	7.51	8.60	9.19	7.79
	林业	8.90	4.02	6.37	7.43	9.08	6.32	3.22	9.16	4.81
	牧业	1.42	2.45	6.32	-3.61	-2.26	15.22	21.78	-0.88	1.86
	渔业	6.73	4.67	5.36	6.28	4.79	3.63	1.62	13.55	6.62
所占比重/%	种植业	53.01	53.20	52.27	53.10	54.11	53.29	52.07	53.29	54.10
	林业	4.28	4.28	4.35	4.56	4.78	4.66	4.33	4.43	4.37
	牧业	28.59	28.12	28.61	26.86	25.27	26.67	29.22	27.15	26.05
	渔业	10.10	10.15	10.23	10.59	10.68	10.14	9.27	9.87	9.91

数据来源：国家统计局、《中国农村统计年鉴》。

（2）农业产量再创新高。中国以全世界 7% 的耕地面积养活了近 20% 的人口，其粮食产量多年保持世界第一，实现了粮食供给由长期短缺向供求基本平衡的历史性跨越。

2022 年我国粮食总产量为 68652.77 万吨，较十年前增长 8.89%，同比增长 0.54%，人均粮食产量为 486.3 千克（见图 5.8）。

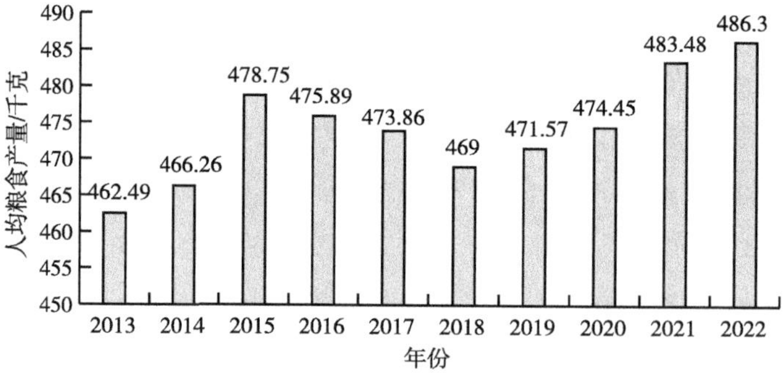

图 5.8　历年人均粮食产量

数据来源：国家统计局。

2022 年，我国茶叶产量为 334.21 万吨，同比增长 5.63%；水果产量为 31296.24 万吨，同比增长 4.42%；棉花产量为 598.02 万吨，同比增长 4.35%；油料作物产出 3654.21 万吨，同比增长 1.14%；糖类作物产出

11236.45 万吨，较往年减少 1.9%；麻类作物产出 22.84 万吨，同比增长 8.04%；蔬菜产出 79997.22 万吨，同比增加 3.16%；烟叶产出 218.81 万吨，同比增长 2.84%，如表 5.3 所示。

表 5.3　　主要经济作物产量　　单位：万吨

年份	蔬菜	水果	糖料作物	油料作物	棉花	茶叶	烟叶	麻类作物
2013	63197.98	22748.1	12555.01	3348	628.16	188.72	321.95	17.56
2014	64948.65	23302.63	12088.73	3371.92	629.94	204.93	284.67	16.51
2015	66425.1	24524.62	11215.22	3390.47	590.74	227.66	267.73	15.56
2016	67434.16	24405.24	11176.03	3400.05	534.28	231.33	257.39	18.13
2017	69192.68	25241.9	11378.84	3475.24	565.25	246.04	239.14	21.79
2018	70346.72	25688.35	11937.41	3433.39	610.28	261.04	224.1	20.31
2019	72102.6	27400.84	12169.06	3492.98	588.9	277.72	215.34	23.39
2020	74912.9	28692.36	12014.04	3586.4	591.05	293.18	213.4	24.94
2021	77548.78	29970.2	11454.45	3613.17	573.09	316.4	212.76	21.14
2022	79997.22	31296.24	11236.45	3654.21	598.02	334.21	218.81	22.84

数据来源：国家统计局。

此外，肉类与水产品产量均有较大提升。2022 年肉类总产量为 9328.4 万吨，同比增长 3.76%；2022 年水产品产量达 6865.9 万吨，同比增长 2.62%，如图 5.9 所示。

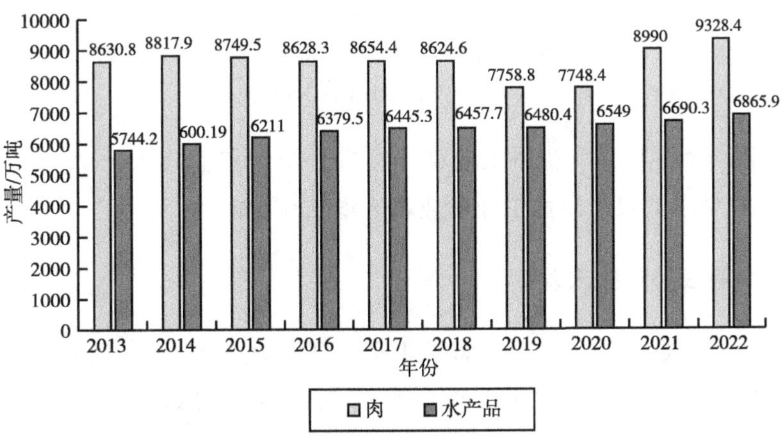

图 5.9　2013—2022 年全国肉类与水产品产量

数据来源：国家统计局。

农业产出的增加为养活 14 亿人口提供了坚实的物质基础，使国内农产品供给保持基本均衡，也让人们的饮食摄入有了更多选择。

5.1.3 农产品加工业稳中有进

1. 行业总体保持平稳增长

2022 年，面对国际局势动荡，国内消费需求收缩等多重考验，农产品加工业企业顶住压力、克服困难，因地制宜，综合产业发展现状、产品发展潜力、村民发展意愿等多方面因素，摸索出以低碳发展为理念，绿色农产品助力乡村发展的道路。在国家政策的推动与支持下，行业总体保持平稳发展态势。全年规模以上农产品加工业营业收入超 19. 14 万亿元，比 2021 年增长 5. 63%，如图 5. 10 所示。

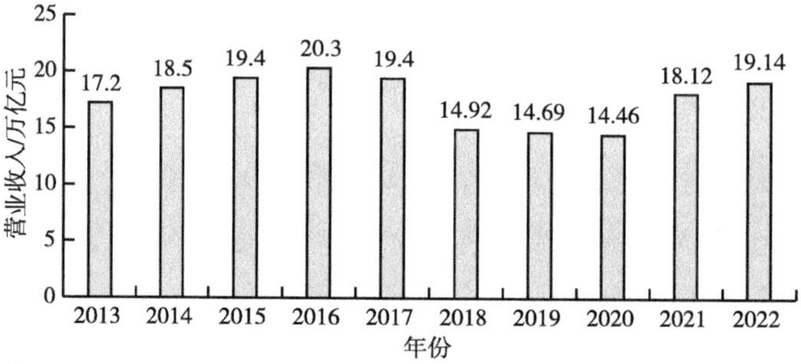

图 5. 10　规模以上农产品加工业营业收入

数据来源：国家统计局历年《中国农产品加工业经济运行报告》。

其中，食用类农产品加工业稳步提升，全年营业收入比 2021 年增长 5. 6%；非食用类农产品加工业营业收入增长 0. 5%。

2. 企业效益持续改善

2022 年，规模以上农产品加工业实现利润总额 1. 14 万亿元，由 2021 年下降 1. 92% 变为增长 11. 76%；利润总额占规模以上工业的比重为 13. 5%，比 2021 年提高 1. 0 个百分点，如图 5. 11 所示。

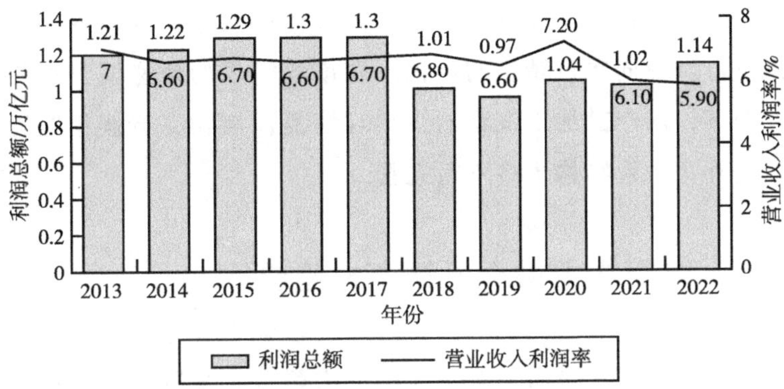

图 5.11 规模以上农产品加工业利润总额与营业收入利润率

数据来源：国家统计局历年《中国农产品加工业经济运行报告》。

3. 行业利润率与上年基本持平

2022 年，规模以上农产品加工业营业收入利润率为 5.9%，比 2021 年下降 0.2 个百分点。其中，食用类农产品加工业营业收入利润率为 7.7%，高于加工业总体水平 2.2 个百分点，比 2021 年提高 0.1 个百分点。营业成本小幅增加。由于我国农业生产方式对于能源等生产要素的依赖水平仍然较高，低碳节能的农业生产技术尚未普及，受大宗商品和能源价格持续上涨等因素影响，农产品加工业营业成本有所上升。2022 年，规模以上农产品加工业营业成本比 2021 年增长 3.8%，增速较 2021 年回落 9.9 个百分点；每百元营业收入中的成本为 82.0 元，较上年增加 0.4 元，但仍比规模以上工业平均成本低 2.7 元。

同时，农产品加工作为与国家食品安全、国民膳食营养息息相关的产业，在低碳化、技术化、智能化上也取得了长足的发展。农产品加工行业坚持以绿色生态、节能减排为导向，推进农副产品以及废弃物的循环利用，农产品加工产业正朝着高效益、高质量、可持续、环境友好的方向迈进，成为我国接续农业低碳发展的新生动力。

随着我国疫情防控取得重大决定性胜利，经济社会全面恢复常态化，各级部门着力落实稳住经济一揽子政策和接续政策措施，充分发挥"双碳"政策的目标导向作用和农业绿色发展的支撑作用，鼓励农业高质量发展，倡导农产品加工采取低污染、低能耗、低排放的农业生产方式，提升清洁能源投入、降低碳排放强度、提高能源使用效率，构建绿色乡村产业链，加快乡村产业向绿色转型的步伐。在市场需求的快速增长和科技进步的有力推动下，农产品加工业将加快实现恢复性增长，行业年度利润总额有望大幅提升，产业结构也将不断完善。

5.1.4 乡村产业融合发展渐成趋势

乡村产业融合作为目前乡村发展的一大趋势，是以农业为依托，通过农业与二、三产业之间的优化重组、交叉互渗等途径，形成农村新业态、新模式、新产业的新型农业组织范式和过程，其作用机制是借助技术和制度创新、产业集聚等方式将三个产业有机整合在一起，使各产业间相互渗透、协同发展，达到产业链延伸、产业范围扩展的效果，最终实现农民增收、农业增效和乡村繁荣的目标，是提升农业发展质量、保证农民生产效益、促进乡村产业高质量发展的必由之路，也是中国低碳经济发展的大势所趋，能够高效推动中国经济向高质量发展、绿色发展迈进。

我国大力推进农村第一、第二、第三产业融合发展，跨界配置农业和现代产业要素，将产业链和价值链的发展与农业发展相融合，建设更为广泛的农业现代化绿色发展体系，逐渐形成了各具区域特色的三产融合路径与模式，如农业产业链延伸型、农业内部产业重组型、农业功能拓展型、电商平台助推型、农旅一体化带动型等发展模式，这些不同的发展模式从多个方面、多个角度促进了农村产业结构的调整。据农业农村部数据，2019 年以来，推介 2438 个地域特色鲜明的乡村特色产品和 662 名手工技艺精湛的乡村工匠，推进传统产业改造提升，为传统乡村产业注入新生动力。同时，利用产业融合有效改善农村经济结构，优化产业结构，提升农村经济发展水平，提高各类农村资源的利用率，确保乡村产业高质量发展，促进农户增收。截至 2021 年，累计创建 140 个优势特色产业集群、250 个国家现代农业产业园、1300 多个农业产业强镇、3673 个“一村一品”示范村镇，打造了一批乡土特色鲜明、主导产业突出、质量效益较高的乡村产业绿色发展高地，在延伸农业价值链、发挥农业多功能性、推进服务业与农业融合发展上取得了丰硕的成果。

5.1.5 农村创新创业日渐活跃

为积极响应乡村产业绿色发展的战略，农村地区支持就业创业的相关政策也日趋完善。一方面，农村产业通过营造良好的创新创业氛围，拓宽人才引进渠道，吸引农民工、大中专毕业生、退役军人、科技人员等到乡村创新创业，同时借助人才回流机制为乡村吸引更多技术和资金，引进先进农业生产技术，促进传统农业生产方式低碳化转型。2021 年我国共建设 2210 个农村创新创业园区和孵化实训基地，累计有 1120 万人返乡回乡创新创业，平均每个主体带动 6 ~ 7 人稳定就业、15 ~ 20 人灵活就业。另一方面，乡村产业也在不断培育扩充其发展的内生力，组建农民队伍对乡村产业的发展模式进行探索与创新，促进产业多元化发展，综合利用农村现有资源提高农民收益，帮助农民实现生计模式的创新转换，让农民成为乡村产业兴旺的发展主体和受益主体，发挥农民推动乡村产业振兴、农业产业链高质量发展的主力军作用。

5.1.6 新兴绿色产业蓬勃发展

乡村产业的发展强调产业振兴与生态系统保护相协调。发展新兴产业能够促进未来乡村经济高质量发展，是推动碳达峰碳中和目标、构建农村经济新发展格局的重要举措。新兴绿色产业要求贯彻落实绿色发展理念，进一步强化乡村资源配置、激发乡村经济发展潜力，综合利用乡村资源、信息技术、数字平台等方式促进农业生产提质增效，降低乡村能源消耗，加快乡村基础建设步伐，实现乡村经济的跨越式发展。

随着我国居民收入水平提高和整体消费结构升级，农村新产业新业态为适应高质量发展理念，逐渐向产业多元化、绿色化转变。绿色物流、生态旅游、绿色营销、电商运营等新兴绿色产业层出不穷，乡村产业在生态涵养、休闲体验、文化传承等方面的先天优势日渐显现，依托农业农村资源的乡村旅游、农村电商等新产业新业态蓬勃发展。

乡村振兴战略的稳步推进，改善了农村创新创业环境，为乡村产业培育了发展的沃土，更多现代生产技术的投入使乡村产业建设效率取得了长足的进步，科技创新、低碳技术的运用也推动了能源结构的优化以及绿色产业链的拓展，有力地促进了农民就业增收、乡村繁荣发展。

1. 农产品绿色物流加快发展

实施农产品加工业提升行动，推动农产品加工重心向县城、中心镇和物流节点下沉，加快完善农产品物流骨干网络和冷链物流体系，2021年累计建成15.6万座初加工设施、5万多个产地冷藏保鲜设施，为农产品的生产加工运输保驾护航，农产品加工转化率达到了70.6%，农产品加工企业营业收入近25万亿元。农产品加工业产值与农业总产值之比达到2.5∶1。

2. 乡村休闲旅游业稳步发展

实施休闲农业和乡村旅游精品工程，拓展农业多种功能，挖掘乡村多元价值，建设了一批休闲农业精品景点，乡村旅游人数实现快速增长。2019年，接待游客32亿人次，营业收入超过8500亿元，2020年受新冠肺炎疫情影响，全国乡村休闲旅游接待游客约26亿人次，营业收入6000亿元，吸纳就业1100万人，带动800多万农户增收。2021年推介了1000多条精品线路，全国休闲农庄、观光农园、农家乐等达到30多万家，年营业收入超过7000亿元。

3. 农产品营销业蓬勃发展

大力发展农村电商，深入实施"互联网+"农产品出村进城工程，开展电子商务进农村综合示范，农产品网络零售额大幅增长。农产品适销对路，大大提高了供销效率，减少了农产品在销售环节上的损耗，很大程度上解决了乡村产业因信息不对称而造成的"滞销"困境。2021年各类涉农电商超过3万家，农村网络零售额2.05万亿元，全国淘宝村数量突破7000个，农产品网络零售额4221亿元。积极发展乡村新型服务业，让农村生产生活更加便利。依托乡村特色资源，因地制宜发展特色鲜明的乡土产业，创响了一批乡字号、土字号品牌。

5.1.7 乡村产业绿色发展存在的主要问题

随着乡村振兴战略的推进，农村创新创业环境取得明显改善，农村产业多样化发展，乡村经济发展取得了积极成效。但在乡村产业绿色发展过程中仍存在部分问题阻碍产业发展步伐，诸如产业链条较短、融合层次较浅、要素活力不足、信贷支持少、金融服务不全面、人才队伍建设薄弱等，农业科技贡献率和科技成果转化率与发达国家相比还存在较大差距，低碳农业技术水平总体不高，缺乏创新人才，亟待加强产业低碳转型引导、加快生产经营模式发展创新。具体而言，乡村产业绿色发展所面临的问题主要有以下三个方面。

1. 基础设施建设薄弱

乡村基础设施与公共服务设施是产业得以发展的基本保障，是乡村产业绿色发展的先行者。基础设施的优劣在不同程度上影响了乡村产业的发展。虽然国家在乡村基础设施方面投入了大量资金，但我国农村地区基础设施建设仍存在设施老旧缺失、农村物流建设不当、网络通信覆盖不全、教育医疗服务质量不高、新技术适应性差等问题。这一系列问题的原因是多层次的：一是由于自然条件约束，我国幅员辽阔，自然条件复杂多样，整个农村地区的基础设施建设改造工程量大，难以在短时间内完成所有的建设工程。二是建设主体单一，一般由政府投资建设，农村居民在公共服务性的基础设施建设过程中存在着严重的依赖心理，通常认为应由政府出资，农村作为构建乡村发展体系、促进产业绿色转型的重要抓手，在资金筹集和参与建设的过程中不积极，导致在修建过程中建设力量薄弱，基础设施配置滞后，乡村新能源与清洁能源的建设发展过慢，能源利用率低下。同时农村地区社会经济落后，农民生活条件并不富足，不愿意或没有多余的资金搞建设。此外，社会资本投资更考虑收益，农村产业收益易受自然灾害、市场需求变动等因素的影响，在农村地区投资风险大、收益低、资金回笼慢，出于对风险和盈利的考虑，社会资本对乡村建设的参与积极度也不高，不愿意出资建设。三是农村管理能力不强，部分农村地区基础设施工程较城市地区质量较差，基础设施可能会因人为或自然因素影响而被破坏，管护任务加重，面临着“有人建、无人管、无钱管”“重数量轻质量、重投入轻管理”的问题。

坚持低碳发展理念、推动乡村产业绿色转型、进行乡村绿色基础建设对于“双碳”目标的实现以及乡村可持续发展都有着重要的意义。乡村绿色基础设施主要包括绿色生产性基础设施和绿色生活性基础设施。绿色生产性基础设施主要是指乡村产业建设过程中利用的清洁能源、绿色滴灌技术、绿色养殖技术，以及农村沼气池、农村电网、土壤改良、农田排灌设施等项目的建设与改造；绿色生活性基础设施则指乡村自然环境的修复与改善，如退耕还林还草、湿地保护、建立野生动物保护区等。绿色基础设施是促进环境与产业共同健康发展的桥梁，是对生态系统认识的重构与尊重，具有广阔的发展前景。而目前，我国乡村绿色基础设施的建设迟缓，促进乡村绿色发展内生力不足，村民环境保护意识薄弱，乡村旅游业、交通运输业等新兴产业在快速发展的同时，生态环境的保护与提升速度没有配套跟上，我国乡村绿色基础设施建设还需久久为功。

2. 资源要素流通不畅，利用率不高

（1）乡村产业绿色发展人才匮乏，激励保障机制不健全。现代技术环境日新月异，互联网＋、物联网、区块链等新兴技术的普及以及绿色经济、平台经济、数字经济的运用，都能够为乡村产业的发展赋能，但由于乡村缺乏资源整合，创业人才不足，新动能匮乏问题严重，需要大量专业人才来进行生产技术革新、基础设施建设、生态环境保护、产业融合、产业链拓展。而目前农村高端人才储备缺乏，难以满足目前农村经济高质量发展的有效需要。一方面，农村原有的人口外流。随着我国城市化的步步推进，农村大量的青壮年人口先后以大中专毕业生、农民工等身份加入大中小城市，并且更倾向于在基础设施健全、就业机会多的城市定居发展，农村高质量劳动力流失较为严重。另一方面，人才激励保障机制不完善，无法有效引进与留住人才。农村地区的经济、文化、基础设施等方面均与城市地区存在较大的差距，无法为引进的人才提供良好的生产生活条件；

且农村地区人才进行深造学习的机会较少，培训形式和内容相对单一，发展空间小，晋升渠道不够畅通，缺乏相应的激励机制，难以适应乡村外向型经济发展的现实需要。

（2）农村资金匮乏，自有资金外流严重。农村素来是资金匮乏的地区，我国 2021 年农村居民人均可支配收入为 18931 元，而农村居民人均生活消费支出为 15916 元，占收入的 84%，农户将收入再投入到农业生产中的资金是极其有限的。虽然政府在农村金融方面实施了一些融资和信贷措施，通过政策工具引导和激励更多社会资金和资源向环保、节能、清洁交通等产业聚集，加大金融支农力度，但因我国金融支持体系未健全，信用条件评估机制不完善，涉农金融机构推出的信贷产品未能突出支持乡村绿色发展这一重点，不能与“双碳”政策下发展绿色农业、生态保护、污染治理的要求相适应，乡村经营者申请金融支持难度大，乡村资金外流现象并没有得到有效遏制，更多的资金通过金融、投资、价格、劳动力转移等渠道由乡村流入了城市，乡村产业绿色发展“失血”严重。

（3）科技支持乡村产业绿色发展不足。我国境内多山地丘陵，平原地区仅占我国国土面积的 10%，复杂多样的地理结构，导致传统农业受地理因素限制较多，形成了稀少且立体的碎片化耕地资源布局，农业资源布局限制了农业机械化生产与低碳节能农业技术改革，机械化程度较低、生产能耗高，生产效率得不到迅速提升，农业生产低碳化转型进展缓慢；此外，农村缺乏高质量人才，科技人员提供科技服务的动力不足且信息传播途径有限，能够熟练掌握并运用现代化设施设备及管理理念的人员相对较少，抑制了先进生产技术要素在产业发展中的融合渗透，现代化技术应用比重较低，农业低碳化生产进程缓慢。

3. 农产品产业链建设不完善

（1）产业融合发展模式不丰富、融合度较低。乡村产业融合的本质是依托农业延长产业链与调整产业结构，进而提高农村经营收入，培育新的经济增长点。部分乡村利用区域资源优势将农业与加工业、旅游业等融合，改变了传统农业生产经营模式，但这种经营模式也衍生出了一系列的问题：其一，乡村的农产品加工业仅为初级的粗加工，没有开发农副产品类型或进行技术研发，有些农产品在经过粗加工处理后，还会运输到其他地方做进一步的食品加工，最后被推向终端市场，这些粗加工的农产品经过进一步加工、流通、销售等环节后，利润空间得到扩充，而这些高额利润却与农户无关，农民仅获取了整个产业链条的小部分利润，产业虽然融合，但拓宽农民增收渠道的效果并不明显；其二，产业融合对促进乡村产业低碳化转型的作用力度尚浅，产业链在延伸过程中缺乏对低碳理念的践行，导致在产业链不断扩张的过程中环境也受到了不同程度的影响，产业链融合虽为农产品的生产与销售打开了新的大门，但忽略节能技术的创新以及生态环境的保护，必然会给乡村环境可持续发展带来新的压力与挑战。

（2）乡村特色产业规模小、竞争力不强。在推动乡村产业绿色发展中，分散化经营模式占据主流，更多是以家庭或村为单位各自为营，产业集约化程度较低，由此导致特色产业很难形成规模效应，产品的质量没有统一的判断标准，产量较低，特色产业发展效果不佳，在市场中的竞争力较弱。对于低碳农业来说，研发环境友好的农产品、对农业废弃物进行回收和循环利用，都需要新技术、新平台、新资金的支持。低碳农业发展需要将生产流程统一化、生产质量标准化、资金技术投入持续化，而农户为主的产业生产模式、生产安排都具有随意性，抵抗市场风险波动能力较弱，很难适应市场的需求。这种农户分散化经营不仅带来较大的成本压力，也很难获取国家政策、市场变化等方面的信息，进而导致农户不能根据市场动态及政策及时对产业化经营规模进行调整，最终发生产能过剩或不足等情况，影响到产业的整体效益。

（3）经营主体带动产业发展能力不足。随着乡村振兴战略的实施，涌现了家庭农场、农民合作社等适度规模经营主体，它们的出现为乡村产业绿色发展贡献了新的动能。但是新型农业经营主体作为推动农业强国、实现乡村发展的主导力量，依然存在着劳动力少、资源不足、没有创造新的经营业态等问题。一是受城市化、工业化的影响，部分乡村出现了“空心化”现象——青壮年劳动力较少，大多都是老年人及妇女儿童。他们很难承担高强度的农业生产，而城乡之间的巨大差距导致青年人才难以扎根，乡村劳动力缺失。二是由个人出资的农民合作社、家庭农场资源积累较少，风险防控能力较低，缺乏技术储备与人才资源，因此很难在农业生产与经营中积极响应国家对建立低碳、低耗、循环、高效的农产品加工体系的相关政策目标，新型农业经营主体在创造规模效益、提高技术含量进而带动农民增收方面的能力有限。三是家庭农场、农民合作社等新型经营主体多是由个人出资成立，存在规模较小、承包临近荒芜土地进行种植与生产、种植面积分散化、块状化的特点，本质上仍然是农户经营的扩大版，没有产生新的经营业态，难以实现乡村产业的提质增效，无法带动更多的农民参与产业融合。

（4）产业融合缺乏紧密的利益联结机制。农村产业融合促进农户增收主要有三种融合模式：一是通过深加工，在生产、加工、销售等环节增加初级农产品的附加价值；二是通过农业生产模式现代化，在与社会其他产业的融合过程中引入二、三产业核心生产要素，丰富农业生产功能，构建相应新兴农业产业；三是发展涉农经济组织，将农业与牧业、林业进行整合，循环发展。我国乡村产业中，第一产业仍然占据着很大的比重，现有一二三产业结构不优，初级农产品种植发展规模较大但增收渠道狭窄、增收空间有限，产业融合的辐射带动功能没有得到完全发挥。乡村产业融合涉及的不同主体、不同环节、产业链上下游间的主体议价权也不甚相同，因此构建一个能够保障产业链可持续发展的利益联结机制是十分重要的。

从目前乡村产业绿色发展的实际情况看，首先，龙头企业在乡村产业融合中扮演着重要角色，农产品种植面积较大、加工产量较大，资金雄厚，同时又有政府政策的扶持，在与农户进行农产品交易时占据着优势，致使在议价过程中农户处于劣势地位，在当前乡村产业绿色发展以“企业 + 农户”模式为主的情况下，农户的利益很难得到保障。

其次，适度规模经营中一些经营主体通过土地流转或是承包租赁的方式与农户签订合同，在签订合同后往往存在两种情况：一种是在农产品市场价格存在波动的前提下，适度规模经营主体往往面临着较大的租金压力；另一种是在合同的约束以及政府对农民利益优先保障的情况下，适度规模经营主体不能违约并需要支付相应的租金，这就很难保障适度规模经营主体的利益。

最后，在没有激励措施的情况下，农民更倾向于采取分散化经营的方式，而不是通过转让或是入股的方式进行现代农业生产或是从事其他融合产业的生产，企业与农民难以形成互动，这就导致农户在产业融合中的作用大幅降低，缺乏主体推动力，产业无法实现对接与融合。

5.2 农村金融发展现状

农村金融对乡村产业的发展有着重要影响，自2003年深化金融企业改革以来，我国逐步建立起现代农村金融制度，基本建立起覆盖面广的农村金融体系，为乡村产业绿色发展提供了有力的金融支持。

5.2.1 农村金融机构发展迅速

乡村产业绿色发展离不开金融资源的支持。金融资源在乡村产业绿色发展的过程中能够发挥引导资金配置、加快信息传递、降低经营风险的作用，尤其近年来在"双碳"目标的推动下，绿色信贷、绿色证券、绿色基金、绿色保险等金融产品多元化发展，为推动产业绿色发展，助力高能耗、高污染企业进行低碳转型注入了新的活力。

现阶段，我国多层次、广覆盖的农村金融组织体系持续完善，我国主要的农村金融机构包括中国农业发展银行、农村信用社、中国农业银行、中国邮政储蓄银行以及完成改制的农村商业银行和其他保险信贷机构。截至2022年末，农村中小银行从业人员981204人，法人机构3866个，营业性网点81942个，行政村基本实现基础金融服务全覆盖，农村地区的金融服务水平得到有效提升，如表5.4所示。

表5.4　　2022年农村金融机构相关数据

机构类型	法人机构数量/个	从业人员数量/人	营业性网点数量/个
农村商业银行	1606	717641	62278
农村信用社	551	142862	12081

续表

机构类型	法人机构数量/个	从业人员数量/人	营业性网点数量/个
村镇银行	1645	113037	6852
农村合作银行	23	7225	690
农村资金互助社	37	401	37
贷款公司	4	38	4
合计	3866	981204	81942

数据来源：国家金融监督管理总局、《中国农村金融服务报告（2022）》。

5.2.2 涉农贷款总量持续增加

近年来，随着金融支农力度加大，农村金融机构数量也不断增加，相关基础设施建设也逐步配套，农村金融服务体系日趋完善，农村信贷资金的可得性大幅度提升。对 Wind 数据库和《中国农村金融服务报告（2022）》相关涉农贷款数据分析发现，2022 年末，全口径涉农贷款余额总量为 49.25 万亿元，较 2015 年增长 86.91%，占各项贷款余额的比重为 23.9%，其中，我国农村贷款为 41.02 万亿元，较 2015 年增长 81.92%，占各项贷款余额的比重为 19.9%，农业贷款为 5.06 万亿元，较 2015 年增长 44.16%，占各项贷款余额的比重为 2.5%，农户贷款为 14.98 万亿元，较 2015 年增长 130.11%，占各项贷款余额的比重为 7.3%。我国各类型涉农贷款余额总量均呈上升趋势，“三农”信贷资金投入量越来越大，如表 5.5 和图 5.12 所示。

表 5.5　2015—2022 年各项涉农贷款余额　　单位：万亿元

年份	2015 年	2016 年	2017 年	2018 年	2019 年	2020 年	2021 年	2022 年
农村贷款	21.61	23	25.1	26.64	28.84	32.27	36.15	41.02
农户贷款	6.15	7.08	8.1	9.23	10.34	11.81	13.47	14.98
农业贷款	3.51	3.66	3.87	3.94	3.97	4.27	4.57	5.06

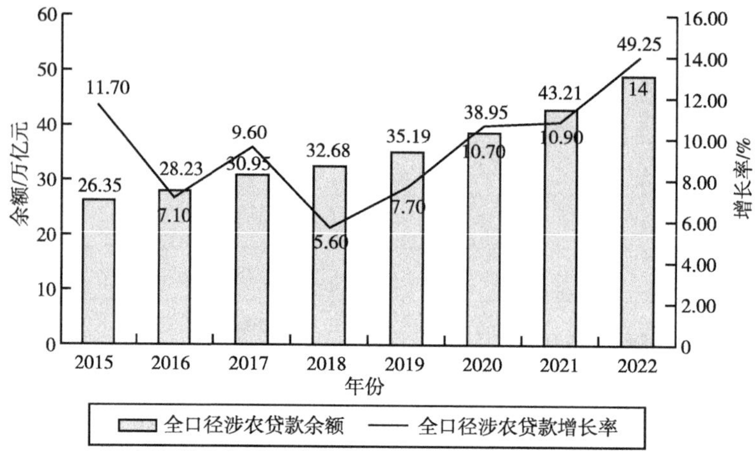

图 5.12　2015—2022 年全口径涉农贷款余额情况

数据来源：国家金融监督管理总局、《中国农村金融服务报告（2022）》。

5.2.3　农业保险服务水平进一步提高

农业保险是专为农业生产者在从事种植业、林业、畜牧业和渔业生产过程中，对遭受自然灾害、意外事故、疫病、疾病等保险事故所造成的经济损失提供保障的一种赔偿保险。农业保险能够为乡村绿色产业建设、农业生产技术转型、金融产品的创新提供接续动力，促进乡村产业低碳化发展。我国农业保险与其他国外相比发展较晚，我国现有的农业保险体系主要以政策性保险为基础，商业性和互助性保险作为补充。现阶段，我国保险机构推出了许多类型的农业保险产品，按照不同的分类标准可分为以下几种，按农业种类不同分为种植业保险、养殖业保险；按危险性质分为自然灾害损失保险、病虫害损失保险、疾病死亡保险、意外事故损失保险；按保险责任范围不同，可分为基本责任险、综合责任险和一切险；按赔付办法不同可分为种植业损失险和收获险。

我国重点关注与支持农业发展，对农业保险方面给予重大支持，在中央财政补贴政策支持下，我国农业保险快速发展，顶层设计逐步完善，农业保险产品和服务不断升级，已逐渐形成了“政府引导、市场运作、自主自愿、协同推进”的农业保险发展模式，初步建立了覆盖全国、涵盖主要大宗农产品的农业生产风险保障体系。2022 年，我国农业保险经营主体已由 2007 年的 6 家增加至 30 余家，多数省份有 3 家以上机构开展竞争；全国建成农业保险基层服务网点 40 万个，基层服务人员近 50 万人，基本覆盖所有县级行政区域和 95% 以上的乡镇，在金融服务“三农”中居于领先地位。农业保险持续“扩面、增品、提标”，农业保险承保农作物品种基本覆盖了农林牧渔各个领域，中央财政补贴险种涵盖种植业、养殖业、林业和涉藏特定品种四大类，覆盖稻谷、小麦、玉米、棉花、马铃薯、油料作物、糖料作物、天然橡胶、三大主粮作物制种、能繁母猪、育肥猪、奶牛、公益林、商品林、牦牛、藏系羊等品种。全国纳入地方优势特色农产品保险的品种已超过 260 个。

2022 年，我国农业保险保费收入达 1192 亿元，较 2015 年增长 217.95%，为 1.67 亿户次农户提供风险保障 5.46 万亿元，受益农户约为 4313.12 万户次。同时，自 2015 年以来，我国农业保险保费收入增长较为稳定，年增长率维持在 10% 以上（见图 5.13）。随着国家乡村发展的相关工作持续推行，农业保险领域也将得到进一步发展。

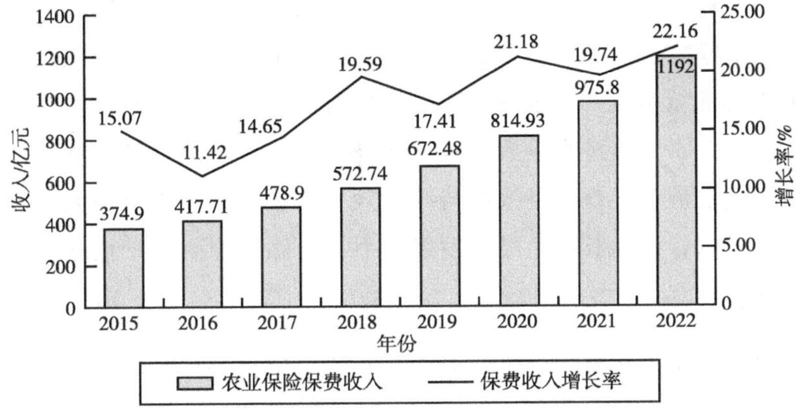

图 5.13 2015—2022 年农业保险保费收入情况

数据来源：国家金融监督管理总局、《中国农村金融服务报告（2022）》。

5.2.4 金融支持乡村产业绿色发展存在的主要问题

近年来，国家发挥宏观调控作用，倡导绿色农业、低碳农业，引导资金向农村绿色产业流动，以科技赋能农业生产，增强农业产品的市场竞争力，降低农业生产成本，最大程度降低农业生产对生态环境的污染，以构建多元化的产业经济、建设完善的产业链条、优化生产方式、保护生态环境、振兴乡村产业。

近年来，在我国“双碳”目标的推动下，金融机构支持乡村产业绿色发展的力度不断加大，农村金融体系不断更新完善。随着乡村发展工作进一步深入，金融机构不断创新种植业固碳增汇、养殖业减排降碳、绿色农机研发等领域的信贷产品，加大对农业发展的信贷支持力度；推广林权抵押贷款等特色信贷产品，探索开展排污权、林业碳汇预期收益权、合同能源管理收益权抵质押等贷款业务；探索多元化林业贷款融资模式，加大中长期信贷支持力度，支持林下经济发展；强化碳减排支持工具等货币政策工具运用，继续加大对符合条件的农村地区的风力发电、太阳能和光伏等基础设施建设金融支持力度。我国乡村产业在金融机构不断推陈出新的金融产品推动下，取得了瞩目的进步。

但同时，我们也应该清醒地认识到乡村产业绿色发展还有很长的路要走，农村金融体系建设仍有许多问题亟待解决。过去由于以农业反哺工业的经济发展模式造成城乡差距过大，使农村经济发展的必要资源要素更多地流向发达的城市地区，进一步造成了农村经济的衰落，城乡发展矛盾越来越大。因此，为推进农业农村现代化建设、促进城乡统筹发展、促进国家经济平衡发展，实现经济效益与社会效益的统一，有必要加大对农村地区的资金投入，激活其内生经济发展动力，金融助力乡村产业绿色发展的使命仍任重道远。

1. 涉农信贷供给不足，农业经营主体资金缺口大

乡村产业经营主体对比于乡村产业中的生产性企业，主要通过银行信贷维持生产运营。这些乡村产业链上的乡村小微企业往往有着比较旺盛的金融与信贷需求，其信贷需求的特点正从原来的小额、分散的特点向大额、集中的特征开始逐渐转变。

整体上看，我国的涉农贷款呈现上升趋势，但目前的商业银行信贷对于贷款的准入条件比较严格，乡村产业自身的条件限制了涉农信贷供给方向。商业银行面向小微企业的信贷产品中，大多是针对发展相对成熟的小微企业，乡村产业链上的小微企业普遍处于成长期，财务制度不够完善、经营管理能力不高，资金投入也不够透明。产业的体系发展尚且处于初级阶段，农村土地流转还未形成比较成熟的机制，这就使尚且薄弱的产业链条上各个主体难以真正连接从而实现利益共享，相对临时、松散的经验和协议更加剧了乡村产业绿色发展的风险性。特别是西部地区，乡村产业绿色发展面临的情况更加严峻。自然条件上，受制于本身的农业生产条件，山地农业使西部地区的农业生产多以小规模家庭生产为主，规模化产业水平受到限制。产业内的劳动力多是以妇女和老人为主，同质化生产出来的产品也多是初级产品。在农村自身产业化水平较低且高盈利项目缺乏的情况下，金融机构难以判断小微企业的经营状况，涉农金融机构出于对风险的考虑，对于支持乡村产业转型的参与度不高，放贷意愿受到限制，难以对其进行相应的信贷支持。同时，涉农信贷产品呈现出期限短、融资额度低的特征，支持农村地区发展的资金更多的是来源于政府的财政拨款、政策性银行和国有商业银行的转型资金、民间借贷以及农民自己的资金。虽然在一定程度上能够缓解农业农村发展的资金难题，但从整体上来看，金融需求缺口仍然庞大。金融支持力度的缺乏，使乡村产业融资困难，常常处于金融排斥的现状，也抑制了乡村小微企业的创新发展。

2. 金融机构支农服务不足，服务协同政策跟不上

国家近年来也先后出台了一系列的相关投融资体制的指导意见。在政策上鼓励正规金融机构开发信贷产品，对涉农基础设施进行信贷投放。但涉农金融机构也需要维持自身的商业运营，对于信贷产品农业领域的投放没有很大的积极性。从目前的情况来看，一些涉农的金融机构往往缺少与之相关配套的顶层设计，在信贷授权的资源配置上也都不同程度地限制在基层的投放。

再加上农村的征信体系普遍零散不健全，信息不够透明，关于融资担保的平台也未完全建立，具备完全资质的担保机构更是少，甚至涉及民间高利贷，农业补助机制也未完善，一些水果等农副产品也未在保险范围内。与农村产权制度相配套的金融服务也需要依赖目前的农村土地改革以及相关的土地制度政策的合理部署。从发展状况来看，土地确权价值的评估等机制的相关建设正在完善，尚未完全成型，然而开展农村土地经营权的抵押业务，却需要明确的政策来作为辅助才能进行。

3. 支持乡村产业的金融产品服务滞后

支持乡村产业绿色发展的金融服务产品主要是信贷和保险两个方面。我国的乡村产业绿色发展情况复杂，这就需要针对不同农村地区的相对具体情况进行差异化和个性化的产品设计和服务。从当前的状况来看，金融机构面向农村地区提供的相应的金融信贷产品普遍需要抵押担保，并且与之对应的金融产品相对单一，这就很难满足乡村产业的发展需要。虽然在信贷产品和结算渠道畅通方面，商业银行一直在不断改进，然而，乡村产业绿色发展的过程中新型农业经营主体趋向于规模化，产业运作趋向于链条化，专门针对产业化的大额、便捷化信贷产品尚不完善，围绕拓宽农村抵（质）押物范围的探索实践也尚未成熟，真正契合不同农业产业、农村经营主体特点的创新产品不够丰富，而且面向农村的信用贷款多是小额贷款，要想获得大额贷款，只能通过基金联保、有法律效力的抵押物和农合贷，信贷产品对乡村地区产业的支持较为有限并且与之相应的保险种类制度缺乏，信贷供给支持力度普遍不够。

另外，农村金融机构流程烦琐、效率低下，当面临贷款需求时，由于不对称信息源、基础设施缺口大等问题，使贷款审批流程复杂、耗时长，严重影响贷款的及时性和效率，造成金融供求失衡，让农户抵触贷款审批、更倾向于小贷公司。此外，一些农村金融机构在创新过程中，为了满足“领导”要求，没有深入实践了解农村的实际需求情况，没有了解到乡村产业的需求多样化，提供的金融产品和城市商业银行金融产品趋同，服务模式也照搬城市商业银行的服务模式，没有对标乡村产业绿色发展现状创新金融产品，因此不能因地制宜地开发符合乡村产业绿色发展需求的金融服务产品。

乡村产业的繁荣和可持续发展不仅是我国社会经济的重要组成部分，也是广大农村居民安身立命之根本。从现有数据资料分析来看，现阶段我国乡村产业绿色发展迅速，其金融需求能得到基本满足，地方经济得到了迅速的发展。同时政府持续出台政策文件促进农村金融体制改革，使其能适应农村发展环境，与农村经济发展相辅相成。但在产业发展过程中仍然存在如人才匮乏、规模化生产未得到普及、基础建设不完善、金融产品缺乏多样性等问题，我们不能只看农村产业发展好的一面，更应该关注其中的不足，引导金融流入更需要的地方。

第6章 “双碳”目标下乡村产业绿色发展评价体系构建

6.1 构建乡村产业绿色发展评价体系的意义

乡村发展是国家实现现代化建设，农业农村实现现代化发展的重要引擎。随着《全国乡村产业发展规划》对于乡村现代农业产业体系、生产体系、经营体系构建要求的提出以及乡村振兴战略的指引，发展乡村产业、打造融合发展的农业农村的重要性越来越凸显，推进农业规模化、标准化、集约化，纵向延长产业链条，横向拓展产业形态，能够助力农业强、农村美、农民富。

当前，我国生态文明建设已经进入以降碳为重点战略方向、推动减污降碳协同增效、促进经济社会发展全面绿色转型、实现生态环境质量改善由量变到质变的关键时期。将乡村发展与产业绿色转型相结合，建立适应乡村发展目标的评价指标体系，打造绿色、低碳、生态友好的乡村发展体系，能够保障乡村经济可持续发展，推动“双碳”目标的实现。

将乡村发展的进程与成果进行量化评价，可以高效地对乡村发展取得的成效做出准确判断，构建科学完备的乡村产业绿色发展评价指标体系有以下三点重要意义：

（1）使乡村产业绿色发展目标和要求具体化。乡村产业绿色发展的目标对象是乡村，乡村作为一个有机整体，是一个极其复杂的系统，它包含生态、经济、社会等多方面的、极其丰富的内容。这就要求将乡村产业绿色发展规划和乡村产业振兴的目标具体化、多样化，让其操作性更强。构建乡村产业绿色发展的评价体系有利于对乡村产业建设的进程进行直观描述，绘制乡村产业未来发展的愿景蓝图，使乡村振兴发展的决策者和建设者明确努力方向和奋斗目标，提高对乡村发展的前瞻性认识。

（2）便于进行实时检测和纠偏。运用乡村产业绿色发展的评价体系可以监测乡村产业绿色发展的实施进程，如在哪些方面取得了重要进展？在哪些方面进展相对缓慢？通过评价体系对乡村产业绿色发展进程进行监测，可以及时发现乡村产业绿色发展中存在的问题，如产业空心化、生态环境、农村金融供求不匹配等问题，以便及时采取针对性措施，纠正发展中的偏差，保障乡村产业沿着正确的轨道前进。

（3）有利于进行分类指导。要保障乡村产业绿色发展按照理想的路径，必须从各地实际出发，因地制宜、分类推进。构建科学有效的乡村产业绿色发展评价指标体系可以对各地乡村产业绿色发展水平进行量化评价，根据各地的评价指数对现有农村状况进行定级，从而科学地度量乡村产业绿色发展建设的进展现状和水平，掌握各地乡村产业绿色发展的实际情况，为分类指导乡村各地绿色发展计划和目标的实施提供量化管理依据。

构建乡村产业绿色发展评价指标体系是指围绕乡村产业绿色发展目标，综合运用多元化的分析方法，准确识别乡村产业绿色发展的掣肘因子，将乡村产业振兴战略的目标和要求具体化，形成具有适应性、持续性、系统性、实效性的乡村产业绿色发展评价指标体系。准确把握乡村产业绿色发展的理论内涵与构建科学有效的评价指标体系，有利于各级政府对乡村产业绿色发展工作进行推进并适时制定针对性政策，充分发挥群众的积极性、主动性、创造性，进一步实现农业农村现代化。因此，构建科学有效的乡村产业绿色发展评价指标体系，对于乡村产业绿色发展振兴以及农业农村未来的发展是至关重要的。

6.2 乡村产业绿色发展评价体系构建原则

产业兴旺是乡村发展的重要基础，是解决一切问题的前提。《国务院关于促进乡村产业振兴的指导意见》提出“力争用 5~10 年时间，农村一二三产业融合发展增加值占县域生产总值的比重实现较大幅度提高，乡村产业振兴取得重要进展。乡村产业体系健全完备，农业供给侧结构性改革成效明显，绿色发展模式更加成熟，乡村就业结构更加优化，农民增收渠道持续拓宽，产业扶贫作用进一步凸显。"因此，乡村产业绿色发展的评价体系必然要按照以上目标要求设定，并包含以下构建原则：

6.2.1 绿色高质量发展导向原则

以乡村产业的绿色高质量发展作为导向，围绕乡村产业发展是否采用低碳技术和清洁能源以减少二氧化碳的排放、是否在满足乡村产业发展的同时保护自然资源、是否促进资源的循环利用和再利用等方面来进行指标选择、结果评价，着力突出乡村产业绿色发展的绿色化、低碳化。

当前我国着力构建金融政策支持乡村产业绿色发展体系，引导乡村产业向环境投资、污染治理等方向进行发展，绿色低碳企业的竞争优势日益凸显。从产业运转对环境的影响，如减少温室气体排放、降低能源消耗、农田碳汇提升、废弃物资源化利用等方面入手，进行环境效益的评估，能够促进环境规制体系优化，激励落后产业积极进行绿色技术投资与污染治理投资，提高低碳产业在市场中的口碑与影响力。以绿色高质量为导向的乡村产业绿色发展成果评价，能够推动落实"碳达峰、碳中和"的政策体系部署，通过追求降低碳排放这一目标，强化"双碳"领域人才培养，推进产业优化升级，能够推动乡村产业由当前的发展模式向更为健康的发展模式转移。

6.2.2 评价价值科学导向原则

评价价值理念作为评价的灵魂，具有重要的导向功能。脱贫攻坚到乡村振兴的阶段性进展蕴含着从"低水平均衡"到"高质量发展"的思维转化，这一转变使新发展阶段评价体系的构建需要从理念定位层面进行升华，以科学的定位和崭新的理念来契合乡村发展的总体目标，从而正确发挥评价工作对乡村发展的导向作用。在构建乡村产业绿色发展的评价指标体系时，应该侧重以下两点：

一方面，要树立“人民至上”的价值理念，将人民群众的物质富裕和精神富裕作为评价工作的出发点和落脚点。物质文明的显著增长使农村群众对生活的“美好”意愿不再停留在“物”的层面，而是在此基础上衍生出对主体价值、精神文明等方面的新需求。因此，乡村产业绿色发展评价体系的价值理念要与新时代农民群体日益增长的对美好生活的需求与向往相契合，强调通过提升农村群众的获得感、幸福感和安全感来实现农业农村现代化。

另一方面，要明确“以评价促发展”的功能定位，坚持问题导向和目标导向相结合。在全面推进乡村产业绿色发展的过程中，要实现评价体系由“管制导向”向“问题导向”的转变，对评价过程中暴露的问题进行深度挖掘，准确识别乡村发展的掣肘因子，进而在解决问题的基础上优化目标进程、落实目标任务。

6.2.3 评价内容系统性原则

评价内容应该与评价的目标和目的保持一致，确保评价内容的选择和分析对于实现这些目标是有效的，应该系统全面地涵盖相关领域的所有关键方面，不应该偏袒或忽略某些重要的内容。乡村发展聚焦于乡村，其内容涵盖经济、政治、文化和生态等众多作用要素，而乡村产业绿色发展聚焦于产业，不仅包含第一产业的发展壮大，还注重第二、第三产业的同步提升。因此，乡村产业绿色发展的广度和深度决定了在评价内容设定上既要系统全面又要有的放矢。

在评价对象的选取上应坚持宏观与微观相结合，既要通过区域性宏观数据来考察整体发展水平，也要实时检测每个村户的发展动态，保证乡村产业绿色发展评价的内容具有综合性和靶向性。面对不同地理环境、不同资源内涵的乡村，评价指标的设计要因地制宜：以科学精准的“标尺”来制订本土化的乡村规划路径和行动方案。另外，乡村产业绿色发展的评价指标可以根据不同的发展阶段进行划分，与乡村产业振兴的实时推进状态同频共振，以不断更新细化的具体指标来保证乡村产业绿色发展有序推进。

6.2.4 评价方法科学性原则

评价方法科学性原则是确保评价方法在设计、执行和解释过程中遵循科学标准和原则的指导方针，评价方法应该能够量化或测量所研究的现象或变量，以便进行客观地评估和分析。乡村产业绿色发展目标任务的多样化以及评价内容的全面性，决定了其评价方式多元化、科学化和规范化的特点。因此，在选用乡村产业绿色发展的评价方式时要注意以下三点：

（1）运用不同性质的评价手段来提高评价结果的科学性和公信力。在评价实践中，要综合运用自上而下的国家评价、各级政府部门的内部考评和第三方评价，尤其是要充分发挥第三方评价对体制内评价的弥补作用，凭借其公共身份和专业优势来增强评价的公正力度和专业化水平。

（2）采取科学有效的评价工具来应对复杂多变的现实需求。面对庞大而复杂的乡村产业绿色发展的工作部署，评价工作的精准高效需要现代化技术方法的支撑。评价过程中不仅要结合定量研究和定性研究来发挥综合评价效应，还可以借助现代信息技术来构建数字化智能评价系统，提升评价的效能。

（3）通过制定有序合理的评价流程来保证动态评价的良好运行。对评价流程中各环节步骤进行规范时要实现原则性和灵活性的统一，既要清晰界定各评价步骤执行、衔接和相互关系等问题，从而确保评价过程的流畅性，又要在环节设置上摒弃机械化运作，强调信息的交流与反馈来提升评价程序的灵敏度。

6.2.5 评价结果实用性原则

评价考核结果的科学运用，是评价工作存续的价值与意义所在。评价的目的在于“以评促改”，而不是“流于形式”“为了评价而评价”。将评价结果及时转化为经验并用于实践，才能充分发挥评价在乡村产业绿色发展中促改进、促建设、促发展的实际效果。为实现评价结果的科学转化，可以将评价结果纳入地方领导或政府部门绩效考核体系之中，并构建激励与约束相结合的评价结果运行机制，通过正向激励来发挥示范效应，通过行政问责来提升责任意识，将评价考核结果作为干部选拔任用、评奖评优、问责追责的重要参考。

此外，保证评价结果运用的科学性需要提高公开透明度，要在保障评价对象知情权的同时回应社会关切的问题，从而在评议、质询和反馈中不断提升评价结果的实效性，以公开促进评价结果在乡村发展中发挥积极效用。与此同时，科学运用评价结果要注重信息的沟通反馈，通过有效的沟通使评价主体和评价客体就评价结果达成共识，以便及时明确评价结果，从而进行问题的整改。

6.2.6 评价工作保障性原则

保障机制是支撑评价工作的制度体系，在逐步实现更宽领域、更高层次发展的农业农村现代化进程中，乡村产业绿色发展评价体系是一个多维动态的复杂系统，维持这一系统的完整健全、平稳运行，离不开健全的机制保障。

为乡村产业绿色发展评价工作提供制度支持，首先要建立健全法律规范机制。通过制定规范化的权责清单和行动准则来确定各评价主体在评价体系中的职责权限、角色地位和功能作用，以防评价操作过程中出现权力倾轧、相互推诿的现象，推动乡村产业绿色发展评价体系的运作规范化、制度化、法治化；其次要形成多元评价的协同机制，通过多元化的评价主体来发挥不同评价主体在乡村产业绿色发展各领域的特殊作用，让掌握专业评价技能和农业农村发展知识的专业化人才参与乡村产业绿色发展的评价体系，提升评价结果运用与现实发展需求的匹配程度；最后要完善评价过程的监督机制，将单一的对人监督转化为对人、对事、对权力的复合型监督方式，以大监督格局对乡村发展评价体系的各个内部子系统、运行秩序以及相互关系进行全面把控，防止失误的发生。

6.2.7 评价体系历史性原则

构建评价体系时要尊重历史、注重传承。李忠平等（2023）从产业兴旺、生态宜居、乡风文明、治理有效和生活富裕5个方面选取了5个一级指标、11个二级指标和22个三级指标，使用熵权TOPSIS法测度了长三角地区40个城市的乡村振兴发展水平，并分析其阻碍因素；吕承超等（2021）也从产业兴旺、生态宜居、乡风文明、治理有效和生活富裕5个维度，构建了包含45个指标的乡村振兴发展指标评价体系，采用时空极差熵值法对2010—2018年中国30个省份的乡村振兴发展水平进行了测度。

在乡村产业的绿色发展方面，许烜等（2021）从资源利用、环境友好、生态保护、农村发展四个维度构建了农业绿色发展评价指标体系，采用灰色关联法对农业绿色发展水平的影响因素进行了分析；魏琦等（2018）构建了包含资源节约、环境友好、生态保护和质量高效4个维度14个指标的中国农业绿色发展指数，并对近年来全国及各省份的农业绿色发展水平进行了初步评估；张建杰等（2020）围绕社会、经济和生态环境3个维度，以“食物生产—加工—消费”全链条为边界，构建了1套适合开展定量研究和评价中国农业绿色发展的指标体系；巩前文等（2020）从低碳生产、经济增收、安全供给3个维度选择10个三级指标，构建了评价农业绿色发展水平的农业绿色发展指数；许敬辉等（2023）从数字信息基础、数字产业发展、数字科技农业、数字生活服务、绿色生态乡村、乡村生活质量6个维度选取了24项指标构建了数字乡村评价指标体系，运用因子分析法对我国28个省份的数字乡村发展综合水平进行了测算，分别得到我国数字乡村发展综合评价得分；刘涛等（2023）从农业创新发展、农业共享发展、农业绿色发展、农业协调发展、农业开放发展5个维度构建了12个分项指标、32个基础指标的农业高质量发展评价指标体系，并运用层次分析法对指标进行赋权。

从以上梳理可以看出，目前还没有一套成熟统一的乡村产业绿色发展评价指标体系，我们要历史地、发展地、全面地看待学者提出的评价指标体系，在乡村产业绿色发展过程中要取其精华去其糟粕，以保证指标体系的科学性、完整性和实用性。

从以上7个层面构建乡村产业绿色发展的评价体系，其本质是立足于中国特色社会主义政治制度优势，在“双碳”目标的引导下结合乡村振兴的目标任务构建独具特色的乡村产业绿色发展评价模式，对于推进我国乡村产业稳步高质量发展和低碳发展具有重要的现实指导意义。随着乡村振兴战略的纵深推进，乡村产业绿色发展评价体系的构建，应当在体现习近平新时代中国特色社会主义思想的基础上进行国际视野的拓展，积极借鉴乡村发展及评价工作的成功经验，通过博采众长与比较借鉴，进一步优化和完善我国乡村产业绿色发展的评价体系，有利于加快全面推进乡村发展步伐，全面建设绿色低碳农业。《国务院办公厅关于推进农村一二三产业融合发展的指导意见》中指出，推进农村一二三产业融合发展，是拓宽农民增收渠道、构建现代农业产业体系的重要举措，是加快转变农业发展方式、探索中国特色农业现代化道路的必然要求，由此可见乡村产业绿色发展不仅是指农业发展，还包括第二产业、第三产业的发展；《全国乡村产业发展规划（2020—2025 年）》指出，乡村产业内涵丰富、类型多样，农产品加工业提升农业价值，乡村特色产业拓宽产业门类，休闲农业拓展农业功能，乡村新型服务业丰富业态类型，是提升农业、繁荣农村、富裕农民的产业，因此，构建乡村产业绿色发展指标必须考虑加工业、服务业等其他产业。

6.3 乡村产业绿色发展评价指标选取

本书结合以上分析，参考《国家乡村振兴战略规划（2018—2022 年）》以及《全国乡村产业发展规划（2020—2025 年）》进行评价指标体系的构建，考虑到数据的准确性、科学性以及可获得性，从农林牧渔业、农产品加工业、乡村新型服务业、生态循环农业、农业科技创新和农村创新创业 6 个维度，筛选出 13 个三级指标，构建出乡村产业绿色发展评价指标体系，具体如表 6.1 所示，为了分析全国各省份乡村产业绿色发展水平差异，本书采用 2011—2020 年我国 28 个省份（不含港澳台、上海、北京、西藏）的面板数据进行评价分析。

表 6.1 乡村产业绿色发展评价指标体系

目标	衡量维度	指标名称	计算方式
乡村产业绿色发展	农林牧渔业	农村劳动生产率	农林牧渔总产值/农村总人口
		农业增加值增长率	(当年农业增加值 - 上年农业增加值)/上年农业增加值
		粮食、棉花以及油料作物单位产值	粮食、棉花以及油料产量之和(万吨)/农作物播种面积
	农产品加工业	农产品加工业人均收入	农产品加工业收入（亿元)/农村人口（万人)
		农产品加工业收入占农林牧渔业总产值之比	农产品加工业产值/农林牧渔业总产值
	乡村新型服务业	休闲农业人均年营业收入	休闲农业年营业收入/农村人口数
		乡镇综合文化站人均数量	乡镇综合文化站数量（个)/农村人口数（每万人)
	生态循环农业	单位面积农用薄膜施用量	农用薄膜施用量（吨)/耕地面积
		单位有效灌溉面积	有效灌溉面积（千公顷)/耕地面积
	农业科技创新	农业技术人员数占农村人口数之比	农业技术人数（人)/农村人口数
		农业专利数	农村农业有关专利数量
		农业科技进步率	C-D 生产函数和索洛增长速度方程的测算
	农村创新创业	农村创业率	(乡村私营企业投资者就业人数 + 个体户数)/农村人口数

6.3.1 农林牧渔业

第一个维度是农林牧渔业，该维度下设“农村劳动生产率”“农业增加值增长率”和“粮食、棉花以及油料作物单位产值”3 个三级指标。农林牧渔业总产值是以货币表现的农林牧渔业的全部产品总量和对农林牧渔业生产活动进行的各种支持性服务活动的价值。它反映一定时期内农林牧渔业生产总规模和总成果，是观察农林牧渔业生产水平和发展速度，研究农林牧渔业内部比例关系、农林牧渔业与工业、农林牧渔业与国家建设、人民生活比例关系的重要指标，同时也是计算农林牧渔业劳动生产率和农林牧渔业增加值的基础资料。

农林牧渔业发展水平能够映射出农业发展水平，农业作为国民经济的基础产业，其稳定发展关乎经济平稳运行和国家粮食安全。改革开放以来，我国相继进行了一系列综合改革，极大地调动了农业生产的积极性和主动性，农业生产力得到空前释放，农业劳动生产率水平不断提升，农业全面发展取得可喜成绩。农村劳动生产率代表农业生产能力，提高劳动生产率是实现农业现代化和农业高质量发展的重要途径。农业增加值增长率和粮食、棉花以及油料作物单位产值代表农业生产量。农业发展是乡村产业兴旺的基础。因此本书选用以上指标衡量乡村产业绿色发展水平。

6.3.2 农产品加工业

第二个维度是农产品加工业。该维度下设“农产品加工业人均收入”和“农产品加工业收入占农林牧渔总产值之比”两个指标。乡村产业是发展现代农业的重要一环，而乡村产业绿色发展的关键在于实现农村第一、第二、第三产业的融合发展，将产业融合同产业现代化建设联结起来，打造绿色、创新、科技、高质量的产业发展体系，从而延长产业链、提升价值链、打造供应链。在产业链、价值链、供应链的“三链”同构中，从农业延伸出来的农产品加工业成为乡村产业中潜力最大、效益较高的产业。农产品加工业是指对粮棉油薯、肉禽蛋奶、果蔬茶菌、水产品、林产品和特色农产品等进行工业生产活动的总和。农产品加工业一头连着农业和农民，另一头连着工业和市民，亦工亦农，既与农业密不可分，又与工商业紧密相连，是农业现代化的支撑力量和国民经济的重要产业。

2020 年 7 月，农业农村部印发《全国乡村产业发展规划（2020—2025 年)》，指出农产品加工业是提升农产品附加值的关键，也是构建农业产业链的核心。农产品加工业作为我国最大的制造业，是我国经济发展的战略性支柱产业，且农产品加工产业经济增值价值巨大，世界各国均在积极抢占农产品加工业制高点。近年来，农产品加工业快速发展，已经成为农业现代化的支撑力量和国民经济的重要产业，大力发展农产品加工业能够促进农业提质增效、农民就业增收和农村第一、第二、第三产业的融合发展，进一步提高人民群众生活质量和健康水平，全面推动乡村产业振兴，因此可以用农产品加工业相关指标评价乡村产业绿色发展水平。

6.3.3 乡村新型服务业

第三个维度是乡村新型服务业。该维度下设“休闲农业人均年营业收入”和“乡镇综合文化站人均数量”两个指标。乡村服务业结构是乡村生产系统中各产业部门的组合构成，是乡村经济结构的重要组成部分，主要包括农家乐服务、乡村旅游服务、特色农产品推广服务等，是乡村地区绿色创新发展的重要领域，能够缓解由乡村人口减少带来的经济发展压力，为乡村发展提供新的经济增长点和就业机会。

乡村新型服务业的发展伴随着社会分工的精细化和专业化，该行业是将新技术、新平台、新载体和现代服务理念通过多种方式、多个环节融入农业再生产和农村经济社会发展中的产业。

《全国乡村产业发展规划（2020—2025年）》明确指出发展乡村新型服务业包括三个方面，即提升生产性服务业、拓展生活性服务业、发展农村电子商务。第一，提升生产性服务业要适应农业生产规模化、标准化、机械化的趋势，支持供销、邮政、农民合作社及乡村企业等，开展农技推广、土地托管、代耕代种、烘干收储等农业生产性服务，以及市场信息、农资供应、农业废弃物资源化利用、农机作业及维修、农产品营销等服务，引导各类服务主体把服务网点延伸到乡村，鼓励新型农业经营主体在城镇设立鲜活农产品直销网点，推广农超、农社（区）、农企等产销对接模式。鼓励大型农产品加工流通企业开展托管服务、专项服务、连锁服务、个性化服务等综合配套服务；第二，拓展生活性服务业要改造提升餐饮住宿、商超零售、美容美发、洗浴、照相、电器维修、再生资源回收等乡村生活服务业，积极发展养老护幼、卫生保洁、文化演出、体育健身、法律咨询、信息中介、典礼司仪等乡村服务业，积极发展订制服务、体验服务、智慧服务、共享服务、绿色服务等新形态，探索“线上交易 + 线下服务”的新模式。鼓励各类服务主体建设运营覆盖娱乐、健康、教育、家政、体育等领域的在线服务平台，推动传统服务业升级改造，为乡村居民提供高效便捷服务；第三，发展农村电子商务要引导电商、物流、商贸、金融、供销、邮政、快递等各类电子商务主体到乡村布局，构建农村购物网络平台。依托农家店、农村综合服务社、村邮站、快递网点、农产品购销代办站等发展农村电商末端网点，在农业生产、加工、流通等环节，加快互联网技术应用与推广。在促进工业品、农业生产资料下乡的同时，拓展农产品、特色食品、民俗制品等产品的进城空间，实施“互联网 +”农产品出村进城工程，完善乡村信息网络基础设施，加快发展农产品冷链物流设施。建设农村电子商务公共服务中心，加强农村电子商务人才培养，营造良好市场环境。

休闲农业就是典型的乡村新型服务业。在新时代，从人民对美好生活的需要这一内涵看，不管是从农村自身需求，还是城市对农村的需求，都要求休闲农业和乡村旅游产业将自身自觉置于乡村发展大局，而不再处于承接城市消费需求的被动地位。休闲农业和乡村旅游产业融合生产、生活和生态功能的产业特性决定了其天然具有推动乡村发展的“基因”。休闲农业和乡村旅游产业不仅可以将农业农村生态优势转化为经济优势，而且有利于农村人气和资源要素的重新聚集，有利于促进乡村人居环境的改善，有利于促进乡村地区人与自然的和谐共生，有利于形成资源节约和环境友好的乡村空间格局、产业结构、生产方式和生活方式。近年来，党中央、国务院高度重视休闲农业和乡村旅游发展，2015 年以来连续 3 个中央一号文件都提出要大力发展休闲农业和乡村旅游，多个国务院办公厅文件中也都强调，要大力发展休闲农业和乡村旅游，推进农业与旅游、教育、文化、健康养老等产业深度融合。在一系列产业政策措施支持下，人才、资金、管理、信息等要素加速回流农村，我国休闲农业和乡村旅游供给结构更加优化，要素资源更加活跃，呈现出主体多元化、业态多样化、设施现代化、发展集聚化和服务规范化的良好发展态势，成为乡村发展的一股中坚力量。休闲农业可以充分开发利用农村旅游资源，调整并优化农业结构，延长农业产业链，促进农民转移就业，进而增加农民收入，为实现农业农村现代化奠定厚实的经济基础。文化发展是乡村产业绿色发展的保障，乡村发展不仅要满足农民的物质需求，也要满足农民的精神需求。良好的传统文化能够催生乡村文明，推动乡村发展。乡村文化资源富集且富有特色，其能够通过融入区域品牌，以区域文化内涵引领乡村经济发展。因此，乡村新型服务业和乡村文化的发展能够通过集聚整合多元化资源来推动农业农村发展，进而助力乡村产业绿色发展。

6.3.4 生态循环农业

第四个维度是生态循环农业。该维度下设“单位面积农用薄膜施用量”和“单位有效灌溉面积”两个指标。生态循环农业就是将传统农业与现代社会的高新技术手段进行有机融合的同时，将维持和保护生态平衡、爱护环境、促进环境可持续发展的理念贯穿于农业生产发展的全过程，主要通过水循环净化、农田节水灌溉、畜牧粪污处理利用、农业废弃物利用等手段，对农业生产过程中消耗或产生的资源进行循环利用，建立生产要素互为条件、互为利用和循环永续的机制和封闭或半封闭的生物链循环系统，实现生产过程的碳排放降低、废弃物减少和资源循环利用，大幅降低农药、兽药、化肥及煤炭等不可再生能源的使用量，从而形成清洁生产、低投入、低消耗、低排放和高效率的生产格局。生态循环农业要求把发展粮食与多种经济作物生产，发展大田种植与林、牧、副、渔业，发展大农业与第二、第三产业结合起来，利用传统农业精华和现代科技成果，通过人工设计生态工程，协调发展与环境之间、资源利用与保护之间的矛盾，形成生态上与经济上两个良性循环，经济、生态、社会三大效益的统一。其实质是一种以资源高效利用为理念的现代化的农业发展方式。

社会要发展，生态要重视、环境要保护，生态循环农业是全面建设社会主义现代化国家的必然选择。在大力发展农业的同时，应该给我们生活的环境多一份关怀，人人都重视生态平衡、维护环境，经济、社会和生态效益才能得以高质量发展，农业才能实现健康可持续发展。生态循环农业的提出标志着人们在农业领域迈向绿色化、环保化、现代化的意愿。大力发展生态循环农业，就是将现代社会在科技、管理等方面的先进成果恰当地运用在农业领域，一方面保证农作物产量和农民的经济利益；另一方面实现农业的高质量和可持续发展，实现生态效益。

近年来，我国现代农业建设加快推进，取得了巨大成就，但农业保供给、保收入、保安全、保生态的压力越来越大，农业发展已经到了必须加快转变发展方式，更加注重合理利用资源、更加注重保护生态环境、更加注重推进可持续发展的历史新阶段，发展生态循环农业意义重大、势在必行。汲取传统农业精华，传承农耕文明，迫切需要继承发展生态循环农业。习近平总书记在党的十九大报告中指出，必须树立和践行绿水青山就是金山银山的理念，坚持节约资源和保护环境的基本国策。乡村地区自然资源丰富，生态环境良好，这既是自然财富也是经济财富。要在广大农村地区发展生态循环农业，推动农村资源优势转化为农村经济发展优势。农用薄膜在过去的几十年间被广泛使用，但长期大量使用和缺乏有效的回收处理导致“白色污染”加剧，严重破坏生态环境；有效灌溉面积能够衡量农业生产稳定程度，因此，可以用以上指标作为衡量乡村产业绿色发展水平的指标。

6.3.5 农业科技创新

第五个维度是农业科技创新。该维度包括“农业技术人员数占农村人口数之比”“农业专利数”和“农业科技进步率”三个指标。加快建设农业强国，需要致力于持续推动农业科技进步，挖掘农业科技潜力，促进农业绿色转型，提高产业发展质量，为粮食安全提供保障；实现农业现代化，关键在于农业科技现代化，必须把农业科技创新摆在突出重要的位置上，坚持向科技要产量、要效益、要竞争力，以农业科技创新引领农业高质量发展。农业科技创新发展的重点在于农业技术的发展以及科技人才的引进，回溯农业的发展历史，科技创新始终是驱动农业进步的根本动力，而壮大农业科技人才队伍则是涵养农业科技创新的源头活水。农业科技来源于农业生产实际，应用于农民劳动实践，农业生产第一线是孕育农业科技创新的土壤和源泉。

我国多样化的农业门类和产品种类，无一不是农民创造性劳动的结果。因此，既要充分发挥科技工作者的领军带头作用，又要深入挖掘农民的乡土智慧，调动科研人员和广大农民双主体积极性。要加强对农业科技创新人才的政策引导和鼓励扶持，让农村隐藏着的土专家、田秀才、活字典等乡土创新人才真正获得施展才华的舞台，成为农业科技创新的生力军，进一步壮大我国的农业科技人才队伍。近几年来，农业科技快速进步，支撑农业农村发展取得了历史性成就。农业技术人才作为农业数字化转型的先行者，助推农业迈向智能化和精准化发展，提升农业生产的可控程度，也帮助传统农业生产转型朝着低碳、低能耗和生态环境友好型的方向前进。在此基础上，建立农业农村技术人才库，集聚农业智囊，全面提高农业科技水平，提升农民获取农业信息的能力。农业技术人员占农村人口数之比代表农业科技人才储备，人才尤其是乡村科技人才，是乡村振兴的动力源、造血者，"人"特别是各类有能力的"科技人才"能够推动农村经济社会发展；农业专利数代表农业科技供给能力，加快推进农业关键核心技术攻关，提高农业科技供给水平，是实现高水平农业农村发展，推动乡村产业快速发展的重要推手；农业科技进步率代表农业科技进步对农业总产值增长率的贡献份额。

6.3.6 农村创业创新

第六个维度是农村创业创新。该维度仅包括"农村创业率"这一指标。农村创业创新能充分调动亿万农民群众以及方方面面的积极性和创造力，对于实现乡村产业振兴具有重要意义。党中央、国务院高度重视农业农村创业创新工作。2016 年 11 月，国务院办公厅印发《关于支持返乡下乡人员创业创新促进农村一二三产业融合发展的意见》，送出了政策大礼包，为农村双创创造了良好环境。当前，农村双创已成为农业供给侧结构性改革的强大动力，成为大众创业、万众创新的重要组成部分，同时也能够为发展低碳农业发掘新的机遇。现阶段农村创业创新势头强劲，正在兴起新的热潮。一方面，我国农村是广阔舞台，农民群体人多力量大，农业农村蕴含巨大的创造活力，农村文旅项目的开展、绿色有机食品的养殖、电商服务平台的融入，都能将丰富的乡村本土资源利用起来，推动乡村产业绿色转型；另一方面，党的十八大以来，国家大力实施创新驱动发展战略，积极推动大众创业、万众创新，农业农村经济新业态新模式蓬勃兴起，城乡交流日益密切，“三农”政策支持力度不断加大，为返乡下乡人员到农村就业创业提供了更多的机会和要素，也为新型职业农民创业创新提供了更大舞台，推动形成了农村双创新热潮。

农村双创的利好有几个方面：首先，国家扶持力度将越来越大，政策环境会越来越完善，给农村双创带来更大空间、更好机遇。我们要看到这一点，要有充分信心。其次，基础条件越来越好，农村基础设施和科教文卫等公共服务条件逐步改善，以全程冷链为代表的现代物流向农村加快延伸，改善了农村设施条件，提升了流通效率。再次，对接主体越来越成熟，种养大户、家庭农场、农民合作社等新型经营主体蓬勃发展，总量已达到 290 万家，农村的经纪人、供货商、分销商、共享农庄等大量涌现，为农村双创提供了更多平台载体。最后，市场机会越来越多，随着工业化城镇化深入发展，城乡居民消费结构快速升级，人们对绿色优质农产品、休闲旅游观光、农耕文化体验等需求越来越旺盛，为农村双创带来了无限商机。

农村双创是乡村振兴的生力军，是打破制约乡村发展人才瓶颈的关键之举，是农业农村发展的新动能。要通过支持和鼓励农民就业创业，拓宽增收渠道，进一步促进农村第一、第二、第三产业的融合发展。农村创业率代表农村创业创新覆盖率。我国农村是广阔舞台，人多力量大。近几年，广大外出务工人员响应国家政策纷纷返乡下乡到农村创业创新，极大地促进了农业农村地区发展，给农业农村带来了翻天覆地的变化。

第7章 “双碳”目标下乡村产业绿色发展水平测度及分析

7.1 乡村产业绿色发展水平测度

前章已经构建了乡村产业绿色发展评价指标体系，但具体测度乡村产业绿色发展水平，需要合理确定各指标权重的大小，因为权重反映着不同指标对于总目标的影响程度。目前学术界中比较主流的确定权重的方法主要是主观、客观以及主客观结合的方法。三种方法各有利弊，主观赋权方法主要有德尔菲法、层次分析法等，客观赋权方法主要有主成分分析法、熵权法等。

7.1.1 德尔菲法

德尔菲法（Delphi），也称专家调查法，1946 年由美国兰德公司创始实行，其本质上是一种反馈匿名函询法，其大致流程是在对所要预测的问题征得专家的意见之后，进行整理、归纳、统计，再匿名反馈给各专家，再次征求意见，再集中，再反馈，直至得到一致的意见。其过程可简单表示如下：匿名征求专家意见—归纳、统计—匿名反馈—归纳、统计……若干轮后停止。

由此可见，德尔菲法是一种利用函询形式进行的集体匿名思想交流过程。它有三个明显区别于其他专家预测方法的特点，即匿名性、反馈性、统计性。

1. 匿名性

因为采用这种方法时所有专家组成员不直接见面，只是通过函件交流，这样就可以消除权威的影响，这是该方法的主要特征。匿名是德尔菲法极其重要的特点，从事预测的专家彼此并不知道其他有哪些人参加预测，他们是在完全匿名的情况下交流思想的。后来改进的德尔菲法允许专家开会进行专题讨论。

2. 反馈性

该方法需要经过 3 ~4 轮的信息反馈，在每次反馈中使调查组和专家组都可以进行深入研究，使最终结果基本能够反映专家的基本想法和对信息的认识，所以结果较为客观、可信。小组成员的交流是通过回答组织者的问题来实现的，一般要经过若干轮反馈才能完成预测。

3. 统计性

最典型的小组预测结果是反映多数人的观点，少数派的观点至多概括地提及一下，但是这并没有表示出小组的不同意见的状况。而统计回答却不是这样，它报告 1 个中位数和 2 个四分点，其中一半落在 2 个四分点之内，一半落在 2 个四分点之外。这样，每种观点都包括在这样的统计中，避免了只反映多数人观点的缺点。

德尔菲法同常见的召集专家开会、通过集体讨论、得出一致预测意见的专家会议法既有联系又有区别。德尔菲法能发挥专家会议法的优点，即能充分发挥各位专家的作用，集思广益，准确性高；能把各位专家意见的分歧点表达出来，取各家之长，避各家之短。同时，德尔菲法又能避免专家会议法的缺点：权威人士的意见影响他人的意见；有些专家碍于情面，不愿意发表与其他人不同的意见；出于自尊心而不愿意修改自己原来不全面的意见。而德尔菲法本身的主要缺点是：缺少思想沟通交流，可能存在一定的主观片面性；易忽视少数人的意见，可能导致预测的结果偏离实际；存在组织者主观影响。

7.1.2 层次分析法

层次分析法（Analytic Hierarchy Process，AHP），是美国运筹学家T. L. Saaty等人在20世纪70年代中期提出的一种定性和定量相结合的，系统性、层次化的多目标决策分析方法。AHP作为一种科学的确定指标权重的方法，具有如下特点：

（1）系统性。层次分析法把研究对象作为一个系统，按照分解、比较判断、综合的思维方式进行决策，成为继机理分析、统计分析之后发展起来的系统分析的重要工具。系统的思想在于不割断各个因素对结果的影响，而层次分析法中每一层的权重设置最后都会直接或间接影响到结果，而且在每个层次中的每个因素对结果的影响程度都是量化的，非常清晰明确。这种方法尤其可用于对无结构特性的系统评价以及多目标、多准则、多时期等的系统评价。

（2）实用性和灵活性。这种方法既不单纯追求高深数学，又不片面地注重行为、逻辑、推理，而是把定性方法与定量方法有机地结合起来，使复杂的系统分解，能将人们的思维过程数字化、系统化，便于人们接受，且能把多目标、多准则又难以全部量化处理的决策问题化为多层次单目标问题，通过两两比较确定同一层次元素相对上一层次元素的数量关系后，最后进行简单的数学运算。计算简便，并且所得结果简单明确，容易为决策者了解和掌握。

（3）方法简单、易于理解。层次分析法主要是从评价者对评价问题的本质、要素的理解出发，比一般的定量方法更讲求定性的分析和判断。由于层次分析法是一种模拟人们决策过程的思维方式的一种方法，层次分析法把判断各要素的相对重要性的步骤留给了大脑，只保留人脑对要素的印象，化为简单的权重进行计算。这种思想能处理许多用传统的最优化技术无法着手的实际问题。

该方法自1982年介绍到我国以来，以其定性与定量相结合处理各种决策因素的特点，以及系统、灵活、简洁的优点，迅速在我国社会经济各个领域研究中得到广泛应用。

利用层次分析法确定指标体系各指标权重，主要有以下三步。

（1）假设专家确定的判断矩阵如下：

$$A = (q_{ij})_{n \times n} \qquad \text{公式（7.1）}$$

判断矩阵的构建方法，主要是通过专家评价，即依托专家经验对各参评要素进行重要程度区分，两两对比比较，找出“更重要者”，并进行打分（1~9分）。

（2）对上述矩阵进行一致性检验，具体公式如下：

$$CR = \frac{CI}{RI} = \frac{\lambda_{max} - n}{(n-1)RI} \qquad \text{公式（7.2）}$$

其中，n 为参加评价的参数个数，λ_{max} 为最大特征值，RI 是平均随机一致性指标。如果 CR 计算结果小于阈值，则可以认为，上述判断矩阵的结果可以使用；否则需要进一步修正判断矩阵，直到满足检验。

（3）在完成一致性检验之后，采取几何平均法，最终量化确定目标指标的权重大小，如公式（7.3）所示：

$$sw_i = \frac{\left(\prod_{i=1}^{n} q_{ij}\right)^{\frac{1}{n}}}{\sum_{i=1}^{n}\left(\prod_{i=1}^{n} q_{ij}\right)^{\frac{1}{n}}}, i = 1,2,3,\cdots,n \qquad \text{公式（7.3）}$$

7.1.3 主成分分析法

主成分分析（Principal Components Analysis）是一种数理统计方法，是利用降维的思想，将选取的多个变量通过线性变换的方式选出几个较少重要变量的一种多元统计分析方法，又称为主成分回归分析法，K. 皮尔森最先将此方法运用于非随机变量的研究，尔后，H. 霍特林在1993年将此方法推广到随机向量的研究，主成分分析方法正式进入人们的视野。我们通常把经过线性转换生成的少数几个指标称为主成分，其中每个主成分都是由原来的多数变量通过线性组合生成，且各个主成分之间都是相互独立的，而且这些新变量在反映原来所研究的对象时尽可能保持原有的信息。

主成分分析的一个重要的特征就是减少数据集的维数，同时保持数据集对方差最大的贡献率。这样我们在日常生活中研究一些复杂问题时，就可以只考虑少数几个主要的成分，同时也没有损失太多问题所反映的信息，因此这样更容易抓住事物的主要矛盾，使复杂的问题简单化，提高分析问题和解决问题的效率。

在许多领域的研究与应用中，通常需要对含有多个变量的数据进行观测，收集大量数据后进行分析，寻找规律。多变量、大数据集无疑会为研究和应用提供丰富的信息，但是也在一定程度上增加了数据采集的工作量。更重要的是在很多情形下，许多变量之间可能存在相关性，从而增加了问题分析的复杂性。如果分别对每个指标进行分析，分析往往是孤立的，不能完全利用数据中的信息，因此盲目减少指标会损失很多有用的信息，从而产生错误的结论。

因此需要找到一种合理的方法，在减少需要分析的指标同时，尽量减少原指标包含信息的损失，以达到对所收集数据进行全面分析的目的。由于各变量之间存在一定的相关关系，因此可以考虑将关系紧密的变量变成尽可能少的新变量，使这些新变量是两两不相关的，那么就可以用较少的综合指标分别代表存在于各个变量中的各类信息。主成分分析就属于这类降维算法。其主要计算步骤为：

第一步：原有变量标准化。

正向指标：

$$X_P = \frac{X - X_{\min}}{X_{\max} - X_{\min}} \qquad \text{公式 (7.4)}$$

负向指标：

$$X_P = \frac{X_{\max} - X}{X_{\max} - X_{\min}} \qquad \text{公式 (7.5)}$$

第二步：KMO 和 Bartlett 球形度检验。KMO 统计量在 0～1，当 KMO < 0.5 时，不宜进行主成分分析。Bartlett 球形度检验用于判断各变量是否独立，如果检验不拒绝原假设（$P > 0.5$），则不适合做主成分分析。

第三步：求特征根和特征向量。特征根是表示主成分影响力度大小的指标。在确定主成分个数时，常选取特征根大于 1 的主成分。正交化单位特征向量为：

$$a_i = \frac{\lambda_i}{\sum_{i=1}^{n} \lambda_i} \qquad \text{公式 (7.6)}$$

第四步：提取主成分。当前 A 个主成分的累计贡献率达到某一特定值（一般采用 85%）时，则保留前 k 个主成分。累计方差贡献率计算公式为：

$$z_k = \frac{\sum_{i=1}^{k} \lambda_i}{\sum_{i=1}^{n} \lambda_i} \qquad \text{公式 (7.7)}$$

第五步：得成分矩阵。原始变量 $x_j(j=1,2,\cdots,n)$ 在主成分 $F_i(i=1,2,\cdots,m)$ 上的载荷 $h_{ij}(i=1,2,\cdots,m;j=1,2,\cdots,n)$ 为：

$$h_{ij} = \sqrt{\lambda_i}\, a_{ij} \qquad \text{公式 (7.8)}$$

第六步：计算主成分得分。

$$F_i = a_{1j}x_1 + a_{2j}x_2 + \cdots + a_{ni}x_n (i=1,2,\cdots,m) \qquad \text{公式 (7.9)}$$

7.1.4 熵权法

熵这一概念最初来自热力学，后来逐渐被引入信息学、统计物理学以及其他领域。在信息论中，熵是反映信息不确定程度的衡量指标。信息量和熵权以及信息的不确定性成反比变动的关系，也就是说信息量越大，熵权就会越小，其信息的不确定程度就越低，反之亦然。所以某个指标在系统内的离散程度可以用熵权法来测度，某项指标的数据变动幅度越大、越混乱那么它的信息熵就越大，权重则越小，对总目标的影响程度就越小。熵权法的原理即应用各项指标值的差异程度来确定指标权重权数。

熵权法属于客观赋权法，避免了人为因素带来的偏差，相对那些主观赋值法，精度更高、客观性更强、能够更好地解释所得到的结果。但是仍然需要注意的是：熵权法符合数学规律，有严格的数学意义，正是因为这个特点，运用熵权法评价有可能忽略决策者本身的意图，所以为了尽可能地避免这种弊端，就要慎重选择指标，要结合当下实际情况选取，因此在选取时可剔除对评价结果影响不大的指标，结合当下政策方向以及兼顾乡村产业振兴的侧重点，进而重点选取对于评价乡村产业振兴影响较大的指标，这样的评价结果既可以做到客观，也可以考虑到实际情况，从而做到客观全面地评价乡村产业振兴水平。以下是利用熵权法进行评价的评价指标模型构建的详细步骤。

第一步：对初始数据进行预处理和标准化处理。数据预处理主要是对异常值进行处理，因为有指标是负向指标，因此可采用公式（7.1）对数据进行标准化后进行处理，设某一指标体系中样本量与指标值分别为 n 和 m，处理前后的值分别为 X_{ij} 与 Z_{ij}，则：

$$Z_{ij}=\frac{X_{ij}-\min|X_{ij}|}{\max|X_{ij}|-\min|X_{ij}|} \qquad \text{公式（7.10）}$$

第二步：计算指标比重。对归一化处理之后的数据值 Z_{ij} 进行进一步处理，计算出指标值所占的比重 p_{ij}，具体采用公式（7.11）进行计算：

$$P_{ij}=\frac{Z_{ij}}{\sum_{i=1}^{n}Z_{ij}} \qquad \text{公式（7.11）}$$

第三步：计算指标的信息熵和信息效用值，对于第 j 项指标而言，假设其熵权为 e_j，e_j 越大则信息熵越大，相对应的信息量越小，信息熵具体计算公式为：

$$e_j=-k\sum_{i=1}^{n}p_{ij}\ln p_{ij} \qquad \text{公式（7.12）}$$

$$k=\frac{1}{\ln n} \qquad \text{公式（7.13）}$$

而信息效用价值 G_j 与指标信息熵 e_j 的大小密切相关，其具体计算公式如下：

$$G_j=1-e_j \qquad \text{公式（7.14）}$$

第四步：计算各项指标的权重，将信息效用值归一化，并确保评价指标同为正向趋势，各项指标的权重的计算公式为：

$$W_j = \frac{G_j}{\sum_{j=1}^{m} G_j} \qquad \text{公式 (7.15)}$$

通过上述对四种方法的介绍可知，主观赋权方法中如德尔菲法其优点在于操作简单，但是极其依赖于专家的专业水平，赋权结果存在过于主观的问题，故不适合本书采用。同样层次分析法的精确求法较为烦琐，而且较多地采用主观数据，数据缺乏一定的客观性，难以客观反映乡村产业绿色发展水平，也不适合本书采用。客观赋权法中如主成分分析法其优点在于对于数据处理过程的优化，极大地减少了因变量的个数，但是因为综合评价函数的具体意义不够清晰，会导致原始数据在计算过程中大量丢失，故本书不予以采用。而熵权法较这几种方法具有数据处理简便、能够客观反映真实水平且能准确反映指标的效用价值等优点，因此本书采用熵权法来确定各个具体指标的权重，运用熵权法对我国28个省份的乡村产业绿色发展评价指标体系的各个指标进行赋权，其结果如表7.1所示。

表7.1 熵权法计算结果汇总表

符号	指标名称	权重系数
X_1	农村劳动生产率	0.043
X_2	农业增加值增长率	0.012
X_3	粮食、棉花以及油料作物单位产值	0.052
X_4	农产品加工业人均收入	0.104
X_5	农产品加工业收入占农林牧渔业总产值之比	0.112
X_6	休闲农业人均年营业收入	0.157
X_7	乡镇综合文化站人均数量	0.056
X_8	单位面积农用薄膜施用量	0.011
X_9	单位有效灌溉面积	0.051
X_{10}	农业技术人员数占农村人口数之比	0.072
X_{11}	农业专利数	0.173
X_{12}	农业科技进步贡献率	0.084
X_{13}	农村创业率	0.070

本书应用熵权法对农村劳动生产率、农业增加值增长率、粮食、棉花以及油料作物单位产值、农产品加工业人均收入、农产品加工业收入占农林牧渔业总产值之比、休闲农业人均年营业收入、乡镇综合文化站人均数量、单位面积农用薄膜施用量、单位有效灌溉面积、农业技术人员数占农村人口数之比、农业专利数、农业科技进步贡献率等 13 个二级指标分别赋以 0.043、0.012、0.052、0.104、0.112、0.157、0.056、0.011、0.051、0.072、0.173、0.084、0.070 的权重，测算出 2011—2020 年间全国乡村产业绿色发展水平得分。其中农产品加工业收入占农林牧渔业总产值之比、休闲农业人均年营业收入和农业专利数所占权重较大，说明这三个指标对于乡村产业绿色发展水平的影响更为显著；而农业增加值增长率和单位面积农用薄膜施用量所占权重较小，表明这两个指标对于乡村产业绿色发展水平的提升贡献度较小。同时也说明农产品加工业收入占农林牧渔业总产值之比所属的农产品加工业、休闲农业人均年营业收入所属的乡村新型服务业以及农业专利数所属的农业科技创新作为第二、第三产业相较于第一产业的其他二级指标而言，对乡村产业绿色发展的作用更为明显，因此许多乡村产业绿色发展水平较为落后的省份可以有针对性地采取相关措施持续推进农村一二三产业融合发展，增加第二、第三产业的比重，进而提升其乡村产业绿色发展水平。例如，以科学布局优化乡村产业绿色发展空间结构，强化县域统筹，推进镇域产业聚集，构建县乡联动、以镇带村、镇村一体的格局；以产业融合增强乡村产业绿色发展聚合力，发掘新功能、新价值，培育融合主体、催生融合业态、搭建融合载体、建立融合机制，发展连接城乡、打通工农、联农带农的多类型、多业态产业，让小农户分享产业链增值收益；以质量兴农绿色兴农增强乡村产业持续增长力，发展乡村绿色产业，健全绿色标准体系，培育提升产品品牌、农业品牌，强化资源保护利用，让乡村产业成为撬动“绿水青山”转化为“金山银山”的“金杠杆”；以创新创业增强乡村产业绿色发展新动能，改变过去乡村产业主要依靠人力、地力等传统要素发展的局面，更多地依靠科技创新支撑乡村产业低碳化发展，培育创新创业主体，拓宽创新创业领域。

7.2 乡村产业绿色发展水平分析

7.2.1 中国乡村产业绿色发展水平综合指数及子系统指数的特征

图 7.1 所示是 2011—2020 年中国乡村产业绿色发展水平综合指数及六个子系统指数的变化趋势。首先，根据测算结果，中国乡村产业绿色发展水平综合指数存在以下 3 个特征：第一，乡村产业绿色发展水平综合指数较小，最高仅为 2020 年的 0.26，这说明我国乡村产业绿色发展水平较低，存在较大提升空间；2021 年中央“一号文件”提出全面推进乡村振兴，并颁布实施《乡村振兴促进法》，这意味着我国将持续拓展乡村发展的深度和广度，切实保证乡村振兴目标任务如期实现；第二，乡村产业绿色发展水平综合指数整体上呈现增长态势，由 2011 年的 0.19 增长到 2020 年的 0.26，增长幅度达到 39.36%；第三，2018—2020 年乡村产业绿色发展水平综合指

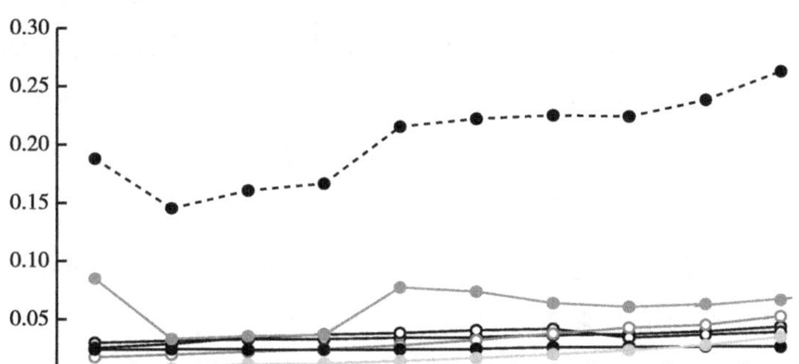

	2011	2012	2013	2014	2015	2016	2017	2018	2019	2020
农林牧渔业	0.03	0.03	0.03	0.03	0.03	0.03	0.04	0.04	0.04	0.04
农产品加工业	0.03	0.03	0.03	0.04	0.04	0.04	0.04	0.03	0.04	0.04
乡村新型服务业	0.02	0.02	0.02	0.02	0.03	0.03	0.04	0.04	0.05	0.05
生态循环农业	0.02	0.02	0.02	0.02	0.02	0.02	0.03	0.03	0.03	0.03
农业科技创新	0.08	0.03	0.04	0.04	0.08	0.07	0.06	0.06	0.06	0.07
农村创新创业	0.01	0.01	0.01	0.01	0.01	0.02	0.02	0.02	0.03	0.03
综合指数	0.19	0.15	0.16	0.17	0.22	0.22	0.22	0.22	0.24	0.26

图 7.1 2011—2020 年乡村产业绿色发展综合指数及其子系统指数的变化趋势

数出现明显增长，增长率为16.96%，原因在于2018年中央“一号文件”对实施乡村振兴战略进行了全面部署，拉开了乡村振兴战略的序幕，使乡村发展水平得以快速提升，其中乡村产业绿色发展水平也有所提高。

从农林牧渔业、农产品加工业、乡村新型服务业、生态循环农业、农业科技创新和农村创新创业六个子系统测算结果来看：第一，农林牧渔业指数小幅波动，但总体上呈现稳定上升态势，研究期内年平均增长率为4.31%，2018年之后的增长幅度较大；第二，农产品加工业指数变化幅度较为明显，除2018年有所下降以外，研究期间其他年度均有明显提升；第三，乡村新型服务业指数持续平稳上升，且在相关政策的加持下上升幅度有所提升，2020年的增长率达到16.53%；第四，生态循环农业指数呈缓慢上升趋势，在2020年更是出现了负增长，年平均增长率为0.96%；第五，农业科技创新指数波动幅度相对较大，整体呈现下降趋势，2016—2018年下降趋势较为明显，而后在2019—2020年有所上升；第六，农村创新创业指数年平均增长率为22.39%，总体上呈现出较为明显的上升态势，2018年之后的增长幅度较大。

总的来看，六个子系统指数均在2018年之后出现较为明显的增长，其中乡村新型服务业的增幅最大，这主要是因为乡村新产业新业态的发展有力推动了乡村产业高质量发展，推动农民就地就近就业，实现持续增收，进而提升乡村产业绿色发展的水平。六个子系统中农业科技创新指数最大，这表明随着农业科技创新指数的提升，如农业基础研究、底层技术、原创性成果的增加，改变了我国粮食生产和消费长期处于“紧平衡”的状态，转变了部分关键核心技术受制于人的状况。农村创新创业指数最小，从基层反映的情况来看，当前返乡入乡创业面临不少困难和问题。一是创业项目不好选。60%返乡创业者认为，项目不好选，缺信息、缺技术，找不到服务机构。二是创业资金不好筹。80%的返乡创业者靠自筹资金创业捉襟见肘，银行贷款所需的抵押担保难以提供。三是创业用地不好拿。返乡入乡创业一般需要一定的建设用地，但存量建设用地成本高，各类园区进不去，用地问题难以解决。四是创业人才不好聘。返乡入乡人员创办的大多是新产业新业态企业，需要大量专业人才。但农村存量人才不多，城里人才不愿去。五是创业风险不好控。返乡创业者只参加了养老保险和新农合，且不在失业保险的覆盖范围，其他救助措施也不多，抵御创业风险的难度大。因此，政府部门及相关机构应给予返乡创业人员大力支持，例如，落实创业补贴政策，加强金融支持以及相关培训，组建专业化、规模化、制度化的创新创业导师队伍和专家顾问进行答疑解惑，减少创业失败的风险，进一步增强各类专业人才返乡创业的意愿。

7.2.2 中国区域乡村产业绿色发展水平的特征

为全面掌握区域发展动态，本书依照各省级行政区自然资源的分布、经济社会发展水平，将 28 个省份分为东部（天津、河北、辽宁、江苏、浙江、福建、山东、广东、广西、海南）、中部（山西、内蒙古、吉林、黑龙江、安徽，江西、河南、湖北、湖南）和西部（重庆、四川、贵州、云南、陕西、甘肃、青海、宁夏、新疆）三大经济区域，[①] 并对三大区域乡村产业绿色发展水平综合指数和各子系统指数进行分析，为今后制定各区域之间协调发展政策提供事实依据，具体见图 7.2。

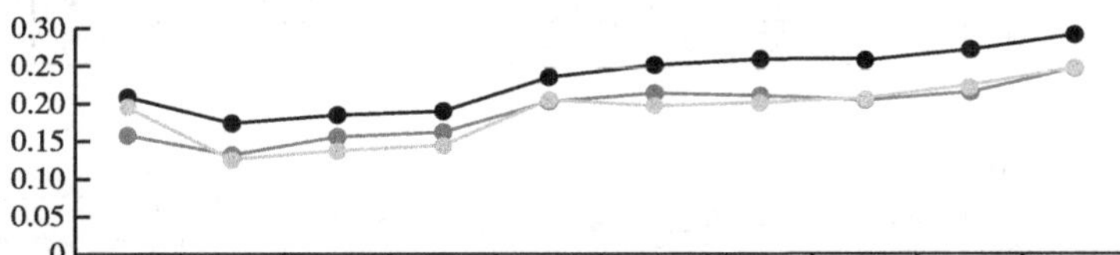

	2011	2012	2013	2014	2015	2016	2017	2018	2019	2020
东部	0.21	0.17	0.18	0.19	0.24	0.25	0.26	0.26	0.27	0.29
中部	0.16	0.13	0.16	0.16	0.20	0.21	0.21	0.20	0.21	0.25
西部	0.19	0.13	0.14	0.14	0.21	0.20	0.20	0.21	0.22	0.25

（a）综合指数的变化趋势

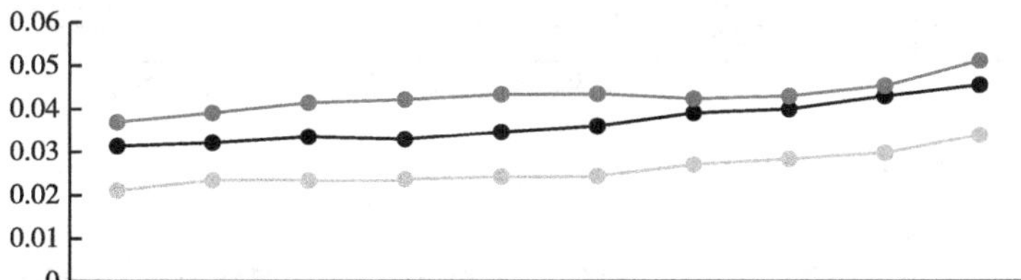

	2011	2012	2013	2014	2015	2016	2017	2018	2019	2020
东部	0.03	0.03	0.03	0.03	0.03	0.04	0.04	0.04	0.04	0.05
中部	0.04	0.04	0.04	0.04	0.04	0.04	0.04	0.04	0.05	0.05
西部	0.02	0.02	0.02	0.02	0.02	0.02	0.03	0.03	0.03	0.03

（b）农林牧渔业子系统指数的变化趋势

① 清水．我国东部、中部、西部三大地区如何划分［J］．中国渔业经济研究，2000（03）：21．

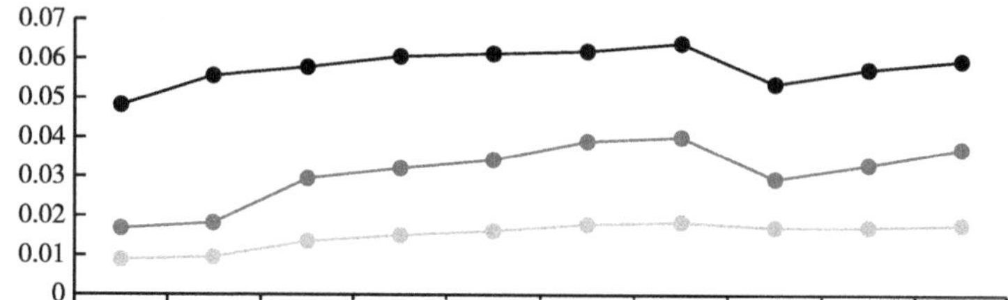

	2011	2012	2013	2014	2015	2016	2017	2018	2019	2020
东部	0.05	0.06	0.06	0.06	0.06	0.06	0.06	0.05	0.06	0.06
中部	0.02	0.02	0.03	0.03	0.03	0.04	0.04	0.03	0.03	0.04
西部	0.01	0.01	0.01	0.02	0.02	0.02	0.02	0.02	0.02	0.02

（c）农产品加工业子系统指数的变化趋势

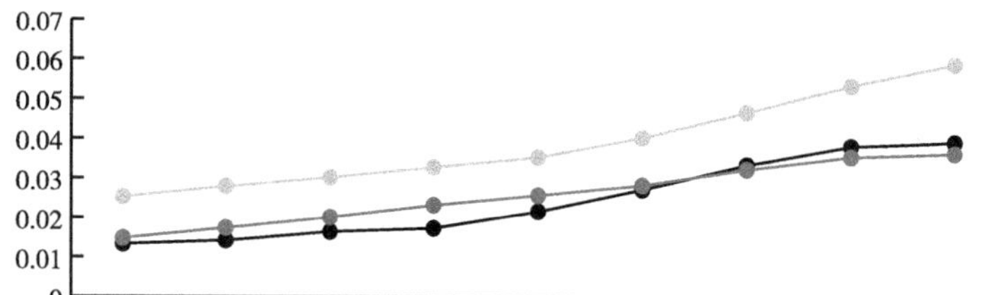

	2011	2012	2013	2014	2015	2016	2017	2018	2019
东部	0.01	0.01	0.02	0.02	0.02	0.03	0.03	0.04	0.04
中部	0.01	0.02	0.02	0.02	0.03	0.03	0.03	0.04	0.04
西部	0.03	0.03	0.03	0.03	0.04	0.04	0.05	0.05	0.06

（d）乡村新型服务业子系统指数的变化趋势

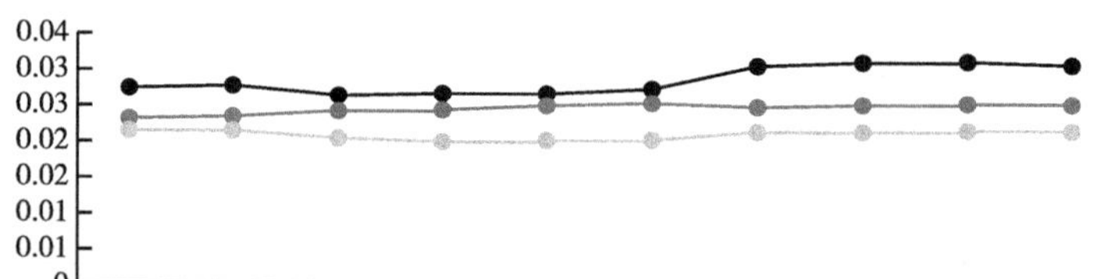

	2011	2012	2013	2014	2015	2016	2017	2018	2019	2020
东部	0.03	0.03	0.03	0.03	0.03	0.03	0.03	0.03	0.03	0.03
中部	0.02	0.02	0.02	0.02	0.03	0.03	0.02	0.03	0.03	0.03
西部	0.02	0.02	0.02	0.02	0.02	0.02	0.02	0.02	0.02	0.02

（e）生态循环农业子系统指数的变化趋势

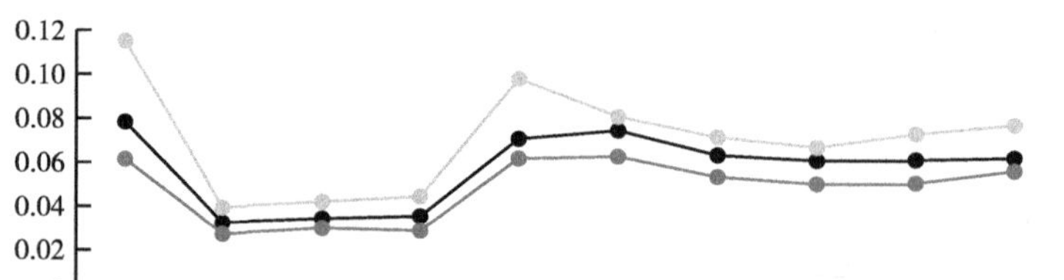

	2011	2012	2013	2014	2015	2016	2017	2018	2019	2020
东部	0.08	0.03	0.03	0.04	0.07	0.08	0.06	0.06	0.06	0.06
中部	0.06	0.03	0.03	0.03	0.06	0.06	0.05	0.05	0.05	0.06
西部	0.12	0.04	0.04	0.04	0.10	0.08	0.07	0.07	0.07	0.08

（f）农业科技创新子系统指数的变化趋势

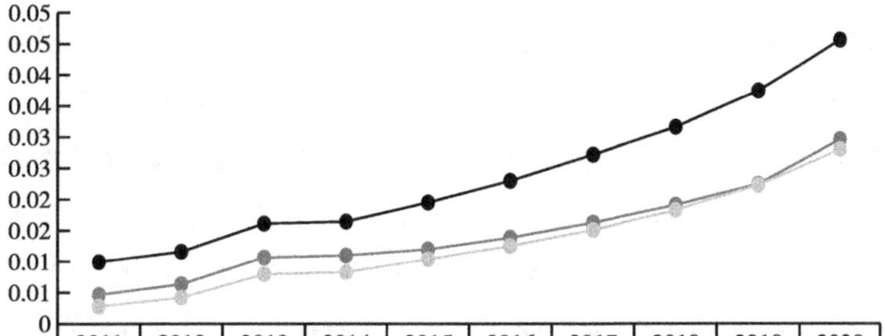

	2011	2012	2013	2014	2015	2016	2017	2018	2019	2020
东部	0.01	0.01	0.02	0.02	0.02	0.02	0.03	0.03	0.04	0.05
中部	0.00	0.01	0.01	0.01	0.01	0.01	0.02	0.02	0.02	0.03
西部	0.00	0.00	0.01	0.01	0.01	0.01	0.02	0.02	0.02	0.03

（g）农村创新创业子系统指数的变化趋势

图 7.2　2011—2020 年三大区域乡村产业绿色发展综合指数及六个子系统指数的变化趋势

1. 中国区域乡村产业绿色发展水平综合指数的特征

图 7.2（综合指数）显示了三大区域乡村产业绿色发展水平综合指数及其发展趋势。从乡村产业绿色发展水平综合指数的变化趋势来看，三大区域乡村产业绿色发展水平走势基本相同，总体上呈现稳定的增长态势，这表明，随着近年来我国支持乡村产业绿色发展的一系列政策措施不断落地，推动实施一批重大工程、重大项目，乡村产业绿色发展取得积极成效，进而促使我国三大区域乡村产业绿色发展水平越来越高；从综合指数大小来看，乡村产业绿色发展呈现东部 > 中部 > 西部的发展格局；从综合指数年均增长率来看，东部、中部和西部地区的年均增长率分别为 4.23%、5.73% 和 4.48%，由高到低排序依次为中部、西部和东部。由此可知，乡村产业绿色发展水平存在较为明显的区域差异，整体上呈现东部 > 中部 > 西部的格局，但东部和西部地区乡村产业绿色发展速度呈放缓趋势，而中部地区乡村产业绿色发展水平保持稳步增长，因此乡村产业绿色发展水平的区域差异在逐步缩小。

2. 中国区域乡村发展各子系统指数的特征

为进一步发现三大区域乡村产业绿色发展综合指数差异的原因及来

源，本书对三大区域的六个子系统进行分析，具体见图 7.2（农林牧渔业～农村创新创业）。本书将从两个方面对三大区域六个子系统指数及变化趋势进行分析。第一，每个子系统中三大区域的比较。首先，从变动趋势来看，三大区域的六个子系统指数均呈现波动增长态势，其中三大区域农业科技创新水平的变化趋势基本一致，呈现“W”形波动，均在 2018 年后出现回升，原因在于 2018 年中央“一号文件”对实施乡村振兴战略进行了全面部署，各级组织对如何助力乡村产业绿色发展均有了更为明确的方向；从增长率来看，农产品加工业、生态循环农业和农村创新创业指数增长率最高均为东部地区，农林牧渔业指数增长率最高为中部地区，乡村新型服务业指数增长率最高为西部地区。第二，每个地区六个子系统水平的比较。对于东部地区而言，农产品加工业水平最高，指数介于 0.048～0.060，均值为 0.058，接下来依次为农业科技创新（0.057）、农林牧渔业（0.037）、生态循环农业（0.029）、乡村新型服务业（0.027）、农村创新创业（0.024），但年均增长率却截然相反，农村创新创业年均增长率为 18.77%；中部地区六个子系统中农林牧渔业水平最高，农产品加工业水平次之，农村创新创业最差；西部地区六个子系统水平由高到低依次为农业科技创新（0.067）、乡村新型服务业（0.044）、农林牧渔业（0.026）、生态循环农业（0.021）、农产品加工业（0.016）和农村创新创业（0.014）。综上所述，三大区域农业科技创新水平最高，六个子系统在西部地区相对表现较差，但西部地区农林牧渔业、农村创新创业指数年均增长率却最高，这表明西部地区虽然基础薄弱，但是随着西部大开发的深入推进，农村呈现良好的发展势头。

7.2.3 中国各省份乡村产业绿色发展水平的特征

为了了解最新乡村产业绿色发展情况，同时结合数据的可获得性，本书以 2020 年为例，进一步分析中国 28 个省份乡村产业绿色发展水平及各子系统的发展差异，具体如图 7.3 所示。

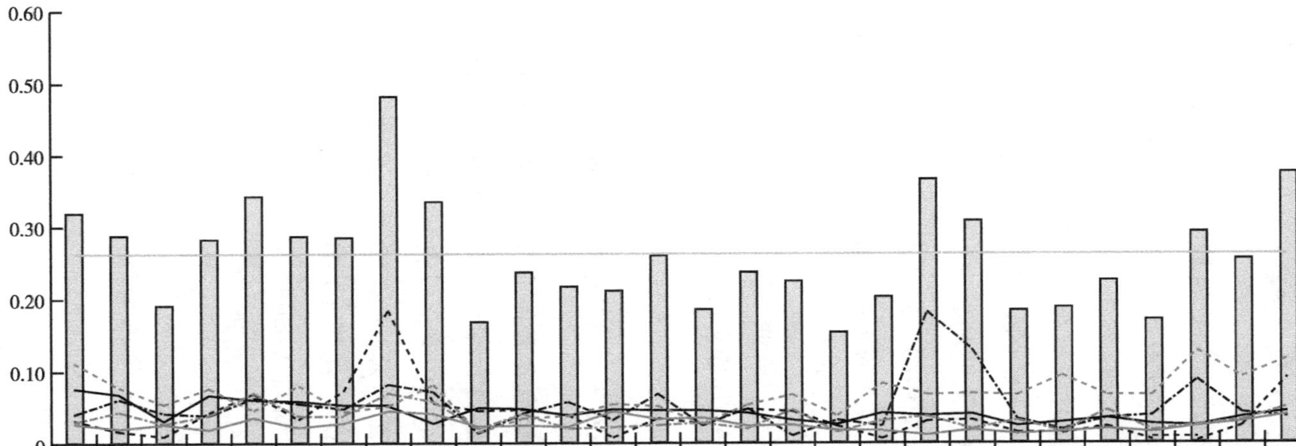

	黑龙江	辽宁	山西	吉林	江苏	内蒙古	山东	天津	浙江	河南	湖北	江西	新疆	安徽	河北	湖南	广东	广西	海南	重庆	四川	贵州	云南	陕西	甘肃	青海	宁夏	福建
综合指数	0.32	0.29	0.19	0.29	0.34	0.29	0.29	0.49	0.34	0.17	0.24	0.22	0.21	0.26	0.19	0.24	0.23	0.16	0.21	0.37	0.31	0.19	0.19	0.23	0.17	0.30	0.26	0.38
农林牧渔业	0.08	0.07	0.03	0.07	0.06	0.06	0.05	0.05	0.03	0.05	0.05	0.04	0.05	0.05	0.05	0.04	0.03	0.03	0.04	0.04	0.04	0.02	0.03	0.04	0.03	0.02	0.04	0.04
农产品加工业	0.03	0.02	0.01	0.04	0.07	0.03	0.07	0.18	0.06	0.05	0.05	0.04	0.01	0.03	0.03	0.05	0.04	0.02	0.01	0.03	0.03	0.02	0.01	0.02	0.01	0.00	0.02	0.09
乡村新型服务业	0.04	0.06	0.04	0.04	0.06	0.06	0.05	0.08	0.07	0.01	0.04	0.06	0.03	0.07	0.03	0.05	0.01	0.03	0.02	0.18	0.13	0.03	0.02	0.04	0.04	0.09	0.04	0.04
生态循环农业	0.03	0.02	0.03	0.02	0.04	0.02	0.03	0.05	0.04	0.02	0.03	0.02	0.04	0.03	0.04	0.02	0.03	0.02	0.02	0.01	0.02	0.01	0.02	0.02	0.02	0.02	0.03	0.04
农业科技创新	0.11	0.08	0.05	0.08	0.05	0.08	0.04	0.05	0.08	0.02	0.04	0.04	0.05	0.05	0.03	0.05	0.07	0.04	0.08	0.07	0.07	0.07	0.09	0.07	0.07	0.13	0.09	0.12
农村创新创业	0.03	0.04	0.03	0.04	0.07	0.04	0.04	0.07	0.06	0.02	0.04	0.02	0.02	0.03	0.03	0.02	0.05	0.02	0.03	0.04	0.02	0.03	0.02	0.05	0.02	0.03	0.03	0.05
全国均值	0.26	0.26	0.26	0.26	0.26	0.26	0.26	0.26	0.26	0.26	0.26	0.26	0.26	0.26	0.26	0.26	0.26	0.26	0.26	0.26	0.26	0.26	0.26	0.26	0.26	0.26	0.26	0.26

图 7.3 2020 年各省份乡村产业绿色发展综合指数及子系统指数

1. 中国各省份乡村产业绿色发展水平综合指数的特征

从图 7.3 可知，2020 年全国乡村产业绿色发展水平综合指数均值为 0.26，高于均值的省份总共有 12 个，占所有统计省份的 42.86%，其中东部地区有 6 个、西部地区有 3 个、中部地区有 3 个，具体包括天津、内蒙古、辽宁、吉林、黑龙江、江苏、浙江、福建、山东、重庆、四川和青海。这 12 个省份乡村产业绿色发展水平高于均值的主导因素有所差异：其中天津、山东、福建主要受到农产品加工业的影响，重庆、四川、青海主要受乡村新兴服务业和农业科技创新的影响，内蒙古、黑龙江、吉林、辽宁主要归因于农业科技创新和农林牧渔业的水平比较高。低于均值的省份总共有 16 个，其中东部地区有 4 个、中部地区有 6 个、西部地区有 6 个，由此可知，乡村产业绿色发展水平综合指数低于均值的省份主要集中于西部地区，这些省份或因为各子系统水平都低，或某一方面成效欠佳，从而导致乡村产业绿色发展水平较低。

2. 中国各省份乡村产业绿色发展水平子系统指数的特征

进一步分析 28 个省份乡村产业绿色发展各子系统指数，能够清楚地发现各省份在推进乡村产业绿色发展过程中所存在的优势与不足之处，为全面推动乡村发展提供科学依据。2020 年全国农林牧渔业子系统指数均值为 0.043，其中高于均值的省份总共有 13 个，依次为黑龙江（0.076）、辽宁（0.068）、吉林（0.067）、江苏（0.061）、内蒙古（0.059）、山东（0.054）、天津（0.052）、河南（0.050）、湖北（0.048）、新疆（0.047）、安徽（0.046）、河北（0.046）、福建（0.044），这些省份凭借其独有的气候、水源、土壤、人口等优势，保持粮食产量稳定增长，在维护国家粮食安全方面发挥重要作用，形成乡村产业绿色发展的关键支撑。

全国农产品加工业指数均值为 0.039，高于均值的省份有 11 个，占所有统计省份的 39.29%，说明我国大多数省份农产品加工转化能力较为落后，存在深加工产品少、副产物综合利用比例不高、产业链较短等问题。全国乡村新型服务业指数均值为 0.052，高于均值的省份有 10 个，占所有统计省份的35.71%；低于均值的省份有18个，其中云南、河南、广东的乡村新型服务业指数在0.2以下，说明这几个省份并未贯彻落实发展新型服务业，未能充分利用其自然的优势给乡村带来经济效益，因此各省份需结合实际情况大力发展乡村新型服务业。全国生态循环农业指数均值为0.026，低于均值的省份有17个，占所有统计省份的60.71%，说明大部分省份生态环保意识不足，未考虑到乡村产业的可持续发展，同时对于经典生态循环农业模式了解不够，未能充分借鉴执行相关成功经验。全国农业科技创新指数均值为0.066，高于均值的省份有16个，占所有统计省份的57.14%，说明大多数省份能充分依托科技的力量，推动种业现代化、促进农业产业化，同时加快农业生产方式向低碳农业的转变，助力乡村产业绿色发展。全国农村创新创业水平较高的省份主要集中分布在东部地区，原因在于东部地区利用其经济、文化等优势，通过落实补贴政策和举办相关培训等方式充分鼓励和扶持返乡入乡人员积极创业，从而提高农村创新创业水平。

7.3 本章小结

基于乡村产业绿色发展的丰富内涵并结合乡村产业绿色发展的实际情况，从农林牧渔业、农产品加工业、乡村新型服务业、生态循环农业、农业科技创新和农村创新创业六个方面构建乡村产业绿色发展评价指标体系，运用熵权法测算2011—2020年28个省份乡村产业绿色发展水平综合指数及六个子系统指数，并对全国及三大区域的乡村产业绿色发展水平及子系统发展情况进行分析，得出如下结论：

第一，从总体来看，中国乡村产业绿色发展水平较低，但在研究期内呈现增长态势，并且乡村产业绿色发展水平存在明显的区域差异，整体上呈现东部 > 中部 > 西部的格局，但西部和中部地区乡村产业绿色发展水平增速较快，因此中国乡村产业绿色发展水平的区域差异逐步缩小；从子系统来看，全国各子系统发展情况不一，其中农业科技创新指数最大，农村创新创业指数最小，但均呈现稳定增长趋势，2018年乡村振兴实施之后的增长幅度尤为明显。

第二，从总体来看，全国乡村产业绿色发展水平的区域差异呈稳步下降趋势，区域间差异是乡村产业绿色发展总体差异的主要来源，其次为区域内差异。就区域间差异而言，东部与西部的区域间差异最为突出，但是所有地区的区域间差异均呈现稳步下降趋势，乡村产业绿色发展水平的区域间差距逐渐缩小；区域内差异呈现东部 > 西部 > 中部的分布格局。从子系统来看，六个子系统的区域差异均呈下降趋势，主要也是来源于区域间差异。

总的来说，我国乡村产业绿色发展态势良好，仍有广阔发展空间。要实现乡村低碳发展、绿色发展，关键要在产业发展基础方面继续夯实，补足和加强当前存在的短板和弱项，充分利用国家实现碳达峰、碳中和目标的相关政策，建立起乡村一二三产业融合发展的新格局。

首先，乡村产业综合实力和竞争力仍不够强，表现出门类不全、规模较小、链条较短、布局较散的特征。许多省份的乡村存在一二三产业融合程度不高的问题，乡村产业对农产品加工技术的掌握度不高，农产品加工尚停留在初级加工阶段，难以获取到高额利润支撑产业发展；同时乡村旅游业的基础设施、服务质量等都不够完善，特色不够鲜明，难以形成旅游吸引力，三产融合的发展程度较低，从而导致产业发展的质量效益和农民获得的增值收益都比较低；一二三产业的融合发展对乡村产业绿色发展起到至关重要的作用，因此许多乡村在改善已有品种、提升应有品质、形成独特品牌等方面都亟待提升。

其次，还有一些省份的乡村同质化竞争现象比较突出，产业的内生力和自我发展能力都需增强。在目前实现“双碳”目标的国家政策背景下，乡村产业要提升其发展动力与能力，就需要进行绿色化转型发展。这一发展趋势首先就需要在生产加工技术、环境上提高产业整体生产水平，但目前，我国农产品加工水平和能力尚有很大提升空间，主要表现在现有农业发展方式较为粗放，农产品加工技术和装备等较为薄弱，农业标准化建设推进较为缓慢，难以与目前我国发展低碳农业农村的目标相适应，这些因素制约了农产品加工产业的发展。

最后，乡村产业绿色发展的资源要素和配套设施支撑仍不足，制约城乡要素双向流动和平等交换的障碍依然存在。资金稳定投入机制尚未建立，金融机构对于乡村产业的信贷支持较少，产业向低碳转型的技术研发支持力度不够，人才激励保障机制尚不健全，乡村交通物流、网络通信、仓储冷链、商业网点等设施建设也有待加强。

第8章 “双碳”目标下金融支持乡村产业绿色发展实证分析

实证分析是用科学的方法或者方式来认识研究对象，认为研究对象有其本身所固有的规律和秩序，这种认识和发现规律或秩序的过程，就称为实证。实证分析具有科学性、客观性、可量化性、一般化能力和因果推断等特点，它通过运用科学的方法论，使用严谨的数据采集和分析工具，收集、分析和解释数据来验证或推翻某一假设，以确保研究结果的准确性和可靠性，进而达到认识和发现规律或秩序的目的。本书的编写旨在全面、深入地探究“双碳”目标下金融支持对乡村产业绿色发展的影响机制以及影响程度，在这一目标的背景下，本书的理论研究与实证分析精准匹配。为了更直观地通过数据了解现象的缘由和问题的本质，基于前文对“双碳”目标下金融支持乡村产业绿色发展的政策梳理和作用机制及路径的描述，本章采用实证分析的研究方法对“双碳”目标下金融支持对乡村产业绿色发展的影响机制以及影响程度进行进一步的分析研究。

为了进一步探究“双碳”目标下金融支持对乡村产业绿色发展是否存在显著影响，本章选取全国各省份的各项相关数据展开具体研究，采用实证分析的方法进行验证。这会使“双碳”目标下金融支持乡村产业绿色发展的研究更加直观与科学，同时也使得后面的研究结果和对策建议更具针对性，本书选取全国范围内28个省份2010—2020年的面板数据来进行实证分析。

8.1 研究假设提出

因本书所采取的研究方法为实证分析法，为了使我们的实证分析准确有效运行，首先我们需要对研究探讨的问题提出相对应的假设，其中涉及的内容包括针对“双碳”目标下金融支持乡村产业绿色发展的影响机制是什么样的，产生的影响程度如何，产生的影响有何特征等问题提出假设。根据前文第二章金融支持乡村产业绿色发展理论基础及文献梳理以及第三章“双碳”目标下金融支持乡村产业绿色发展的作用机制和路径的描述，提出两点假设。假设一：“双碳”目标下金融支持对乡村产业绿色发展起到正向带动作用；假设二：“双碳”目标下金融支持对乡村产业绿色发展的影响呈现区域异质性的特征。

从金融支持对乡村产业绿色发展的资源配置机制来看，金融作为资金支持的重要形式，在支持乡村产业绿色发展过程中起到了关键作用。外部资金在进入乡村产业链前，资金投资者需要根据乡村产业的发展趋势、经营风险、资金循环等方面对其还款能力、信用水平等方面进行多维度的评估。针对这一情况，一方面，金融支持利用政策支持信息，能够对有意愿进军乡村产业的企业达成有效信息沟通，将金融资源向低碳领域聚集，将资金流引向绿色低碳发展的企业和项目上去，在切实减少信息搜集成本，削弱信息壁垒的基础上，使资源更多地流向具有发展潜力的农村产业项目上去，进一步促使农业向低碳化、绿色化转型，促进绿色科技投入和新型农业产业有序发展，从而带动农业产业的优化升级与结构调整，为“双碳”目标下乡村产业绿色发展的实现争取更多机会。另一方面，农村金融支持的建设能够通过支持乡村产业生产能力的开发提升，反过来增加乡村产业对金融服务的有效需求，引导市场形成正面预期，增强金融服务对于乡村产业绿色发展的商业可持续性，进而推动乡村产业绿色发展进入良性循环的新阶段，降低能源消费，从而加速中国低碳经济、绿色经济的发展。

从金融支持乡村产业绿色发展的风险分散机制来看，金融支持针对乡村产业农产品自身特性建设的农业保险体系能够有效支撑农村产业链的运行，为乡村产业绿色发展保驾护航。根据农产品的农业特性可知，农作物的生产特性决定了其对资金投入要求很强的时效性；对资金的使用周期要求较强的灵活性，短期资金不能覆盖作物生长周期，长期资金则需要负担相对沉重的利息包袱，资金的期限结构难以匹配；农业经营主体的还款能力受包括自然环境在内的多重因素影响，具有较大的不确定性，不利于农业产业向高质量转型升级。一方面，农村金融支持带来的科学农业保险体系，成功完善了农业风险管理体制，有力保障了农村经营主体对于风险应对的能力，在充分发挥“转移支付”效应的同时，将“损失补充”效应的匹配也落实到位。不仅能够切实降低农户购买保险的成本，提高农户的可支配收入，还能有效地将农村产业各环节可能出现的风险进行分散与转移，进而提高农户生产经营的积极性，稳定支撑农产品产业链的平稳运行。另一方面，农村金融对农业绿色低碳产业的支持能够提供具有针对性、创新性的绿色金融保险产品来有效提高风险控制水平、规避逆向选择和道德风险，还能够对自然风险、价格风险、政策风险等进行合理地分散，在对农村经营主体提供有力的风险管控支持，充分发掘长尾客户群体潜在的金融需求的作用下，为乡村产业绿色发展提供直接支持。

从金融支持对乡村产业绿色发展的激励创新机制来看，农村金融机构能够对涉农企业的经营合法性进行有效监督，确保有发展潜力的农业科技企业能够真正地为农业发展提供科技成果，保证农业科学的科研经费全部落到实处，减少可能存在的逆向选择和道德风险，增强企业的创新积极性和创新能力。在这一激励创新的机制下，企业的生产经营效率得到有效提升，农村创新积极性得到成功带动，推动农业经营主体之间的合作模式从“小农户”经营向“家庭农场”“农业专业合作社”等模式转变，实现农业碳排放的有效控制，使乡村产业的发展得到质量和效率的双重提升，助力“双碳”目标的实现。同时金融支持还为乡村产业绿色发展提供了具有针对性、创新性的绿色金融产品和服务，满足乡村产业绿色低碳发展的资金和服务需求，指明“双碳”目标下乡村产业的发展方向。

从金融支持乡村产业绿色发展的储蓄和投资机制来看，农村金融的发展，有效提高了农户对金融的认识，加强了农户理财经营的能力，也能够在一定程度上缓解信息不对称问题所带来的影响。一方面，从储蓄效应来说，农村金融机构推出的金融产品能够吸引农村地区的闲置资金，进一步扩大了农村金融的储蓄总量，为乡村产业绿色发展提供充足的资金支持，同时通过信贷引导使乡村产业结构逐渐向以知识科技和绿色技术为核心的现代经济结构转变，实现农业碳排放的有效控制，为“双碳”目标下的乡村产业绿色发展提供了资本导向支持；另一方面，金融产品与金融工具的不断丰富，在降低交易成本的同时，也有效提高了储蓄—投资的转化效率，在有效提高农村金融的资本投入能力的同时，对乡村产业绿色发展各个环节实现精准投入，充分发挥农村金融支持带来的投资效应。同时借助金融产品和工具对企业储蓄和投资行为进行引导，将“双碳”理念植入企业生产经营过程中，可以加强对高耗能企业节能减排行为的管制，也可以避免过度淘汰高碳产业而导致贷款违约与资产减值等金融风险的形成，促进乡村产业的绿色可持续发展。

根据金融支持从资源配置机制、风险分散机制、激励创新机制、储蓄和投资机制四个方面均能对乡村产业绿色发展产生正向的影响，可以提出以下研究假设：

研究假设一：“双碳”目标下金融支持对乡村产业绿色发展起到正向带动作用。

此外，由于金融服务其自身的特征，虽然乡村振兴战略已经得到全面推广，但金融支持对于乡村产业绿色发展的支持力度在全国范围内仍然尚未达到统一的标准，其作用方式以及影响力度依然存在一定的差异。

金融服务的典型特征之一便是具有“门槛效应”。金融服务的门槛效应是指发展初期有金融需求的群体需要支付一定的固定成本才能获得金融服务和使用金融设施，即金融市场上需求金融服务的人需要以一定的价格来购买这项服务，这个购买金融服务的费用被称为财富门槛。一方面，我国农村金融体系尚未得到全面完善，不同地区农村金融在乡村推进的渠道、支持的力度、提供金融方面的服务专业人才，存在较大的差异。另一方面，不同地区的经济发展水平不同，农村产业规模、承担风险的能力也会因此不同，金融的固定成本产生的门槛效应所带来的负面影响也依然存在，因此不同地区农村金融支持对于乡村产业绿色发展的影响方式以及影响力度可能存在差异。对于资源较为贫乏的地区而言，由于“门槛效应”即使是有更加倾向性的金融政策扶持也难以达到高效的利用。

金融服务的另一突出特点便是“非均衡效应”。所谓非均衡效应是指发展中国家经济发展水平低，因为商人逐利，城市一般来说资金周转更快，回报更高，有限的经济金融资源会被投入到这些回报较高的地区，进而导致分配不均，金融资源和服务不断流向收入较高、回报较高的优势地区和领域，最终会拉大城乡差距。城市居民和乡镇居民由于自身条件和所处地域的不同，很难拥有数量和质量相同的金融产品和服务，农村居民可获得的金融服务和产品主要是存款、贷款等基础性业务，非常单一。一方面，由于地区经济发展水平不同，农业投资收益率和收益不确定性的程度也会不一样。为了追求利润，金融机构会倾向于提供金融服务和产品给风险较低、收入较高的发达地区人群，将进一步导致欠发达地区农村金融机构持续减少，金融产品供给不足的问题。另一方面，各地区的征信体系存在很大的差异，许多欠发达地区金融机构向农村地区产业提供金融支持的风险和收益无法均衡的问题尚未解决，同时金融支持乡村产业的风险补偿和担保机制不健全，削弱了金融支持乡村产业绿色发展的力度。即便现阶段农村金融设立的重要原因之一便是拉动乡村产业的发展，但由于金融服务的非均衡效应，资源更加丰富的地区能够更好地利用农村金融所带来的福利优惠，由此可见，不同地区的农村金融对于乡村产业的促进作用也各不相同。根据金融服务的“门槛效应”和“非均衡效应”两大特征的认识，可以得出以下研究假设：

研究假设二：“双碳”目标下农村金融支持乡村产业绿色发展的影响呈现区域异质性的特征。

综上所述，在本书的研究假设根据对“双碳”目标下金融支持乡村产业绿色发展的影响机制的描述以及对金融服务其本身特点的介绍，对本书实证分析部分的研究问题提出了两大假设：假设一，“双碳”目标下金融支持对乡村产业绿色发展起到正向带动的作用；假设二，“双碳”目标下金融支持对乡村产业绿色发展的影响呈现区域异质性的特征。研究问题假设的提出，不仅明确了本章实证分析的研究问题，也对接下来的实证分析过程指明了方向。

8.2 研究方法选择

本节所论述的研究方法是指计量分析方法。计量分析是经济学和社会科学研究中广泛使用的一种方法，它通过数学模型和统计技术来分析和解释数据。计量分析方法包括很多不同的技术和工具，常用的方法主要有普通最小二乘法、时间序列分析法、面板数据模型法等。

8.2.1 普通最小二乘法（OLS）

普通最小二乘法是计量分析中最为常见的方法之一，其核心思想是通过对残差平方和的最小化来进行估计。利用最小二乘法可以简便地求得未知的数据，并使这些求得的数据与实际数据之间误差的平方和为最小。最小二乘法还可用于曲线拟合。其他一些优化问题也可通过最小化能量或最大化熵用最小二乘法来表达。普通最小二乘法的优点在于计算简单、易于理解、可解释性强，同时适用于线性模型和非线性模型。然而，普通最小二乘法也存在一些缺点，如对异常值敏感、对数据分布要求较高、无法处理多重共线性等问题。OLS 的应用场景非常广泛，可以用于预测股市走势、房价变化、商品价格等各种经济指标。此外，OLS 也可以用于研究社会科学现象，如教育、健康、犯罪等领域的数据分析。其中，经济学中的回归分析是最为常见的应用场景。在本书中，由于所选取的全国 28 个省份 2011—2020 年面板数据已将异常值全部剔除，数据分布较为正常，为了便于读者更直观地理解，本书决定采用普通最小二乘法的方法对“双碳”目标下金融支持对乡村产业绿色发展的作用方向及影响程度进行计量。

8.2.2 时间序列分析法

时间序列分析是一种用于分析时间序列数据的统计技术。它可以通过研究时间序列的动态变化来探索变量之间的关系和预测未来。现代时间序列分析将时间序列看为一个随机过程，通过分析时间序列特性研究序列变化的一般规律。时间序列的特性是指序列的平稳性、季节性和随机性。时间序列的统计特性不随时间推移发生变化，称为平稳时间序列；时间序列的统计特性随季节发生变化，则表明序列存在季节性；时间序列变化完全是随机的，序列中各项之间相互独立，称为完全随机序列。时间序列分析的优点在于可以从时间序列中找出变量变化的特征、趋势以及发展规律，从而对变量的未来变化进行有效的预测。其缺点在于时间序列预测只突出反映时间序列因素而暂不考虑外界因素影响，因而存在着预测误差的缺陷，因而只单一地采用时间序列分析时，如遇到外界发生较大变化时，往往会有较大偏差。在应用场景上，时间序列分析广泛应用于经济、商业、社会问题研究中，在指标预测中具有重要地位，是研究统计指标动态特征和周期特征及相关关系的重要方法。

8.2.3 面板数据模型法

面板数据模型是一种用于分析时间序列和空间数据的统计技术。它可以通过研究个体、时间和地点等多个层面的数据来探索变量之间的关系和预测未来。最为常用的面板数据模型是固定效应模型和随机效应模型。面板数据模型的优点在于样本容量较大，在解决遗漏变量问题的同时，还可以提供更多个体动态行为的信息。其主要缺点在于无法估计不随时间而变的变量系数，而这些不随时间变动的变量可能是我们研究过程中所关注的重点。面板数据模型被广泛应用于加强理论建模以解释经济变化、研究市场结构和现象以及预测未来发展趋势等领域中。

在经济理论与统计数据之间，进行计量分析的方法有很多，而实证方法的科学与否，不仅要适合经济理论和统计数据的要求，还要通过建立一系列的评价标准，来约束和提升各类方法的科学与合理性。这种评价体系可以用于各种猜测的模型之间，以及单一模型中的各变量之间的关系判断，并在判断及不断的改进中选择适合我们要求的理想模型。经过大量的数据回归以及结果评价之后，本书决定选用 OLS 普通最小二乘法回归模型作为本章计量分析的基准。

第 7 章通过乡村产业绿色发展水平的测算对全国范围内各地区乡村产业绿色发展水平进行了大概的描述，本章利用全国 28 个省份 2011—2020 年的面板数据，在将异常值全部剔除之后，采用 OLS 普通最小二乘法回归模型实证检验了全国范围内"双碳"目标下金融支持对乡村产业绿色发展的作用方向及作用效果。首先，本章分别以全国 28 个省份的人均涉农贷款余额、农村金融机构相对数、金融机构网点相对数、人均农业保险保费支出作为解释变量，将全国 28 个省份的乡村产业绿色发展水平指数作为被解释变量，进行回归分析，以估计各银行涉农业务以及保险机构涉农业务相关的金融支持对乡村产业绿色发展水平的影响效应。其次，本书还通过缩短面板数据时间跨度的方式，对文章的实证结果进行稳健性检验，分析验证实证结果是否稳健可靠。最后，本章通过将全国 28 个省份依次分为东部、中部、西部，分别对其进行异质性分析，估计不同地区的金融支持对乡村产业绿色发展效果的影响程度。

8.3 变量选取及定义

本节主要介绍进行实证分析时所选取变量应遵守的原则以及对各个变量进行定义两个方面的内容，如果实证分析过程中选取变量不遵守一定的原则而是随意选取，则很可能导致变量的选取不够科学准确，进而影响到实证的稳定性和使用效果，难以达到研究目的；如果选取的变量之间定义不够明晰，则之后的实证分析很可能失去原有的意义，即运行失效。

8.3.1 变量选取原则

变量选取是实证研究中一个至关重要的步骤，影响到研究结论的可信度和适用性，本书变量的选取遵循以下原则：

1. 精度原则

精度是选择变量时必须要考虑的一个非常重要的因素，在实际应用中，往往用预测的准确性来评价选取变量的精度。众多关于预测模型选择的文献都是通过预测精度对各种模型进行比较。一般认为增加模型的显含变量、采取联立方程等方法可以提高模型对数据的拟合程度，从而提高模型预测精度，但也不能过分精确化，否则模型可能很复杂从而无法进行实际的参数估计。实践表明：如果对内生变量的外生变量不加选择、不加分析地包含进来并不能提高精度。同时，影响微弱或作用不大的变量拉入模型，可能会影响计量模型的稳定性和使用效果，选择变量时应适当权衡。在本书实证部分选取变量的过程中，严格遵守精度原则，将原本选取的变量中影响微弱或作用不大的变量予以删除，留下与本研究目的高度相关的变量用以对研究结果进行预测估计。

2. 简单性原则

所谓简单性原则，是指对于任意两个模型，若都能同样地表达所研究问题，具有相同精度的情况下应选择较小模型方程、选择较简单方程形式和较少的经济变量。在本书的实证过程中，旨在以直观易懂的实证方式来描述农村金融支持是如何影响乡村产业绿色发展的，以及金融支持对乡村产业绿色发展的影响程度多大这两个问题，所选取的变量和模型都在符合计量规定的前提下不做过多的科学处理，与简单性原则紧密相关。

3. 费用原则

预测的准确性与进行预测所投入的人力、物力、财力密切相关，高的预测精度常伴随着高的费用，在选择计量模型时应对提高精度所获得的利益及由此所花费的代价进行权衡，有时为较低费用不得不牺牲一些精度，选择较简单的变量及模型。由于本书在研究过程中严格遵守成本效益原则，讲究以最低的投入换取最高的产出，因此并未选取复杂晦涩的变量以及实证模型，而是采取较为直观易懂的变量及模型，在遵守费用原则的同时也能高效地达到本书的研究目的。

4. 目的原则

在进行实证分析的过程中，到底选择哪一类计量模型，往往取决于模型将具体用于什么目的，对于这个目的，模型的最优结构是什么以及怎样来衡量。一般来说，当模型用于预测时，R^2 及估计值方差较重要，倾向于选择较复杂模型；当模型应用于结构分析和政策评价时，则模型参数偏差程度及标准误差较重要，在样本一定的情况下倾向于选择较为简单的模型。本书实证的目的明确，旨在研究“双碳”目标下金融支持对乡村产业绿色发展的作用方向与作用效果，基于这一目的下，为了进一步减少样本误差以增加实证结论的准确性，本书在选择样本及模型时，以建模目的的原则为基准，也更倾向于以简单的变量和模型来实现研究目的。

在本书实证分析中对于指标的选择方面，严格遵守上述四条变量选取的原则，同时由于农村金融体系尚不完善，信托、证券等金融行业的农村市场份额较少，本书选取人均涉农贷款余额、农村金融机构相对数、农村金融机构网点相对数和人均农业保险保费支出这 4 个指标作为解释变量，分别从财力、物力和保险赔偿力度 3 种不同的层次来探讨金融支持力度对乡村产业绿色发展的影响作用。

8.3.2 变量定义

本节变量定义主要是介绍本书实证分析部分所选用的被解释变量、解释变量及控制变量的名称、解释以及选取该变量的意义，变量的定义是否明晰准确直接决定了实证分析的结果是否有效，也直接决定了研究结果是否具有科学意义。

1. 被解释变量

关于被解释变量的选取，本节选择沿用前文熵权法对乡村产业绿色发展水平测算的结果——乡村产业绿色发展水平指数。在前文熵权法对乡村产业绿色发展水平指数的测算中，我们将乡村产业绿色发展水平的构成成分划分为农林牧渔业、农产品加工业、乡村新型服务业、生态循环农业、农业科技创新、农村创新创业六大维度，六大维度中又包括了农村劳动生产率，农业增加值增长率，粮食、棉花以及油料作物单位产值，农产品加工业人均收入，农产品加工业收入占农林牧渔业总产值之比，休闲农业人均年营业收入，乡镇综合文化站人均数量，单位面积农用薄膜施用量，单位有效灌溉面积，农业技术人员数占农村人口数之比，农业专利数，农业科技进步率，农村创业率共计 13 个指标，因此可以认为本书测算的乡村产业绿色发展水平指数较为全面地囊括了乡村产业绿色发展的各个方面，能够直接代表各个地区乡村产业绿色发展的综合情况，同时乡村生态循环农业、农业科技创新、农村创新创业占较大比重，能很好地体现“双碳”的理念。对于被解释变量的选择同时涵盖了农林牧渔业、农产品加工业、乡村新型服务业、生态循环农业、农业科技创新、农村创新创业等多个维度，也符合上述变量选取的四大原则，加上乡村产业其他方面的指标较难收集与量化，因此第 7 章中对于乡村产业绿色发展水平采取熵权法测算的结果是相对合适的选择。

2. 解释变量

考虑指标的科学性及可获得性，本书解释变量选取人均涉农贷款余额、农村金融机构相对数、农村金融机构网点相对数和人均农业保险保费支出 4 个指标。

（1）人均涉农贷款余额（X_1），反映的是金融财力支持力度。本变量是综合农业发展银行、中国农业银行、各地市农商行、农村信用社以及各村镇银行等涉农贷款的数据总额，人均涉农贷款余额的数据能够直接说明农村金融机构对农业产业化发展的金融支持。变量的选取符合上述变量选取的四大原则。

（2）农村金融机构相对数（X_2），反映的是金融物力支持力度，是对各农村金融营业机构数量的相对体现，代表农村各金融机构对各经营网点管控资源的投入情况。变量的选取符合上述变量选取的四大原则。

（3）农村金融机构网点相对数（X_3），反映的也是金融物力支持力度，与农村金融机构相对数不同的是，网点数代表的是农村各金融机构对线下业务办理的直接投入情况，能够更直观地体现农村金融机构对乡村产业绿色发展的服务技术水平之高、服务覆盖面之广。变量的选取符合上述变量选取的四大原则。

（4）人均农业保险保费支出（X_4），保险资金具有资本存量大、现金流稳定、存续期长的特点，对于建设周期长、资金需求量和风险都较大的绿色低碳乡村产业项目来说是优质的资金选择，也可以提高市场投资者的信心。农业保险机构对于乡村产业绿色发展的扶持力度，从农业保险机构的保险保费支出金额上能够直观地看出农村保险机构对农村经济发展所做出的贡献，从另一方面也能够体现农村产业在保险方面的收益程度。变量的选取符合上述变量选取的四大原则。

本书的实证分析选用人均涉农贷款余额、农村金融机构相对数、农村金融机构网点相对数以及人均农业保险保费支出四个变量作为解释变量，能够从财力支持、物力支持以及保险支持三个维度体现金融对乡村产业绿色发展的支持程度，进而为本书提供检验金融支持是否能够对乡村产业绿色发展起到正向影响的标尺。

3. 控制变量

为了尽可能地降低其余因素所能带来的误差，更加准确地衡量金融支持对乡村产业绿色发展的影响，本书选取第一产业地区生产总值、第二产业地区生产总值、第三产业地区生产总值以及城镇化率 4 个指标作为控制变量。变量的选取符合上述变量选取的四大原则。

第一产业地区生产总值（X_5），主要反映各地区第一产业的发达情况。一般认为第一产业发展情况较好，地区乡村产业绿色发展水平往往不会低于平均水平。第一产业地区生产总值的数值越高，则农村产业发展态势越好。变量的选取符合上述变量选取的四大原则。

第二产业地区生产总值（X_6），主要反映各地区第二产业的发达情况。一般认为第二产业对乡村产业绿色发展具有推动作用。第二产业包括对农产品的加工处理、对农具的制造改良等，都是农村产业的重要组成部分。第二产业地区生产总值的数值越高，很可能导致当地的乡村产业绿色发展越兴旺。变量的选取符合上述变量选取的四大原则。

第三产业地区生产总值（X_7），主要反映各地区第三产业的发达情况。第三产业中的休闲乡村绿色旅游、农业生产体验等项目，都是乡村产业绿色发展不可或缺的一部分，第三产业有力地拉动了各地农村的地区生产总值，可以说，第三产业地区生产总值的数值越高，地区农村经济发展的力量越坚固。变量的选取符合上述变量选取的四大原则。

城镇化率（X_8），一般而言，城镇化率越高的地区城市化水平越高。城市化进程对农村经济增长的影响具有两面性：一方面，城市化水平提高会带来农业从业人口的减少、农业生产用地占用等，导致农业生产要素减少，进一步减少农业绿色产业项目的投入；另一方面，城市化水平的提升能在一定程度上增加农产品需求、促进农业规模化经营等，推动农业产业结构绿色转型升级。城市化水平对农村产业发展水平的最终影响取决于两种力量的相互抵消后的最终结果。变量的选取符合上述变量选取的四大原则。

本书选取第一产业地区生产总值、第二产业地区生产总值、第三产业地区生产总值以及城镇化率四个变量作为控制变量，不仅能有效地控制被解释变量乡村产业绿色发展水平指数与四个解释变量人均涉农贷款余额、农村金融机构相对数、农村金融机构网点相对数以及人均农业保险保费支出之间的关系，还能防止其他可能存在的变量对研究结果产生的干扰和影响，进而帮助我们更准确地得出并描述解释实验结果。

本书主要使用变量的定义及说明如表 8.1 所示。

表 8.1　本书主要使用变量的定义及说明

项目	指标名称	计算方法	说明
被解释变量	乡村产业绿色发展水平 Y	熵权法测算	反映乡村产业绿色发展情况
解释变量	人均涉农贷款余额 X_1	当地涉农贷款余额总量/当地农村人口数	反映金融财政支持力度
	农村金融机构相对数 X_2	当地农村金融机构数/当地农村人口数	反映金融财政支持力度
	农村金融机构网点相对数 X_3	（小型农村金融机构网点数 + 新型农村金融机构网点数）/当地农村人口数	反映金融财政支持力度
	人均农业保险保费支出 X_4	当地保险机构农业保险保费支出额/当地农村人口数	反映保险机构支出力度

续表

项目	指标名称	计算方法	说明
控制变量	第一产业地区生产总值 X_5	—	反映当地第一产业发展情况
	第二产业地区生产总值 X_6	—	反映当地第二产业发展情况
	第三产业地区生产总值 X_7	—	反映当地第三产业发展情况
	城镇化率 X_8	地区城镇人口/地区总人口	反映当地城市化水平

8.4 数据来源

在运用计量分析法对研究目标进行分析时，重点在于对搜集到的数据的整理以及数据真实性、可靠性的保证，如果数据不准确或者来源不可靠，最终导致的研究结论就很可能出现问题，进而归纳出的指导性建议也大概率脱离实际，最终与我们的科研目的相背离。因此，在回归分析之前对于搜集到的研究数据的来源进行数据说明是必要的。

计量经济学数据是指在经济学研究中，通过数学和统计学方法对经济现象进行量化分析所得到的数据。这些数据可以用来验证经济理论的有效性，也可以用来预测未来的经济走势。

在本研究开展的工作中，实证分析选用全国省域范围内 2011—2020 年 10 年间的数据作为研究样本，上述指标原始数据分别搜集自 2011—2020 年的《中国农业年鉴》《中国金融年鉴》。之所以从《中国农业年鉴》和《中国金融年鉴》上开展数据搜集工作，一方面是因为本书研究的主题是探究金融支持对乡村产业绿色发展的作用方向及影响程度，同时涉及农业和金融两大领域，因此在进行数据搜集的工作时必须紧扣金融和农业两大关键词；另一方面，年鉴是资料性的工作书，是逐年、连续编撰的文献资料，可以如实记载某一年度内区域或行业（部门、单位）的发展历程，其权威性、真实性、实用性的特点也让我们决定从年鉴中开展数据搜集工作以保障实证分析的结果精准可靠。

此外，本书在原始数据的基础上做了如下处理：①为了保证数据的连续性以及避免样本损失，本书对部分指标在部分年份的缺失值采用插值法进行了补充；②对乡村产业绿色发展水平指数 Y、第一产业地区生产总值 X_5、第二产业地区生产总值 X_6、第三产业地区生产总值 X_7 四个绝对数指标进行了取对数的标准化处理，以提高数据的平稳性和减少自相关等因素的影响。③为了消除异常值对整个样本数据的影响，本书对部分异常值样本进行了删除。

8.5 模型构建

在实证分析的过程中，反映整个实证分析质量高低的关键因素在于计量模型的构建，计量模型构建的优劣，也直接决定了回归结果是否能够科学反映客观事实，对我们根据研究结果得出的指导性建议也产生显著影响。

在本书的模型构建方面，为了探讨前文提出的假设是否成立并定量分析全国范围内金融支持对乡村产业绿色发展的作用方向及影响程度，本书采用2011—2020年全国28个省份的面板数据，对农村金融支持与乡村产业绿色发展的关系进行实证分析。文章设定的计量模型如下：

$$LNY_{i,t} = C + \beta_1 X_{1i,t} + \beta_2 X_{2i,t} + \beta_3 X_{3i,t} + \beta_4 X_{4i,t} + \beta_5 LNX_{5i,t} + \beta_6 X_{6i,t} + \beta_7 X_{7i,t} + \beta_8 X_{8\,i,t} + \varepsilon it_{i,t}$$

其中，i 和 t 分别表示地区和年份；被解释变量 LNY 表示乡村产业绿色发展水平；解释变量 X_1 表示农村金融对乡村产业绿色发展的财力支持，X_2 表示农村金融对乡村产业绿色发展物力支持中对业务经营统筹管控的程度，代表的是农村金融物力支持的管控资源维度，X_3 表示农村金融对乡村产业绿色发展物力支持中线下业务办理投入的力度，代表的是农村金融物力支持的实际投入维度，X_4 表示保险机构对乡村产业绿色发展的支持力度；本书还控制了各地区第一、第二、第三产业产值以及城市化水平的影响因素，其中，LNX_5表示第一产业地区生产总值，LNX_6表示第二产业地区生产总值，LNX_7表示第三产业地区生产总值，X_8反映地区的城市化水平。$\beta_1-\beta_8$分别是各个变量的回归系数，C 为截距项，εit 为随机扰动项。

8.6 实证过程

8.6.1 描述性统计

描述性统计分析是用来研究一组数据基本分布情况的一种统计分析方法，它旨在描述数据的特征，以及数据之间的关系。此种方法使用的数据可以是调查数据，实验数据，记录数据等。描述性统计分析能够帮助研究者收集、安排、统计和分析数据，以提供有价值的信息。

描述性统计分析的主要作用在于描述一组数据中不同数据集之间的相关性或一组数据中单个变量的特性。它能提供有关数据的重要信息，包括数据的均值、方差、极差、中位数、分布状况等。它还能够利用计算机程序来分析特定数据集中的趋势、发现因果关系和预测未来趋势。它甚至能够帮助研究者发现以前未知的规律。这种统计分析方法也具有很多优点，其中最重要的是，它能够通过提供数据分析的信息，帮助研究者更加深入地了解数据。其次，它还能够帮助研究者分析和比较不同数据集之间的特性，让研究者更加清楚地理解数据的意义。此外，描述性统计分析还能够帮助研究者学习到数据的规律，决定数据的重要性，并有助于研究者更好地断定数据之间的关系。这对于寻找数据间的规律，特别是在统计学方面，具有重要意义。因此本书在研究农村金融支持乡村产业振兴的作用方向以及影响程度时，对原始数据进行描述性统计分析是必不可少的。

在应用场景方面，描述性统计分析不仅在研究领域有重要作用，而且在工业上也有重要用处。它能够帮助公司更好地理解消费者的行为和需求，帮助公司提高市场份额和盈利率。此外，它还能够帮助经济学家研究经济指标，帮助金融分析师对未来市场的发展趋势有更深入的了解，帮助社会学家研究社会现象和宏观经济政策等。

总之，描述性统计分析有着重要的作用，可以提供有价值的信息，帮助研究者更加深入地了解数据、学习数据规律，并开展有意义的研究。同时，它也在企业和经济领域中具有重要的应用价值，能够帮助企业提高经济效益，并为政策制定者提供有效的决策依据。因此，描述性统计分析在当今社会中起着重要的作用，且其重要性还在增长。

根据本书实证分析所选取的面板数据，本书运用 Stata 17 软件对人均涉农贷款余额、农村金融机构相对数、农村金融机构网点相对数、人均农业保险保费支出、第一产业地区生产总值、第二产业地区生产总值、第三产业地区生产总值和城镇化率这八个指标进行描述性统计，如表 8.2 所示。表 8.2 描述了这八个指标的样本数、平均值、标准差、最大值和最小值。平均值反映此指标数据的整体情况，代表数据的平均水平。标准差反映此指标数据的波动情况和离散程度，代表数据的稳定性。最大值减去最小值称为极差。极差越大，表明其数据分布范围较广。

表 8.2　　主要变量处理前的描述性统计

变量符号	单位	样本数	平均值	标准差	最小值	最大值
Y	—	273	0.204	0.0695	0.0795	0.486
X_1	万元/万人	273	5.059	3.496	1.089	26.10
X_2	个/万人	273	0.0875	0.0802	0.0175	0.738
X_3	个/万人	273	1.485	0.457	0.788	3.179
X_4	元/人	273	0.641	0.822	0.00581	6.053
X_5	亿元	273	2194	1305	155.1	5557
X_6	亿元	273	11508	9378	714.5	44271
X_7	亿元	273	11965	11033	540.2	62541
X_8	—	273	56.90	9.848	35.03	84.70

表 8.2 中，乡村产业绿色发展水平指数（Y）的最大值为 0.486，最小值为 0.0795，标准差约为 0.0695，可以看出各个不同区域在不同年份的乡村产业绿色发展水平差异较大。人均涉农贷款余额（X_1）的最大值为每万人 26.1 万元，最小值仅为每万人 1.089 万元，标准差高达 3.496，表明不

同地区在不同年份的金融机构涉农贷款水平存在较大差异。农村金融机构相对数（X_2）最大值为每万人 0.738 个，最小值为每万人 0.0175 个，标准差仅为 0.0802，因为各地农村金融机构数总额进行相对化处理以后，数据面值较小，因此不能因为标准差数值小就认为各个不同地区在不同年份的农村金融机构数差距很小。农村金融机构网点相对数（X_3）最大值为每万人 3.179 个，最小值为每万人 0.788 个，标准差为 0.457，结合农村金融机构相对数的描述，可以说明农村金融在物力方面的支持存在时间以及空间上的一定差异。人均农业保险保费支出（X_4）最大值为 6.053 元/人，最小值为 0.00581 元/人，这表明当前农业保险的人均保费支出整体水平较低，同时，最大值和最小值之间的巨大差异也反映了农业保险存在明显的区域性差异。从各地第一、第二、第三产业的产值数据来看，第三产业（X_7）的表现最为突出，高达 62541 亿元，而第一产业（X_5）的最大值仅为 5557 亿元，这表明第三产业的发展已明显领先于第一产业；第二产业（X_6）最大值为 44271 亿元，处于第一产业和第三产业之间，显示出相对均衡的中间水平，但与第三产业相比仍有差距。对于城镇化率（X_8）而言，其标准差高达 9.848，从该项数据可以看出，我国各地城市化水平也存在明显的差异。

8.6.2 相关性分析

本书的实证分析主要是探究金融支持对乡村产业绿色发展的作用方向及作用效果这一问题，而我们在进行回归分析之前，需要初步判断被解释变量乡村产业绿色发展水平指数与人均涉农贷款余额、农村金融机构相对数、农村金融机构网点相对数、人均农业保险保费支出这四个解释变量之间的关系，并通过相关性分析来判断是否存在共线性问题。因此，相关性分析是研究过程中进行实证分析时必不可少的一步。

所谓相关性分析，是指对变量之间相关关系的分析过程，比较常用的是线性相关分析，用来衡量它的指标是线性相关系数，又叫皮尔逊相关系数。该系数的计算方式为 x 与 y 的协方差除以 x 的标准差与 y 的标准差的乘积。进行相关性分析的主要目的，一方面在于计算得出变量之间的相关系数，进而根据相关系数的数值初步判断变量之间的关系，另一方面在于搭建模型时能够筛选出有效的变量，过滤掉无效变量。在模型训练时，过多的输入变量，会导致共线性问题，即输入的自变量之间存在较强的相关关系，而强相关的变量是没必要的，浪费资源和效率。而通过相关性分析的操作，能够有效地规避共线性问题，保证后续回归分析工作的顺利进行。

相关系数是用来反映变量之间相关关系密切程度的统计指标，按照积差方法计算，以两变量与各自平均值的离差为基础，通过两个离差相乘来反映两变量之间相关程度。将反映两变量线性相关关系的统计指标称为相关系数，将反映两变量间曲线相关关系的统计指标称为非线性相关系数，将反映多元线性相关关系的统计指标称为复相关系数。相关系数是相关程度的量化体现，其作用在于在实证分析过程中可以直接根据相关系数数值来判断变量之间的相关程度。

在基准回归之前，本书首先对所有变量进行了相关性分析。表 8.3 显示了解释变量、控制变量与被解释变量之间的相关关系。

表 8.3　各变量的相关性分析

变量符号	Y	X_1	X_2	X_3	X_4	X_5	X_6	X_7	X_8
Y	1								
X_1	0.665***	1							
X_2	0.140**	0.188***	1						
X_3	0.534***	0.565***	0.236***	1					
X_4	0.315***	0.271***	0.293***	0.266***	1				
X_5	-0.123**	-0.076	-0.239***	-0.296***	-0.079	1			
X_6	0.221***	0.222***	-0.257***	0.102*	-0.238***	0.751***	1		
X_7	0.336***	0.333***	-0.219***	0.181***	-0.092	0.751***	0.945***	1	
X_8	0.768***	0.622***	0.099	0.675***	0.242***	-0.124**	0.332***	0.445***	1

从表 8.3 的相关性系数上来看，人均涉农贷款余额（X_1）与乡村产业绿色发展水平指数（Y）呈显著正相关，表明如果一个地区的人均涉农贷款余额数值越高，其乡村产业绿色发展程度也相对来说越高。其他解释变量农村金融机构相对数（X_2）、农村金融机构网点相对数（X_3）、人均农村保险保费支出（X_4）都与乡村产业绿色发展水平指数（Y）呈显著正相关，表明各地区农村金融的物力支持力度越大、保险机构的扶持水平越高，当

地的农村产业发展表现就越突出。各变量之间相关性系数的数值大小也表明解释变量与被解释变量之间不存在高度相关的关系，也就能够排除完全多重共线性问题的嫌疑。当然，各变量之间的具体作用方向与影响程度还需要进一步的实证分析加以估计和检验。

8.6.3 回归分析

本节是实证部分的主体内容，全书所要研究的主要问题：“双碳”目标下金融支持对乡村产业绿色发展的具体作用方向及作用效果，将在本部分得到全面阐述。

回归分析是一个被解释变量 Y 关于另一些解释变量 X 的依赖关系的计算方法和理论。回归分析通过解释变量的已知或设定值，去估计和预测被解释变量的均值，前一个变量也被称为因变量，后一个变量也被称为自变量。回归分析研究的是两者间的依存关系，即解释变量 X 每次所发生的若干种变化将引起的被解释变量 Y 发生相应的变化。在回归分析的过程中，为了探究二者之间的变化关系，具体做法为：根据样本观测值对回归模型进行估计，得到样本回归函数，再对样本回归函数进行统计显著性检验，并根据样本回归函数进行分析、评价和预测。回归分析的主要目的在于了解和解释变量之间的关系和预测未来变化的趋势，通过回归分析，我们将建立一个回归模型，以回归模型来确定两个或多个变量之间的相关性，进而发现变量之间的因果变化，并揭示出隐藏在数据背后的模式和趋势。

本节进行的回归分析和上节提及的相关性分析都是用于研究非确定性变量间的统计依赖关系，并对线性依赖程度的大小进行度量的实证研究方法。两者的区别在于，相关性分析仅仅是从统计数据上测定变量间的相关程度，无须考察两者间是否存在因果关系，因此变量间的地位是对称的，均为随机变量。而回归分析更关注具有统计相关关系的变量间的因果关系分析，变量间的地位是不对称的，有被解释变量和解释变量之分，解释变量可假设为非随机变量，被解释变量为随机变量。相关关系只关注变量间的联系程度，不关注具体的依赖关系；回归分析更关注变量间的具体依赖关系，可进一步地通过解释变量来估计或预测被解释变量的变化，深入地分析变量间的依存关系。

在本书的主回归分析部分，将利用第 7 章熵权法所求出的乡村产业绿色发展水平和全省 2011—2020 年农村金融支持的各项数据展开回归分析，研究全国范围内金融支持对乡村产业绿色发展的影响。使用计量模型（1）进行回归分析的结果如表 8.4 所示。此处 X_2、X_3 代表的是农村商业银行、农村合作银行、农村信用社、村镇银行、贷款公司、农村资金互助社等，并不包括保险机构的计数；表 8.4 中的模型（1）是研究以农村贷款机构的金融支持为解释变量对被解释变量乡村产业绿色发展水平指数进行回归的结果，模型（2）是研究以农村保险机构的金融支持为解释变量对被解释变量乡村产业绿色发展水平指数进行回归的结果；模型（3）是研究农村贷款机构和农村保险机构的金融支持共同作为解释变量对被解释变量乡村产业绿色发展水平指数进行回归的结果。三个模型调整后的 R^2 分别为 0.619，0.591 和 0.631，说明模型的线性拟合度高。

表 8.4　　农村金融支持对乡村产业振兴影响的回归分析结果

变量	(1) lnY	(2) lnY	(3) lnY
X_1	0.028 *** (5.65)		0.026 *** (5.20)
X_2	0.293 * (1.68)		0.233 (1.35)
X_3	-0.060 (-1.42)		-0.086 ** (-2.03)
X_4		0.080 *** (3.95)	0.062 *** (3.07)
X_5	0.033 (0.88)	-0.045 (-1.14)	-0.024 (-0.58)
X_6	-0.049 (-1.07)	-0.019 (-0.37)	0.009 (0.19)
X_7	0.020 (0.32)	0.087 (1.40)	0.029 (0.46)

续表

变量	(1) lnY	(2) lnY	(3) lnY
X_8	0.022 *** (8.81)	0.021 *** (7.66)	0.020 *** (7.47)
Constant	−2.983 *** (−19.22)	−3.160 *** (−21.16)	−2.994 *** (−19.58)
Observations	273	273	273
R − squared	0.629	0.598	0.642
F test	0	0	0
$R^2 - a$①	0.619	0.591	0.631
F	64.24	79.58	59.18

在模型（1）中，人均涉农贷款余额的回归系数在 1% 的显著性水平上显著为正，说明各地涉农贷款业务的支持对农村产业的发展具有显著的促进作用，其对应的回归系数为 0.028，从此可以得出，地区涉农贷款余额每增加 1 个百分点，当地乡村产业绿色发展水平也会随之提高 0.028 个百分点。农村金融机构相对数的回归系数为正，且通过了 10% 的显著性水平检验，说明农村金融机构数的增加在一定程度上能够促进乡村产业的发展。

在模型（2）中，人均保险保费支出在 1% 的显著性水平上显著为正，表明农村保险机构的保险扶持在很大程度上推动了乡村产业绿色发展的效益，其回归系数数值为 0.08，则说明农村保险机构的保险扶持力度每增强 1%，就能够带动地区农村产业发展水平提升 0.08%，所以乡村产业绿色发展的实现离不开保险机构的坚固支持力量。

在模型（3）中，不仅人均涉农贷款余额的回归系数通过了 1% 的显著性水平检验，而且人均保险保费支出也在 1% 的显著性水平上显著为正，说明乡村贷款机构和农村保险机构两方农村金融支持在彼此的相互作用下，能够同时有力推动乡村产业的繁荣发展。从回归系数上来看，人均涉农贷款余额与人均保险保费支出二者的回归系数数值相较模型（1）、模型（2）来说都有略微的下降，其原因可能在于贷款机构与保险机构的共同作用下

① $R^2 - a$ 为调整后的 R^2，后同。

有时会出现协调失误的情况，进而导致二者金融支持效益的略微下降，不过因其下降的程度足够微小，可以将其中支持效益的损失忽略不计。虽然在模型（3）中农村金融机构网点数在5%的显著性水平上显著为负，说明农村金融机构网点的增加可能会导致乡村产业绿色发展水平的倒退，这大概率是因为当下高新技术水平不断提高，信息化程度日益上升，大部分农村人口也开始习惯于使用手机、电脑等线上工具办理线上业务，因而大大限制了线下金融机构网点的业务量，线下网点的增加反而造成了金融资源的闲置，不利于促进乡村产业的发展，但是这种情况是金融支持投入的形式而不是金融支持本身造成的结果。

在控制变量中，代表城市化水平的城镇化率在模型（1）、模型（2）、模型（3）中都通过了1%的显著性水平检验，且其回归系数均为正数，说明城市化水平的提升在一定程度上能够带动农村产业的发展情况（见表8.4）。其原因可以追溯到城镇化会增加乡村对其生态反哺的需求，从而提升乡村价值；同时城镇化会推动城市产业要素外溢促进乡村产业绿色发展，增加乡村产业类别，而且城市消费需求的不断提升，带动了如为满足大城市生活需求而产生的“夜摘晨达”乡村蔬菜专供产业以及城市周边农家乐等休闲农业的发展；城乡融合发展的大趋势下，城市发展情况与周围乡村产业具有高度相关关系，城市功能多样性促进乡村产业类型多样发展。

综上所述，通过对回归结果的详细分析可以判定，“双碳”目标下金融支持对乡村产业绿色发展起到了正向影响，本章提出的假设一成立。

8.6.4 稳健性检验

稳健性检验作为提高推断可信度的重要方法，在经济学实证研究中被广泛使用。为了验证上述回归所得出的研究结果是否稳健，在后面部分我们将对回归分析的结果进行稳健性检验。

由于经济问题自身因果关系的复杂性，统计或计量方法本身无法准确衡量样本的代表性，无法准确设定类似科学实验的模型等局限，往往会导致实证模型存在不确定性，这是进行稳健性检验的根本原因。尽管存在诸如模型设定检验等一系列解决模型不确定性的方法，但这些方法仍然不能从根本上作为替代稳健性检验的方法。因此，稳健性检验是实证研究的必要内容。在本书的实证分析环节中，我们选择采用缩减样本时间跨度的方式进行稳健性检验，以探究回归分析部分得出的研究结果是否准确可靠。

在稳健性检验中的主要工作是考察评价方法和指标解释能力的强壮性，也就是当改变某些参数时，评价方法和指标是否仍然对评价结果保持一个比较一致、稳定的解释。也就是说，改变某个特定的参数，进行重复的实验，来观察实证结果是否随着参数设定的改变而发生变化。如果改变参数设定以后，结果发现符号和显著性发生了改变，说明不是稳健性的，需要寻找问题的所在。稳健性检验一般放在论文的最后部分，同时也是每一篇必须要做的部分，如果没有稳健性检验，论文的结构是不完整的。

影响模型稳健的因素可能有代理变量误设、遗漏变量、样本时间窗口、样本范围、样本自选择、反向因果等问题，针对这些可能存在的问题，稳健性检验通常从变量和样本入手，而更改样本和更改变量这两种常见的方法又各有不同。就更改变量而言，在进行稳健性检验的过程中最常见的方法便是对变量进行操作，包括控制变量和核心解释变量与被解释变量，通过改变变量来证明模型的稳健性。就更改样本而言，是在进行稳健性检验的时候对选取的样本进行改动的方法，主要方法为更改样本期、选取子样本、对样本数据进行缩尾处理等。具体而言，稳健性检验可以从以下若干种方法进行展开：替换因变量、替换自变量、放宽因变量条件、加入更多变量、加入更多虚拟变量、扩展样本时间窗口、缩短样本时间窗口、滚动时间窗口、选择子样本、缩尾处理、扩充样本容量、工具变量法、加入滞后变量、样本自选择问题、验证前提条件、更换新的数据源、模型替换、排除其他竞争可能性等。本文的稳健性检验部分就采用了其中的缩短样本时间窗口这一方法。

在回归分析部分已对本书的研究问题得出初步结果，即农村金融对乡村产业绿色发展发挥正向作用，且每一解释变量对被解释变量所对应的作用程度都各有不同。因此，在本节的稳健性检验部分，我们需要对前文的回归分析中某些参数进行更改来进行重复实验，进而判断我们回归分析部分所得出的研究结果是否具有稳健性。如果我们设定的部分参数变化的同时，实证结果的显著性与符号都发生了改变，则表明实证分析不是稳健的，产生的实证结果也就不足以使人信服。在本书的稳健性检验部分中，为了进一步检验上述结果的稳健性，主要采取缩减样本时间跨度的方式，对基础回归结果进行稳健性检验，回归结果如表 8.5 所示。

表 8.5　稳健性检验

变量	(1) lnY	(2) lnY	(3) lnY
X_1	0.035 *** (5.19)		0.032 *** (4.79)
X_2	0.407 ** (2.04)		0.310 (1.58)
X_3	-0.075 (-1.46)		-0.119 ** (-2.30)
X_4		0.129 *** (4.14)	0.108 *** (3.39)
X_5	0.018 (0.40)	-0.070 (-1.54)	-0.057 (-1.15)
X_6	-0.002 (-0.04)	0.023 (0.40)	0.061 (1.09)
X_7	-0.008 (-0.11)	0.071 (0.99)	0.014 (0.20)
X_8	0.020 *** (7.05)	0.018 *** (5.93)	0.017 *** (5.77)
Constant	-2.939 *** (-16.98)	-3.098 *** (-18.38)	-2.940 *** (-17.40)
Observations	219	219	219
R - squared	0.592	0.558	0.613
F test	0	0	0
$R^2 - a$	0.578	0.547	0.598
F	43.71	53.69	41.59

由表 8.5 可知，检验结果与上文研究结论基本一致，农村金融的财力支持、物力支持以及保险支持对乡村产业绿色发展的作用方向及影响程度均未发生改变，表明原结论具有较好的稳健性。

本书的稳健性检验主要是删减了 2019—2020 年的样本数据，其原因在于 2019 年末暴发了影响范围极广、影响程度极深的新冠疫情，对全国整体经济的发展都产生了巨大的波动，金融行业与农村产业也同样颇受影响。此处将 2019—2020 年的样本数据进行删除，一方面能够剔除新冠疫情这一不确定因素所带来的影响，另一方面能够检验前文的研究结论在剔除了部分样本数据后是否仍然稳健。结果表明，剔除了新冠疫情的影响后，农村金融支持对乡村产业绿色发展的作用方向以及影响程度的实证结果相差不大，农村金融依然能够从财力、物力及保险扶持三个维度有力拉动乡村产业的发展，即对回归参数予以更改再次进行回归后，假设一成立的结论仍然稳健。

8.6.5 区域异质性分析

在经过描述性分析、相关性分析、回归分析及相应的稳健性检验后，本书提出的研究假设一成立的结论已经得到验证。而在本节部分将重点对研究假设二：“双碳”目标下金融支持对乡村产业绿色发展支持的作用方向及作用效果存在区域异质性特征进行检验。

区域异质性是指在一个特定地区内，不同地点之间的环境和经济条件的差异。这种差异可能会导致不同地区的发展水平和资源分配不均。本书重在研究全国范围内农村金融支持乡村产业绿色发展的作用方向及作用效果，而全国范围内 28 个省份每个地区的金融支持都存在或大或小的差异，其乡村产业绿色发展所受金融支持的作用效果也各有不同。因此，为了进一步探究各地不同的金融支持对乡村产业的影响效应，了解区域异质性的重要性不容忽视。

如果金融支持对乡村产业绿色发展支持的作用方向和作用效果存在区域异质性的特征，那么就意味着不同地区在资源分配、政策制定、企业发展等方面存在参差不齐，进而导致不同地区金融支持对乡村产业绿色发展的影响作用也存在着差异。展开来说，首先，区域异质性会影响资源的分配。在某些地区，由于地理、气候或历史等原因，资源和机会的分布不均衡。这可能导致一些地区的发展滞后，而其他地区则过于发展。因此，政府和决策者需要了解区域异质性的存在，以确保资源分配更加公平和有效。其次，区域异质性也会影响公共政策的制定。在制定公共政策时，政府需要考虑不同地区的差异。例如，在贫困地区，政府需要采取不同的政策来改善当地的经济条件；而在富裕地区，政府需要采取不同的政策来保护环境和资源。因此，了解区域异质性对于制定有效的公共政策至关重要。最后，区域异质性也会影响企业自身的发展。在某些地区，由于资源和机会的限制，企业可能存在经营受阻的问题，无法实现可持续绿色低碳发展。而了解区域异质性可以帮助企业更好地了解市场和资源分配，从而更好地规划和发展。总之，区域异质性对于资源的分配、公共政策的制定和企业自身的发展三个方面都至关重要，政府和决策者需要了解区域异质性的存在，并采取相应的措施来确保资源的公平分配和有效利用。

在本书对“双碳”目标下金融支持乡村产业绿色发展的影响效应研究中，考虑到一方面中国的乡村经济发展客观上存在地域性，另一方面中国的金融支持体系也存在明显的区域化特点，为了考察不同维度的金融支持对乡村产业绿色发展的影响是否在不同区域下作用不同的问题，本书将全国范围内的所有样本数据划分为东部地区（天津、河北、辽宁、江苏、浙江、福建、山东、广东、广西、海南），中部地区（山西、内蒙古、吉林、黑龙江、安徽、江西、河南、湖北、湖南）和西部地区（重庆、四川、贵州、云南、陕西、甘肃、青海、宁夏、新疆）三大区域，具体回归结果如表 8.6 所示。

表 8.6　分地区检验结果

变量	东部地区 lnY	中部地区 lnY	西部地区 lnY
X_1	0.025*** (5.03)	0.006 (0.31)	0.096*** (3.09)
X_2	1.107* (1.89)	0.380** (2.24)	−0.393 (−0.90)
X_3	−0.149* (−1.94)	−0.082 (−1.30)	0.069 (0.54)

续表

变量	东部地区 lnY	中部地区 lnY	西部地区 lnY
X_4	0.190*** (3.09)	0.018 (0.46)	0.023 (0.6)
X_5	-0.105 (-1.60)	0.176** (2.16)	-0.165 (-0.88)
X_6	0.282*** (3.41)	0.011 (0.12)	0.153 (0.96)
X_7	-0.161 (-1.44)	-0.089 (-0.92)	0.077 (0.44)
X_8	0.019*** (3.86)	0.037*** (6.46)	0.001 (0.14)
Constant	-3.162*** (-9.85)	-4.377*** (-8.45)	-3.044*** (-8.44)
Observations	85	90	99
R - squared	0.792	0.713	0.485
F test	0	0	0
$R^2 - a$	0.771	0.685	0.439
F	36.26	25.16	10.59

如表 8.6 所示，东部地区的回归结果与主回归模型回归结果表现相似，人均涉农贷款余额和人均保险保费支出均在 1% 的显著性水平上显著为正，农村金融机构相对数也显著为正并且通过了 10% 的显著性水平检验。这说明东部地区的金融支持促进乡村产业的发展，使东北地区能够直接影响全国范围的金融支持对乡村产业绿色发展的作用。东部地区相比中西部地区而言，可以算是全国最发达的地区，获得改革开放红利最多，市场化商品化程度较高，各金融机构的金融供给模式在东部地区具有较好的发展基础，能够为东部乡村产业提供更优质的金融服务，从而有效驱动乡村产业的核心生产要素，推动乡村产业资本的形成，进而提升乡村产业产出水平。而农村金融机构网点数作为解释变量仍然对乡村产业绿色发展的影响方向为负，且通过了 10% 的显著性水平检验，可以说明信息化高速发展的浪潮在东部地区更为明显，东部地区更多的农业经营主体在金融业务上偏

向于线上业务办理而非线下机构网点办理，这从另一方面也体现了现代化技术创新对农村金融的有效促进。

对于中西部地区而言，只有中部地区的农村金融机构相对数和西部地区的人均涉农贷款余额通过了显著性检验，并且依次在5%的显著性水平和1%的显著性水平上显著为正，而代表保险扶持力度的人均保险保费支出在中部地区和西部地区均不显著，只是回归系数为正，这从一定程度上表明保险机构在中西部地区对乡村产业绿色发展的支持具有一定的支持作用，但是这作用并不明显，或者说保险机构在中西部地区本身普遍存在基础建设不到位、提供的产品和服务不优质、推销宣传的力度较为薄弱等问题。中西部地区大多是农业生产大省，但相较于东部地区而言，中西部地区整体的金融产业相对落后，农业经营主体受教育程度和农业现代化进度还远远不足，对于农村金融支持的利用水平尚且不高。因此中西部地区想要实现乡村产业的发展，还需要提高农村产业的现代化水平，加快建设农村金融支持的基础设施，在广泛普及相关金融知识宣传的基础上不断完善金融供给模式，尤其是农村保险供给对农村产业相关的升级和优化，有层次、有针对性地实现乡村产业绿色发展。

综上所述，通过对区域异质性结果的详细分析可以判定，“双碳”目标下金融支持对乡村产业绿色发展的作用效果具有区域异质性的特征，本章提出的假设二成立。

8.7 本章小结

8.7.1 研究结果

因本书前部分的理论分析和现状阐述结论有待实证分析的进一步验证，本章重点选取了全国范围内28个省份在2011—2020年的样本数据，在提出的两个研究假设的前提条件下，采用OLS普通最小二乘回归模型，实证检验全国范围内“双碳”目标下金融支持乡村产业绿色发展的作用方向及作用效果。经回归分析后可以发现，金融支持对乡村产业绿色发展具有显著的正向作用，且这种正向作用主要体现为农村金融的财力支持、物力支持及保险扶持三个维度。这一回归结果经过稳健性检验仍然能够保持稳健，由此可以得出研究假设一：“双碳”目标下金融支持对乡村产业绿色发展具有正向带动的作用成立。经区域异质性分析可以得出，东部地区的金融供给对乡村产业绿色发展的影响表现最为突出；中西部地区虽然金融供给在部分维度上对乡村产业绿色发展具有显著正向作用，但整体表现仍然与东部地区存在较大差距，由此可以得出研究假设二：“双碳”目标下金融对乡村产业绿色发展的作用方向及作用效果具有区域异质性的特征。

8.7.2 研究结论

乡村振兴是新时代中国特色社会主义的重大战略，它遵循了城乡发展的客观规律和历史趋势，体现了新时代中国特色社会主义建设关于农村发展战略思想的与时俱进。实施乡村振兴战略是实现中国式现代化的现实路径，推动产业发展则是实现乡村全面振兴的基础和关键，在“双碳”目标的背景下，推动乡村产业绿色低碳发展、构建可持续发展的产业生态格局是乡村产业兴旺发展的必然要求，同时也是经济高质量发展的重要条件。但受限于落后的农村经济和资源要素缺乏的情况，亟须强有力的资源支持来进一步激活乡村产业绿色低碳发展的动力。而金融是国民经济的血脉，是现代经济的核心，更是资源配置的枢纽，其有效配置与高效利用不仅可以从宏观层面引导资金流向，降低乡村经济体系的资源配置成本，加速乡村一二三产业融合，推动产业结构优化升级，从而促进乡村产业绿色低碳发展，同时还能够从微观层面减轻乡村微观经济主体的交易成本，助力乡村产业可持续发展。因此，乡村产业绿色低碳发展离不开金融的有效支持。

本书通过剖析乡村产业和金融支持的发展现状，分析“双碳”目标下金融支持对乡村产业绿色发展的作用机制及路径、“双碳”目标下金融支持乡村产业的发展现状，实证检验了“双碳”目标下金融支持对乡村产业绿色发展的影响。研究结果发现“双碳”目标下金融支持对乡村产业绿色发展有着显著的正向作用，即金融支持力度越大，越有利于乡村产业的发展，尤其是乡村产业的绿色低碳发展。这主要是由于金融支持能够通过丰富的金融产品和金融服务引导乡村产业技术变革创新和产业绿色转型升级，推动新发展格局的构建和供给侧结构性改革的进行，进而实现农村经济高质量发展，在乡村产业绿色低碳发展中发挥着强有力的推动作用。

但进一步异质性检验发现，地域发展不平衡造成了“双碳”目标下金融支持乡村产业绿色发展的影响各不相同，东部地区的金融支持对乡村产业绿色发展的影响表现最为突出，中西部地区虽然金融支持在部分维度上对乡村产业绿色发展具有显著正向作用，但整体表现仍然与东部地区存在较大差距。这主要是由于区域间经济发展不平衡，一方面出于规避风险的角度，金融资源更倾向于流向经济发达的地区。另一方面，各地区基础设施条件差异较大，对金融支持的接受程度各异，经济落后地区为加快工业化进程可能将金融资源集中于工业尤其重工业部门，从而抑制清洁行业发展，影响了金融支持乡村产业绿色低碳发展的效果。因此在“双碳”目标的背景下，为促进区域经济协调发展，缩小发展差距，加速中国低碳经济、绿色经济的发展，提升国民经济发展质量，我国应高度重视金融支持乡村产业绿色发展影响的区域差异，在充分发挥本土资源特色优势的基础上，一方面通过夯实基础设施建设和完善制度安排如调整人力资源政策、对外开放配置结构等来引进先进技术、吸收人才和外地投资、降低交易费用；另一方面鼓励区域内企业加强绿色工艺创新来提升成本控制能力，推进绿色产品创新实现产品差异化以及通过减少污染处理成本使产业和技术升级不断完善。同时要加强政策引导和市场化手段提升落后地区的金融发展水平，促进普惠金融、科技金融的发展，促进区域乡村产业的发展和我国“双碳”目标的进程。

第9章 金融推动乡村产业绿色低碳发展的政策建议

乡村振兴战略为乡村全面振兴带来了新的机遇，为了更好地把握重大战略机遇，加快乡村产业的发展，政府需要积极出台政策措施来建立适合农村经济发展的体制机制、实现各类资源要素的合理配置、切实保障乡村产业健康发展，充分发挥服务型政府职责，同时在双碳的背景下，发展乡村产业必须贯彻落实绿色发展理念，要将生态、低碳和绿色铸造为产业发展的灵魂。因此，本书基于我国乡村产业绿色发展、“双碳”目标下金融支持乡村产业绿色发展的现状和一系列问题，从各类利益主体出发，以产业融合为导向，以绿色低碳为理念，结合区域发展情况，提出针对性的政策建议来推动金融支持乡村产业绿色发展。

9.1 夯实乡村产业绿色发展基础

产业是乡村发展的根基，也是巩固拓展脱贫攻坚成果、全面推进乡村振兴的长久之计。产业基础是产业形成和发展的基石，通过金融强化乡村产业绿色发展的基础能力，能进一步提高乡村产业的资源承载力和对未知风险的容忍度，实现乡村产业高质量发展。夯实产业发展之基，既要对产业现有的基础资源、产业规模等进行巩固保持，避免退化，又要通过资源的合理配置，提升资源的使用效率，引导强化其质量效益的提升，实现乡村产业高质量可持续发展，助力“双碳”目标的实现。

9.1.1 加强乡村人才队伍建设

经济和社会的发展归根结底是人作为价值主体进行的价值创造活动，

人才越来越成为乡村产业绿色发展最大的生产力，全面提高人的综合素质有利于促进经济高质量发展。城乡差距的存在会导致高端人才由乡村向城市转移，造成农村人口严重缺失，而新型农业产业的经营主体中绝大多数的农户整体素质和文化程度偏低，对于新知识新技术的接受能力较弱，创新意识更是淡薄，不利于绿色金融和绿色低碳产业在农村的进一步推广。因此，要从根本上改变这种局面，人才引进与培养至关重要。

1. 引进专业人才

推进乡村产业绿色低碳发展，发展农业新产业、新业态，迫切需要一批高素质、专业化的管理服务人才队伍，同时也对其绿色低碳素养提出了更高的要求。对于农村地区人才引进工作来说，人才引进是基础，而如何让人才在当地长期创造价值才是关键。因此，就人才引进而言，政府要高度重视，并在其中积极协调，金融机构、企业以及其他社会组织配合发力，从基本生存、工作保障、精神需求等方面尽可能满足人才的合理需求，以此吸引人才、留住人才。

（1）优化农村地区就业创业环境，提升外来人才的福利待遇和基本保障，形成人才引进的拉力。一方面，政府应针对人才引进、人才选择、返乡创业等方面出台政策，吸引、鼓励优秀人才服务乡村，并联合当地企业、金融机构等社会组织设立创新创业支持平台，包括孵化器、加速器和创业基地等，为创业者提供创业支持和培训机会，为有创新创业意愿的人才提供场所和资源支持，推进农业高新技术人才库的建立，缓解农业科技创新技术人才缺乏、科技创新技术难以指导农业生产经营实践等问题。另一方面，以银行为主的金融机构通过支持人才的创业、融资、金融咨询等方面来帮助当地营造良好的创业工作环境，实现人才引进。金融机构可以设立创业投资基金或风险资本基金，为有创业意愿的人才提供专项贷款或融资支持，优化资金审批程序，提高资金审批效率，保障这类资金使用的及时性。此外，金融机构还可以为引进人才提供定制化的金融服务和专业咨询，包括财务规划、投资管理、税务筹划等咨询服务，满足人才个性化的金融需求。

（2）做好人才引进后期的保障工作，进一步提升人才的认同感、归属感。在生存保障方面，政府可以给予乡村企业和从业人员一定的税收优惠，如减免企业所得税、个人所得税等，降低企业和人员的经济负担，提高他们参与乡村产业振兴的积极性；金融机构可以与政府合作，推出专门的人才住房贷款计划，通过提供低利率贷款，延长还款期限或提供灵活的还款方式，使人才能够轻松购买或租赁适宜的住房。另外，政府利用财政资金设立住房补贴计划，为人才提供租金补贴或住房津贴，提供廉租房、人才公寓等住房保障，降低他们的居住成本负担，在教育、医疗、交通、住房等公共基础设施不断完善的前提下，积极推进乡村居住环境整治，减少农村与城市的居住环境差距，让人才体会到老有所居、病有所医、幼有所教的幸福感，进一步提升人才定居意愿。在家庭关怀方面，金融机构可以为引进人才提供各种保险产品，包括人身意外保险、医疗保险、养老保险等，确保人才在工作和生活中获得适当的保险保障。此外，政府为引进人才的子女提供优质的教育资源和教育补贴，包括设立人才子女奖学金、创办优质学校等，以吸引人才并解决他们的子女在乡村就学的后顾之忧，而金融机构可以与用人单位合作，设立员工福利计划，为人才提供额外的福利待遇，如补充医疗保险、子女教育支持等。在自我价值提升与实现方面，建立健全人才培训计划和交流机制，通过开展专业培训班、邀请专家学者开展讲座、组织人才交流研讨会等方式，为乡村产业绿色发展引进人才并提供学习和成长的机会，提升人才的专业素养和能力水平；建立奖励机制，对在乡村产业绿色发展中取得显著成绩的人才进行表彰和奖励，激发人才的创新创业热情，树立典型榜样，吸引更多人才投身乡村产业建设，加强农业强国人才队伍的素质培养。

2. 提升农村居民素质

乡村产业绿色发展的参与者、受益者更多的是当地的居民，但人口流动导致大部分高质量劳动力流失，造成当地适龄劳动力不足或劳动力素质参差不齐。因此，有必要对本土有意愿、有条件的居民进行针对性的素质教育，以提升地区整体素质水平。

（1）加强教育基础建设，改善学校的硬件条件，提供良好的学习环境，同时要注重老师、教材、多媒体设备等优质教育资源投入；对于有意向接受再教育的成年人，县或镇政府应牵头组织基层单位与农业广播电视学校等类型的公益性教育培训机构合作，为其提供场地、设备等基础设施，并组织培训。

（2）注重职业教育的发展，切实加大农村实用人才和技能人才的培养力度，加快农科专业体系、课程体系、教材体系的发展，科学布局各种层次、各种类型的人才培养的规格和结构，打造更高水准的高等职业院校，开设与其相关的对口专业，构建贯彻终身教育思想、满足农民接受教育的需要、满足“三农”发展对农业人才需要、适应乡村产业现代化发展的职业教育体系，培育富有创新和绿色可持续发展意识的企业家或者主体队伍。

（3）立足农业生产，传播科学的产业生产知识，加强农技推广和公共服务人才队伍建设。结合地方实际情况，利用多种方式向农民传授系统性的科学知识和技术，让农民由凭经验生产转变成科学实践，增强专业技能；支持农技人员在职研修，优化知识结构，积极探索利用互联网技术进行农业生产应用技能的学习和传播，引导农民掌握网络知识、经营管理知识、电商知识等，通过“互联网＋农业”的方式促进新型农民的成长。

3. 西部地区因地制宜，制定人才发展政策

西部地区经济发展缓慢，自然人文条件都存在缺陷，因此在人才队伍建设中应重点结合西部需求与特点，形成更加高效、不易流失、与地区需求匹配度较高且能够快速发挥作用的人才队伍。

（1）注重本土创新创业人才培养，激活自身“造血”能力。西部地区应进一步完善离岗创业相关政策，使其能够顺利落地，建立其单位、企业、个人三方评价和协议制度，政府提供有针对性的金融服务，健全事业单位离岗创业人员创新创业风险分担机制，形成鼓励创新、宽容失败的社会氛围。积极探索多样化的校际、校企、市校与国际合作育人机制，构建“通识课程—专创融合课程—创业专业课程”三层课程体系，改革教学方法，纳入注重培养学生批判性精神、创造性思维的讨论式、启发式、体验式教学方式，注重学生的机会识别意识与问题解决能力培养。同时西部地区的自然环境较为脆弱，更加要注重培养当地居民绿色低碳和可持续发展的理念，并将其根植于西部地区农业产业建设的全过程中。

（2）提高西部地区工资待遇水平。受地域因素影响，西部地区与其他地区相比存在劣势，社会发展对人才的吸引力和竞争力相比东部地区较弱，加之国内高等教育和行业间的竞争加剧，缺乏人才发展软环境的西部地区首先应从发挥市场配置人才的基础性作用入手，遵循市场经济条件下人才流动规律，建立相应的人才引进机制，提高西部地区人均人力资本投资总量和强度，着力营造以人为本的体制环境，在吸引人才前确保能够加强留住紧缺人才的“硬实力”。充分发挥津贴奖金制度方面的灵活性，尽量提高西部地区工资待遇，缩小东西部地区待遇水平的差距。

（3）积极推进人才评价机制改革。西部地区人才评价要避免唯学历、唯资历、唯项目等倾向，针对不同领域的人才评价，应该建立导向鲜明、合理可行、各有侧重的体系。基础研究人才以同行评价为主，强调成果原创性、科学价值和社会影响等，克服过于繁重的考核，鼓励潜心和长期积累；应用研究和计划开发人才应突出市场机制，增加专利发明和成果转化方面的权重，尤其是创办企业方面的能力应纳入评价指标，并适当削减论文在其中的限制作用。哲学社会科学人才应注重同行评价和社会影响，注重学术影响力。西部地区尤其应注重向青年人才倾斜、向艰苦边远地区和基层一线人才倾斜、向产业企业界人才倾斜、向有关重大发展战略的高层次人才倾斜的特殊评价通道，如对青年优秀人才，可适当放宽年龄限制和资历色彩，注重真才实学、潜力突出、堪当重任等条件。

（4）持续加强对西部高校的支持，促进东西部高校全方位对口支援。长期以来，在对口支援西部地区高等学校计划的开展下，西部地区高校办学质量有了明显提升、人才培养取得显著成效、东西部地区高等教育协调发展，差距进一步缩小。因此，在新时代，应审时度势，总结过去近 20 年中西部对口支援经验和教训，完善对口支援计划，推动实质对口，继续促进西部高校在师资力量、人才培养质量、科研水平、社会服务上取得跨越式发展。

9.1.2　提升农村基础设施建设水平

农村基础设施不仅是推进乡村产业绿色发展的前提基础，更是衡量农村经济社会发展水平的必要条件。农村基础设施现代化可以提高农业生产经营效率，助力农业产业的可持续发展，同时农村基础设施的建设情况关乎农村产业发展是否具备良好的物质基础，完善的基础设施不仅可以提高农民的生活质量，还可以推进乡村产业绿色化转型升级。而农业基础设施建设与现代化发展离不开金融资源的大量投入，通过金融资源支持农村基础设施建设，积极完善道路交通网、农产品仓储冷链保鲜物流、水利设施、电力通信网络等基础设施，能有效促进乡村产业绿色发展，推动农业现代化集约化进程。

①完善农村道路交通网。硬化乡村道路，实现村村通公路，妥善解决农村最后一公里问题，为农产品销售提供快捷的运输通道，也便于乡村休闲农业发展。②完善农田水利设施建设，提高旱地、薄地、贫瘠地等劣质土地的单位面积产值能力。③建立健全农产品仓储冷链保鲜物流基础设施，能有效释放农村区域巨大的生鲜产量，突破农产品生产的时间与空间限制，拓展农产品消费市场的纵深，推进地域特色农业产业高质量发展。④通过山坪塘治理、修建灌溉水渠，为农业生产提供便利的水利灌溉服务。⑤加强电力通信网络建设，帮助农业经营主体及时了解农产品市场供给情况及价格走势、天气预报、政府政策等信息。⑥根据耕作条件加大耕地整治力度，适度提高机械化率，降低农业对劳动力的高依赖度，为乡村产业绿色发展提供规模化的土地条件。⑦政府应合理利用相关专项资金进行基础设施建设，确保资金落实到位。对于没有专项资金或资金不足的基础设施项目，政府应适当拓宽融资渠道，引导社会资本参与，如村民集资、银行贷款、债券融资等方式。

9.1.3 加强各类基础设施管理维护

①将农村基础设施建设和管理融入乡村治理中，以农村基层党组织为责任主体，加强对农村工作的正确领导，使基层党组织的政治引领作用以及党员干部的辐射带动作用能够得到充分发挥，不断增强农村居民参与共建共管共治的主体意识。②发挥村民主体作用，充分尊重农村居民意愿，维护农村居民民主权利，严格落实“四议两公开”制度，以农村居民需

求为导向，建立农村基础设施建设和管护各项规章制度，强化乡村治理。③建立健全保障机制，加强基层法治教育，增强基层党员干部、农民群众法治意识，明确各级政府以及农村居民应承担的责任和义务，建立符合农村实际的管理机制体制，制定项目建设管理监督机制。

9.1.4 加强西部地区农村基础设施建设

西部地区社会经济发展落后，生态环境脆弱，基础设施不完善，国家资源应重点倾斜支持西部地区基础设施建设。①实地调研，评估当地环境承载力。经济发展要贯彻落实可持续发展理念，兼顾经济效益、社会效益和生态效益。当地政府应开展实地调研活动，运用科学评估方法对当地的环境承载力进行合理评价，以此为基础规划后续基础设施建设的体量，避免对生态产生恶劣影响。②提升资源利用效率，避免浪费。现阶段，经济发展低迷，政府尤其是西部地区财政资金有限，无法全面覆盖当地所有的基础设施建设项目，因此，政府对各类项目的资金使用与监管必须更加严格，避免资金的滥用、乱用。③拓宽项目融资渠道，鼓励地方居民自建。政府促进西部地区农村基础设施建设投入主体的多元性，消除民间投资的壁垒，激活市场，吸引民间多方资金投入，同时，积极通过鼓励居民通过自治、自筹的方式来进行基础设施建设，一方面可以缓解政府的财政支出压力，另一方面也使基础设施更加符合居民的实际需求。④发展特色产业。可以根据地方需求建设物联网智能灌溉、智能测温、智能识别等系统，对其地区独具优势的农业产业建设现代化物流、智能仓储等设备，以规避发展缺陷，发挥资源优势，实现区域产业可持续发展。

9.1.5 大力培育新型农业经营主体

农业经营主体是乡村产业绿色发展的主力军，但其中小农户占据着很大的比重，存在经营方式粗放、兼业化、小规模优势不足，经营者整体素质、资源禀赋水平参差不齐等问题，极大地阻碍了农业经营主体的发展活力、经济驱动力和参与带动能力的发挥。因此，培育与发展新型农业经营主体，促进农业经营主体多元化发展，逐渐形成多种新型农业经营主体并存的格局势在必行。通过金融支持向新型农业经营主体灌注资金、金融知识、金融科技等资源，能有效满足新型农业经营主体在规模扩大、生产经营、生产设备投入与生产资料购置、农业科技创新等方面的金融需求，进而激发主体经营活力，并且利用金融支持将绿色低碳理念植入生产中，促进农业产业的可持续健康发展。同时进一步完善乡村产业融合组织主体内部利益分配，激发乡村产业融合发展的内生力，有效推动农业“接二连三”，顺利实现农村产业以“融”促“兴”，助力乡村全面振兴。

1. 加快培育发展家庭农场

家庭农场以家庭成员为主要劳动力，以家庭为基本单元，从事农业规模化、标准化、集约化生产经营，是现代农业的主要经营方式，加快培育发展家庭农场，为促进乡村产业绿色发展夯实基础。

（1）完善家庭农场管理制度。一是制定家庭农场规模标准。各地立足实际情况，综合考虑当地资源条件、行业特征、农产品品种特点等情况，制定符合绿色低碳标准的家庭农场规模标准，将符合标准的主体纳入家庭农场管理范围。二是实施分类管理。因各地客观情况不同，所形成的标准也多种多样，因此有必要建立家庭农场名录系统或项目库，对家庭农场的各类信息诸如投入产出效益、承包面积、劳动力人数等信息进行收集，再按各类信息对家庭农场进行大、中、小规模分级，重点培育大型和小型规模的家庭农场，充分支持中型家庭农场发展，一方面发挥其带动作用，吸引更多小农户向家庭农场转化，另一方面对这一主体进行巩固，避免退化。

（2）强化示范创建引领。根据各地区按照“自愿申报、择优推荐、逐级审核、动态管理”的原则，结合地区劳动力状况、生产力水平、农业区域特色、家庭农场经营类别，依据经营能力、物质装备条件、适度经营规模、生产经营效益、经营生态效益等因素，合理确定示范家庭农场评定标准和程序，加大示范家庭农场创建力度，引导其在发展适度规模经营、应用先进技术、实施标准化绿色化生产、纵向延伸产业链及带动小农户发展等方面发挥示范作用。对于可学习、易推广、能复制的家庭农场经营模式进行经营总结和典型树立工作，鼓励其他人结合当地产业特色，借鉴已有经验，开发探索有利于家庭农场发展新模式、新举措，并对具有突出贡献的典型进行表彰奖励。

（3）落实基础服务保障。一是高度重视、加强领导，有序做好家庭农场培育工作。强化组织领导、压实工作责任、加强统筹管理，真正形成培育发展家庭农场的沃土，通过政策扶持吸引涉农人才兴办家庭农场。二是强化资金投入，实质性促进家庭农场设施设备改善。重点做好资金统筹、项目建设、农机应用工作，在严格遵守国家补贴标准基础上，可根据地区实际适当拉高补贴标准，重点扶持一批有发展潜力、起示范作用的家庭农场，推动家庭农场机械化、规模化、绿色化发展，确保家庭农场能够“活下来、强起来、壮起来”。三是促进家庭农场自身能力提升。由农业管理部门牵头，引导其他社会组织为家庭农场提供优质技术服务，进行技术培训，提升家庭农场科技化水平和资源利用的效率；同时培养家庭农场现代化管理能力，优化管理水平，增强抗风险能力，实现高质量和可持续发展。

2. 促进农民合作社规范提升

农民合作社是面向其成员的自愿联合、民主管理的互助性经济组织，为其成员提供农业生产资料的购买、农产品销售、加工、运输、贮藏以及与农业生产经营相关的绿色生产技术、绿色金融信息等服务，农民合作社的绿色健康发展有利于促进农民脱贫增收，为村民与现代大农业之间搭建对接桥梁，促进小农户与现代农业发展有机衔接，进而实现农业现代化、产业化、绿色化发展。

（1）提升合作社规范化管理水平。农业部门或市场监督管理部门针对农民合作社做好登记备案，推动农民合作社及其分支机构纳入市场主体登记管理的统一框架。农民合作社按照法律法规制定符合自身特点的合作社章程，加强档案管理，实行社务公开。参照现代公司结构，依法建立健全成员（代表）大会、理事会、监事会等组织架构，规范合作社的日常运营；参照现行会计相关法律法规，执行财务会计制度，设置会计账簿，建立会计档案，规范会计核算，公开财务报告。依法建立成员账户，加强内部审计监督。按照法律和章程制订盈余分配方案，可分配盈余主要按照成员与合作社的交易量（额）比例返还。

（2）探索适合当地发展的合作社模式。不同的生产条件下，根据环境探索适宜的专业合作社发展路径，合理利用农村农业资源。人均耕地较多的地区、农业发展基础较好的地区可以选择在农资采购、农产品销售和农业生产性服务环节培育组建农民专业合作社；在人均耕地较小、农业生产薄弱的地方，可以组建生产型合作社或者培育家庭农场，扩大生产规模。鼓励同业或产业密切关联的农民合作社在自愿前提下，通过兼并、合并等方式进行组织重构和资源整合，壮大竞争力强的单体农民合作社，支持农民合作社依法自愿组建联合社，扩大合作规模，提升合作层次，增强市场竞争能力和抗风险能力。深化社企对接合作，鼓励引导社会力量通过政府桥梁对接农民合作社和家庭农场，促进资金、技术等要素的合理流通，进一步激活新型农业经营主体的发展引擎，推动传统产业向集体经济、特色产业集群、绿色农业产业等新兴产业的转变。

（3）增强农民合作社服务带动能力。鼓励农民合作社利用当地资源禀赋，带动成员开展连片种植、规模饲养，壮大优势特色产业、建立农业品牌，带动农户进行专业化生产，形成规模化农业产业，降低碳排放。支持农民合作社延伸产业链条，拓宽服务领域，促进农民合作社在产业链上中下游的服务能力，逐步完善农产品初加工、冷藏保鲜、仓储物流等基础设施建设，开展绿色食品、有机农产品认证，发展地理标准农产品，提高乡村绿色低碳产业的产品质量水平和市场竞争力。

（4）加强农民合作社示范引领。开展农民合作社质量提升整县推进试点，发展壮大单体农民合作社、推进社社联合和跨行业组建合作社、提升县域指导扶持服务水平。持续开展规范化农民专业合作社考评，建立示范社名录，推进国家、省、市、县级示范社四级联创。加强示范社的宣传力度，树立榜样，宣传制度健全、运行规范、发展模式可复制、易推广的典型农民合作社，对于表现突出或对当地绿色低碳产业发展有显著贡献的合作社给予表彰奖励。

3. 推动农业社会化服务组织多元融合发展

加快培育农业社会化服务组织。按照主体多元、形式多样、服务专业、竞争充分的原则，加快培育各类服务组织，充分发挥不同服务主体各自的优势和功能。支持农村集体经济组织通过发展农业生产性服务，发挥其统一经营功能；鼓励农民合作社向成员提供各类生产经营服务，发挥其服务成员、引领农民对接市场的纽带作用；引导龙头企业通过基地建设和订单方式为农户提供全程服务，发挥其服务带动作用；支持各类专业服务公司发展，发挥其服务模式成熟、服务机制灵活、服务水平较高的优势。

（1）推动服务组织联合融合发展。鼓励各类服务组织加强联合合作，推动服务链条横向拓展、纵向延伸，促进各主体多元互动、功能互补、融合发展。引导各类服务主体围绕同一产业或同一产品的生产，以资金、技术、服务等要素为纽带，积极发展服务联合体、服务联盟等新型组织形式，打造一体化的服务组织体系。支持各类服务主体与新型农业经营主体开展多种形式的合作与联合，建立紧密的利益联结和分享机制，壮大农村一二三产业融合主体。引导各类服务主体积极与高等学校、职业院校、科研院所开展科研和人才合作，鼓励银行、保险、邮政等机构与服务主体深度合作。

（2）加快推进农业生产托管服务。适应不同地区、不同产业农户和新型农业经营主体的农业作业环节需求，发展单环节托管、多环节托管、关键环节综合托管和全程托管等多种托管模式。支持专业服务公司、供销合作社专业化服务组织、服务型农民合作社、农村集体经济组织等服务主体，重点面向从事粮棉油糖等大宗农产品生产的小农户以及新型农业经营主体开展托管服务，促进服务主体服务能力和条件的提升。鼓励各地因地制宜地选择本地优先支持的托管作业环节，按照相关作业环节市场价格的一定比例给予服务补助，通过价格手段推动财政资金效用传递到服务对象，不断提升农业生产托管对小农户服务的覆盖率。

（3）推动社会化服务规范发展。加强农业生产性服务行业管理，切实保护小农户利益。加快推进服务标准建设，鼓励有关部门、单位和服务组织、行业协会、标准协会研究制定符合当地实际的服务标准和服务规范。加强服务组织动态监测，支持地方探索建立社会化服务组织名录库，推动服务组织信用记录纳入全国信用信息共享平台。建立服务主体信用评价机制和托管服务主体名录管理制度，对于纳入名录管理、服务能力强、服务效果好的组织，予以重点扶持。加强服务价格指导，坚持服务价格由市场确定原则，引导服务组织合理确定各作业服务环节价格。加强服务合同监管，加强合同签订指导与管理，积极发挥合同监管在规范服务行为、确保服务质量等方面的重要作用。加快制定标准格式合同，规范服务行为，确保服务质量，保障农户利益。

（4）创新农业经营组织新形态。结合地方产业特色，帮助小农户等传统经营主体向专业大户、家庭农场、合作社等新型农业经营主体转化，引入民间资本加快培育农村中小微企业以及农业产业化龙头企业，逐步形成以家庭承包经营为基础，专业大户、家庭农场、农民合作社、农业产业化龙头企业为骨干，其他组织形式为补充的新型农业经营体系。大力发展绿色+农业、乡村生态农业、观光农业、乡村休闲旅游业等多种类型的农业经济组织模式和新兴产业样态，通过农业产业链条将农村各类经济主体串联，进一步拓展市场空间，延伸农村产业链，促进农业产业链上下游之间的合作，发挥不同新型农业经营主体的比较优势，促进不同主体间互相督促学习，利用现代机械优势扩大生产规模，提高生产效率和农产品附加值，不断推进农村经济主体的组织化和产业化程度，促进乡村产业绿色低碳转型，建立适应农业农村现代化和可持续发展要求的组织体系与发展模式，促进乡村产业整体效益的提升。

9.1.6 打造农业全产业链

农业是乡村产业绿色发展的核心，更是我国经济社会发展的支柱，通过打造农业全产业链能有效促进农业产业绿色高质量发展，提升乡村产业绿色发展效益和综合效率，促进农民增收。一二三产业融合发展是实现乡村产业绿色发展的重要抓手，在产业链的打造上，既要积极鼓励一二三产业的融合发展、农业产业集聚和涉农产业链的深度创新融合，将农业产业中关联度高的产业集聚成链，发挥资源禀赋优势，实现资源共享、优势互补、循环畅通、可持续的农业发展形态，打造完整产业链、价值链，促进产业规模化、标准化发展；又要提高产业专业化程度，通过专业化提高效率，减少产业生产过程中的碳排放。同时还要避免产业过度融合带来的产品同质化、企业恶性竞争等负面影响，不断壮大特色产业，增加产业附加值，更好地开发和利用乡村资源，促进乡村产业绿色可持续发展。

（1）强化整体布局，以多元协同为引领建设全产业链。首先，在区域规划上，基于区域内的环境要素和资源禀赋特征，计算区域资源环境承载量，遵循生态发展的系统性、整体性和可持续性的要求，优化农业产业布局，实现空间规划协调，提升农业全产业链建设质量。其次，在产业规划上，应结合区域优势加强农产品市场培育，确保农业全产业链建设的协调性，将农产品生产、价格、运输、消费等各个环节打通；发挥市场主体作用来实现人才、资本、技术等要素的应用，创新农业全产业链发展模式，搭建包括政府、企业、协会、农民在内的产业联盟，联盟成员合理分工，针对上述工作内容分别负责专业化生产、技术服务、品牌营销、产品运输等工作内容，形成全产业链的互助模式，以此真正实现资源互补和利益共享。

（2）挖掘产业特色，以产业融合为抓手创新农业业态。首先，将科技创新作为产业发展的核心，对产业的要素配置进行及时优化，提高产业核心竞争力，实现产业全方位升级。结合互联网时代的特点，实现“产业互联网 +”的进一步融合，并结合消费者的实际需求，持续优化产业业态，拓展更加多元化的市场，提高市场占有率，逐渐形成“点—链—网”的产业集群式发展。其次，实现“人与自然”的和谐发展。生态保护与产业发展的关系密不可分，在产业发展中，需要将生态保护放在重要位置，实现二者的有机融合，将“人与自然”和谐发展的理念贯彻到产业发展全链条。在产业融合发展中，可以遵循“生态循环”“绿色低碳”发展理念，通过种养一体、农牧结合、产加一体等方法，做到产业清洁式发展，实现资源的循环利用。除此之外，还可以结合农村天然的生态优势，将美丽乡村与创意农业的发展有机融合，实现农业资源创新融合发展，从而拓展农业产业链形式，提高农业生态产品价值，创造更大的利益。最后，要加强对于人才的筛选、培养与应用。现代化农业产业的发展离不开高精尖专业人才的辅助，结合人才自身特点，进行针对化的培养，让更多创新型人才及管理型人才促进产业的创新发展与科学管控。在产业机制创新方面，结合实际情况不断优化组织模式，积极发挥创新型企业的优势，让科技创新能够真正赋能到农业产业中，满足当前市场日益增长的需求，完善新型农业的经济体系发展，促进新型农业产业的可持续发展。

（3）加大技术植入，塑造农业区域公共品牌精品形象。首先，结合现代技术，将绿色生产覆盖农业生产全过程。对大型农业机械进行统一调配，成立农业专业人才项目组对育种、种植、生长全过程进行指导。制定种植生产技术标准及产品品质标准等，结合先进的防虫治病技术，减少农业产业对于化肥以及农药的依赖，在保证粮蔬产量的同时不断提高质量。其次，强化绿色优质农产品基地、地理标志农产品保护工程建设，以政府背书，并借助互联网的优势，做好宣传活动，树立品牌形象，提升优质农产品的曝光度，让农产品不仅质量好，还能卖得好。最后，聚焦绿色、可持续发展，推动农业全产业链建设。一方面，要确保农业全链条实现精准的“降本增效”，在保证产品质量的同时提高经济效益。另一方面，要充分挖掘本土文化、树立社会价值，赋予农产品更多的文化属性与社会属性，改变过去传统的零散低质化发展模式，实现绿色农产品的高质量品牌化发展，减少农业碳排放，助力“双碳”目标的实现。

（4）强化农业监管，以信息技术推动农业数字化建设。农业产业想要实现高质量发展，提高经济效益，优质评价是其最核心的要素之一。因此，要将不同农产品的品质进行严格的分级划分，重点突出农产品的绿色健康与安全营养，另外还要加强监管体系的制定，对进入市场的农产品进行严格的监管，促进生产与销售双方逐渐形成标准化的体系。首先，对全区的农业产业信息进行统一的数据统计，并建立完善的数据库。对当前各个地区的农业用地以及集中规划的农业企业和合作社进行数理统计，然后进行分析、编码与分配。在分配时可以根据实际情况对归属面积、空间分布以及种养类型等多个方面进行综合考虑，最终实现全图农业产业数字化管理。其次，通过科学技术赋能，更好地服务农业产业的绿色智能化发展。通过当前的互联网技术、信息化技术以及区块链技术，建立生产基础，实现物联网的全程控制与监管。不仅可以通过可视化可量化的数据进行管理、进行远程控制、对土壤养分、牲畜居住温度进行实时监测、控制等，还能够通过技术分析农作物在什么温度、水分、养分、光照程度下能够实现高效成长，提高资源的使用效率，减少资源的浪费。再次，在农产品市场准入方面，要完善制度标准与加强监控，对于市场中不同品质的农产品进行严格的标签化管理，解决消费者对于农产品的认知需求。另外，还需重视农产品全程监管，严格规范生产许可和包装标识，加强标准检测认证等支撑体系建设。最后，结合互联网对农产品的质量进行实时监管，进一步减少劣质农产品进入市场的可能性，提高消费者对于农产品的品牌认可度。通过实施农产品可追溯制度，建设“一证一码”数字化监管体系，将生产信息录入追溯平台，让消费者能及时了解到农产品的原产地以及质量等相关信息，方便消费者对农产品市场进行监管，倒逼生产者提高产品质量，向市场供给安全可靠的产品，推动农业产业高质量发展。

9.1.7　探索具有地域特色的西部乡村产业绿色发展模式

西部地区面临的现实状况和制约因素，决定了其推进乡村产业振兴的逻辑与路径要区别于东中部地区，西部地区必须因地制宜，采取更加精准、更具针对性和更加系统的策略，发展差异化农产品，建立完整的生产、加工、储藏、流通、销售、出口等全过程全环节产业链，提升农产品品牌效应和口碑效应，才能探索出西部乡村地区实施产业振兴的新模式与新路径，确保西部地区如期实现农业农村现代化发展目标。

（1）充分挖掘地方农业优势特色产业，提高农产品的经济价值。以独特的自然资源、文化资源为依托，着力发展乡村特色产业，如绿色农业、农产品加工以及乡村旅游业等，促进一二三产业深度融合发展，为构建覆盖全面的产业链提供强有力支撑。新疆的瓜果、棉花、西藏牦牛、中草药等都是属于西部地区独有的经济作物和特色畜牧产品，应根据西部地区实际情况，持续加大绿色种植与科学养殖方面的先进技术推广力度，选择合适的加工方式，实现对农产品的深加工，提升产品附加值，培育知名品牌。

（2）深度挖掘西部地区自然、人文资源价值，为西部地区特色旅游产业发展提供支撑。多样的地形条件、奇特的地貌景观、独特的气候条件塑造了众多雄伟壮丽的自然景点，不同民族文化的融合交流不仅造就了底蕴深厚的人文历史景观，更是形成了独特的民俗习惯和民族节日。因此，要更加注重对自然与人文旅游资源的合理开发利用，完善配套设施，加强对乡村文化的有效保护和继承，并结合国家给予西部地区的发展政策，吸引优秀人才、社会资本以及龙头企业协同发展西部地区乡村产业，实现乡村产业结构有效调整、资源合理配置，促进西部产业的可持续发展。

（3）寻找新的经济增长极，辐射带动乡村产业绿色发展。西部地区的乡村产业仅靠自身很难持续发展，需要地方强势实体支柱产业的带动。一方面，通过招商引资引进有实力的且符合当地实际的企业或产业链，通过政策、金融等资源支持其进一步发展壮大，而后对产业结构和产业链条进行升级和延伸，进一步提升其辐射作用，以先富带后富促进地方薄弱产业升级与改造，带动地方就业，激发经济活力；另一方面，探明本土自然资源，如矿产、水电、风电等资源，通过科学评估后进行合理发掘，以此为基础培育本土特色产业。

9.2 完善农村金融体系

地区要保持产业经济绿色可持续发展，金融体系的构建必不可少。金融支持乡村产业绿色发展在于通过利用畅通的融资渠道、优惠的金融产品、必要的风险保障等为新型农业经营主体在发展、壮大过程中提供必要的信贷、保险支持等服务促进乡村产业的发展，同时通过引导金融资源流向低碳项目，推动乡村产业绿色转型升级，有效助力“双碳”目标的实现。但农村金融市场不健全，金融机构缺乏、单一的金融产品与服务供给及多元化需求不匹配制约了乡村产业绿色发展过程中金融服务能力的发挥。通过完善农村金融基础设施、丰富农村金融产品与服务种类、加快农村金融组织体系建设、健全农业保险分担体系，优化政府职能，建立高度满足多元化、多层次、有差异的农村金融服务需求的机构和多元、功能齐备、产权明晰、责任到位、分工合理、优势互补、管理科学、监督有效、竞争充分、普惠包容和持续发展的农村金融体系，为产业绿色低碳发展提供多种融资渠道和稳定良好的融资平台，从而助力乡村产业绿色低碳发展。

9.2.1　完善农村金融基础设施

推动农村支付体系、信用体系、现金服务、居民金融素养提升等金融基础设施建设，有利于补足农村金融发展短板，建立健全现代化农村金融体系，提升乡村资源要素配置效率，更好地服务乡村产业绿色发展。同时，要根据区域产业结构特点、金融格局现状、向外经济依赖程度等情况，通过对农村金融规模、结构以及效率的差异性进行基础设施建设以达到对农村产业发展的促进作用。

1. 农村支付体系建设

农村支付服务是农村金融服务的重要组成部分，改善农村地区支付环境、推广普及非现金支付工具、提高支付结算效率，对于促进农村金融服务升级和创新，刺激农村消费，夯实农村发展基础具有极其重要的作用。

（1）不断强化农村支付服务基础设施，支持农村金融机构接入央行支付系统开展跨行资金清结算，加快农村地区资金流转，提升资金使用效率。扩大中央银行会计核算数据集中系统综合前置子系统的农村金融机构覆盖面，增加农村金融机构线上办理的业务种类，避免柜台办理业务耗时长、效率低的问题。

（2）巩固农村特色支付服务，推广创新支付产品升级。一是巩固规范发展银行卡助农取款服务，推进以银行卡助农取款服务为主体的基础支付服务在农村地区的覆盖范围，实现农村村级行政区全覆盖；依托助农取款服务网络，因地制宜，叠加农村电商、金融知识宣传、反假币、代买火车票等服务，进一步满足农村居民需求。二是指导研发农村特色支付产品。开发以支付为切入点和着力点，聚焦金融服务“三农”的支付结算、融资增信、增值服务体系等环节的支付产品，有效整合银联合作社产销服务平台、农产品产销对接工具包等创新产品，着力服务农村、农户、农产品产销两端，解决农产品流通中存在的物流不便、交易结算方式落后、信息服务不全等问题，带动“三农”产品全链条支付服务的升级增效。

（3）持续推进移动支付便民工程。持续推动移动支付便民服务纵深发展，充分发挥金融基础设施广泛覆盖、金融标准统一的优势，推动实施在公共缴费、餐饮、商超、医疗等便民场景中移动支付的互联互通，并将移动支付服务进一步覆盖至农村地区，选择经济基础较好、产业特色较为突出的地区先行先试，以日常支付服务、农产品分销服务等为切入点，着重解决农村地区支付服务数字鸿沟、金融排斥等问题，提升农村地区支付便利化水平。

2. 农村信用体系建设

农村人口众多且分散，收入水平参差不齐，信息变动大，信息收集难度大、成本高，完全让涉农金融机构自行承担或者按常规方式选择第三方评定机构难以实现有效的信用评级和授信。信息不对称问题是农村信贷配给存在的根本原因，获取有效的信息和数据可以帮助金融机构做出正确的决策，提供有效的产品和服务。因此，推动金融供给的基础建设，升级农村信用体系，确保农村地区金融资源的持续供给是推进全面乡村产业绿色发展的重要抓手和切实保障。

（1）因地制宜推动农村信用信息服务平台建设。充分利用大数据与互联网发展，借鉴中国人民银行征信中心的国家金融信用信息基础数据库、动产融资统一登记公示系统、应收账款融资服务平台，建立更精准的农村金融信息管理系统，对农村经济主体的基本信息、信用活动、资产等信息进行采集登记，并制定资产的价值评估流程，根据实体状况、权利状态、范围及时点，对农业经营主体资产进行科学的价值评估，开展信用评价，提高商业银行审核贸易背景真实性的效率，帮助商业银行解决确权难、风控难等痛点，进一步提升涉农融资便利性。

（2）建立信息披露体系，对客户进行信用评级。遵循循序渐进、合理科学的设置原则，稳步推进从易到难，从简单到全面，从开始的自愿披露到强制披露，逐步建立覆盖全省的各类投资主体和融资机构的强制性环境信息披露，加强监管，将风险控制在可承受范围内，在试验区内先实验，后可推广到全省。并且联合地方政府等各方力量，结合乡风文明建设、国民教育、普惠金融宣传等工作，深入田间地头开展以农村信用体系建设为内容的信用知识宣传和送征信知识下乡等活动，增强农村经济主体的信用意识。同时积极组织企业、银行与社会大众共同参与金融信用介绍活动和推广活动，形成更为全面的信用体系。多措并举增强农村经济主体的信用意识。

（3）强化评级结果应用，形成信用培育示范效应。充分发挥地方政府及各相关部门、金融机构、中介机构的力量，大力推进信用户、信用村、信用乡（镇）的评定与创建，推动信用户、信用村、信用镇享有在授信额度、贷款利率、贷款手续、支农（扶贫）再贷款等金融服务方面的政策倾斜，充分发挥信用户、信用村、信用镇的示范带动效应，带动更多农村经济主体主动守信，营造诚实守信的良好信用环境。积极推进农户、家庭农场、农民合作社、农业社会化服务组织、农业产业化龙头企业等经济主体的电子信用档案建设，完善信用评价和共享机制，多渠道整合社会信用信息，发挥信用信息服务农村经济主体融资功能，强化部门间信息互联互通，促进农村地区信息、信用、信贷联动，实现信息可视共享。

3. 优化农村地区现金服务

农村地区受制于经济发展情况和居民认知差异，仍存在着大量的现金交易，因此，需要不断提升农村地区现金服务水平，进一步完善农村地区反假货币工作长效机制，改善人民币流通环境，开展多种形式的人民币宣传，更好地满足农村地区人民群众现金服务需求。

（1）强化农村地区现金服务渠道建设，现金服务提质增效。按照“惠农、便农、利农”的金融为民服务理念，不断建立和完善农村地区现金服务渠道，大力开展农村现金服务点建设，加大农村地区现金投放、不宜流通人民币回收等工作力度，向农村居民提供人民币兑换、真伪鉴别、知识宣传等服务。充分发挥农村普惠金融服务站、便民金融自助服务点、银行卡助农取款点的载体和平台作用，不断丰富服务种类，拓展服务功能，探索建立农村地区现金供应和不宜流通人民币回收的有效渠道和长效机制，着力打通农村现金服务从“最后一公里”到“最后一步路”，切实解决农村地区存取款难、兑残找零难、辨假识假难等问题。

（2）深入了解农村地区群众现金需求，现金供应精准到位。坚持走村入户，面对面了解农村地区人民群众的现金使用需求，深入乡镇基层银行业金融机构营业网点、村委会、助农取款点开展调研，进一步研究农村地区现金供应情况和使用规律、人民币宣传情况、现金使用习惯和人民币整洁度情况等，了解掌握农村地区现金服务工作中存在的问题。结合农村地区农产品收购时节现金使用特点，指导银行业金融机构网点针对农村地区行业性、季节性特点进行重点投放，实现金融资源的精准和高效投放。

（3）创新农村地区现金服务形式，不断提升人民币现金整洁度。通过在农村大集搭建银行现金服务台、流动现金服务车等多种形式，走进农村开展残损人民币兑换、小面额人民币兑换、新钞兑换等便民服务，进一步提高流通中人民币的整洁度。满足农村地区人民群众生产生活中对现金尤其是小面额现金的需求，及时回收不宜流通人民币。

（4）加强假币违法犯罪防范体系建设，完善农村地区反假货币工作机制。在全国假币危害突出县（市、区）开展重点整治工作，向重点地区政府发送风险提示函，推动各地政府采取有针对性的措施，不断压缩假币犯罪活动空间。在假币危害突出县（市、区）持续推进假币举报奖励制度的建立，充分调动群众举报假币犯罪的积极性，全面增加假币犯罪线索来源。强化农村“驻地式＋流动化”宣传模式。一方面，依托农村金融服务站点、助农取款点、金融扶贫工作站等平台，加大农村地区宣传力度；另一方面，着力构建“入户入厅”流动化宣传模式，走进田间地头、渔村、牧场等，开展面对面人民币知识宣传，着力解决农民群众反假货币知识匮乏的问题。

4. 提升农村地区金融素质

通过推进农村金融教育的普及，提升农村地区整体金融素养，有利于营造良好的金融发展的人文环境，提高农村居民主动了解金融信息、获取金融资源的积极性，让金融更多地参与乡村产业绿色发展的方方面面。

（1）统筹开展集中性金融知识普及活动。由人民银行组织分支机构和金融机构结合农村居民在金融素养方面的薄弱环节、创新形式，有针对性地开展宣传教育活动，通过组建农村金融知识宣传队伍，形成“金融知识进农村”“金融夜校”等系列品牌活动，增强农村居民的金融风险意识和自我保护能力，同时加大对绿色金融产品和服务的普及和介绍，提高农业产业经营主体对于绿色金融工具的认可度和接受程度，进一步推动乡村产业的绿色低碳发展。

（2）启动农村金融教育示范基地建设。示范基地是开展金融教育的重要阵地，承担金融知识普及、提升消费者金融素养、增强消费者责任意识和风险防范能力等功能。积极构建金融知识普及长效机制，开展常态化金融教育。指导各地高质量建设农村金融教育示范基地，针对农村居民、贫困群体开展形式多样的金融知识普及教育活动，同时联合金融机构、政府、新闻媒体等社会主体加强金融知识的宣传。并且树立普惠金融、科技金融、绿色金融重点服务对象的信用意识和风险意识，增强农村产业建设者对普惠金融、科技金融、绿色金融的理解和对基础金融技能的掌握，提高广大人民群众在金融服务方面的获得感。

（3）推进金融知识纳入国民教育体系。人民银行在各个层面加强和教育部门的沟通协调，向教育部提供中小学金融知识内容要点，指导分支机构与当地教育主管部门积极协调，在农村地区推进金融知识纳入国民教育体系。支持中国金融教育发展基金会拓展“金惠工程”，发挥品牌效应，并持续对农村贫困地区的青少年开展金融课堂启蒙教育，帮助青少年及早掌握必需的金融知识，提高摆脱贫困的信心和能力，为利用金融支持乡村产业绿色发展夯实知识理论基础。

（4）评估农村居民金融素养水平。通过设计包含金融知识、技能、行为和态度在内的金融素养评估指标，定期对金融教育效果进行评估，检验农村金融教育工作的总体成效，提高农村居民主动加强金融知识学习的意识，有针对性地提升农村地区的金融素质。

9.2.2　丰富农村金融产品和工具

农村金融多样性可以有效提升农户的信贷获取便利度，扩宽乡村产业的融资渠道，有效改善农户贫困问题，增强农户的创业积极性。目前单一的农村金融工具已不能满足乡村产业绿色低碳发展对于各种金融服务的新需求，从农村金融市场发育现实来看，一方面，乡村产业绿色发展的金融机构更多是以银行机构为主，部分地区很少甚至是缺乏农业保险、信托、担保、证券等类型的金融机构，新型农业经营主体的主要融资渠道来自以银行信贷为主的间接融资；另一方面，金融产品缺乏，不能有针对性地解决新型农业经营主体资金短缺的问题。这需要政府大力构建和发展多层次的货币、资本和衍生品市场。因此加快金融支持方面的研发和创新，丰富融资渠道，将成为助推乡村产业绿色低碳升级的关键。首先金融机构要推进金融产品和工具创新，通过引导政府基金和社会资本拓宽资金来源以满足结构转型过程中的技术研发、产业调整、资产流转等经济活动对创业融资、风险投资、破产并购与融资担保等多样化金融服务的需求，发挥其资源配置功能来实现整体经济的低碳化和绿色发展。再通过下沉机构网点或人员，推行符合当地农业产业发展特色的金融产品，以实现农村金融资源的有效配置，提高绿色化生产效率。

1. 创新信贷支持绿色低碳产业形式

①金融机构应继续加大有利于节能减排、科技创新的投资项目和环保企业的信贷支持。利用借贷利率、借贷期限、偿还条件等市场手段促进乡村产业绿色转型或者结构升级。例如，加大对能耗较低的乡村产业以及植树造林、防风固沙等基础生态工程的扶持力度，加大对乡村产业企业购买低碳材料、节能电器、电动汽车等低碳消费品的授信和利率优惠，减少其生产成本，通过信贷支持进一步引导产业结构调整和消费结构调整从而促进乡村产业低碳经济发展。同时对高耗能、高污染以及高排放企业或项目的信贷投放进行严格把控，使其很难得到银行贷款支持，促使其产业调整。②加大绿色低碳产业资金支持。绿色低碳产业项目所需资金往往规模大、周期长，一般的投资者仅能投资单个项目，若项目失败就会对该投资者造成灾难性损失。商业性金融机构出于经营效益考虑对此类产品开发的意愿较低，从而使代表着绿色发展和绿色经济转型新动力的绿色项目与技术就会在市场竞争中因为融资瓶颈而被淘汰。因此，需要由政策性金融机构在统筹安排政策性支农资金的前提下，在年度资金计划中划拨专项资金用以开发中长期绿色产业低息贷款，以满足乡村产业绿色发展项目的资金需求。③积极建立重点项目信贷风险补偿基金和专项贷款资金。降低农业

经营主体的融资门槛，提高农业经营主体获取融资的积极性，激发农业经营主体创业热情，并且也能够激励农业产业经营主体专注研发活动，提高绿色技术进步、能源效率和行业绩效，从而有助于改善碳生产率，促进低碳经济转型的可能性和成功率，从而助推乡村产业的绿色低碳发展。④建立绿色发展基金。按照地域发展情况，建立以政策性金融为先导的乡村产业绿色发展基金，利用数字化整合碎片信息，做好资金投放领域的规划，有差别地进行金融支持。对于发展相对滞后的中西部地区，做好农林牧渔业等生产性经营活动的基础投资，做好全产业链规划，以适度的规模与投资为之后的成熟闭环绿色产业链打下基础；对于发展较为迅速的东部地区，需要重点做好与提升农产品加工附加值相关的资金投入，为产业绿色低碳发展提供市场化的资金保障。同时为了充分发挥市场高效的资源配置作用，避免乡村产业绿色发展对政府产生过度依赖，在产业发展基金后期成熟阶段逐渐转向市场化运营，引进农村商业性金融机构或企业，支持乡村产业融合经营主体壮大资本实力。

2. 创新金融的抵押品形式和范围

创新抵押品的形式和范围，创新信贷产品种类。新型农业经营主体资金短缺很大一部分是由于缺乏抵押物或抵押物划分不清，银行出于风险和收益的考虑并不愿意放贷给风险较大的乡村绿色产业借贷者，因此，完善抵押标的物形式，适当扩大抵押标的物的范围能在一定程度上解决经营主体贷款难的问题。①持续推进土地“三权分置”制度的落实，确保农民可以抵押林权和土地承包权来获取金融服务。②适度推动农村将集体土地使用权、集体资产股份等作为抵押标的物，提高农村经营者通过土地获得金融支持的能力。③加强银行、担保公司和政府等多部门在农业产业抵押担保领域的合作，拓宽农业产业发展的安全保障渠道。④持续完善农业企业厂房、大型农机、农业养殖圈舍等大型固定资产的抵押制度，改进基于活体畜禽、其他动产、仓储提单等动产质押活动。⑤开拓农村金融市场的收益权融资、知识产权融资、银担信组合贷款、小额保险保证贷款等新兴业务，逐步探索以上抵押质押品创新从农业企业向农民农户转移，由金融机构针对上述抵押标的物推出信贷产品，如农村土地、宅基地、林权抵押贷款、休闲农业经营户贷款、农村电商经营贷款、土地流转收益保证贷款等。⑥由政策性金融机构与合作性金融机构对农村金融市场进行补充，覆盖商业性金融机构不愿意涉及的群体或领域，如扶贫贴息贷款、农户联保小额贷款、碳排放配额贷款等。鼓励大型金融机构开展融资租赁、金融租赁业务，发挥租赁业务所有权清晰、债权人有保障、税收有优惠的制度优势，为农业企业和农民生产提供更灵活的资金服务方案。

3. 创新碳金融和绿色金融的产品和服务

首先，借鉴发达地区排污权质押贷款业务，将排放权减排额作为抵押物，为乡村绿色低碳企业进行融资，开办专项治理节能减排技术改造和设备升级换代的项目贷款业务，开办排放权交易购买方专项贷款，积极推动保理融资工具在乡村节能减排产业融资中的应用。其次，鼓励金融机构为排放权交易提供账户便利、研发支持和中介服务，积极推动民间机构、中介机构以及具有减排技术认证能力的第三方机构的发展。再次，鼓励商业银行和金融机构持续创新节能减排项目、财务顾问业务、低碳项目融资咨询等绿色低碳服务，加大对挂钩碳排放的金融理财产品和绿色金融产品的投资力度，扩大绿色证券、绿色投资的市场规模，积极探索绿色基金、绿色保险、绿色理财、绿色信托、碳金融等新型绿色金融产品应用和推广，实现绿色金融的多层次发展，满足多样化的绿色融资需求，充分发挥其在乡村产业绿色低碳发展中的重要作用。最后，要加强对碳金融产品、绿色金融的宣传，鼓励村民购买绿色投资产品，强化公众绿色投资环保意识。

9.2.3 健全农村金融组织体系

农村金融组织体系的健全直接关系到其服务于乡村产业绿色发展的综合水平，健全的组织体系有利于达成支持合力，有利于提升金融服务综合能力。通过针对农村金融需求主体建立健全的金融组织体系，扩大基层分支机构业务授权，能进一步促进金融供给与需求端的匹配，提升金融资源利用效率，同时也能进一步拓宽乡村产业经营主体的融资渠道、降低融资成本，提高产业发展整体效益。

1. 加快推进金融机构分工协作支农体系建设

促进形成政策性金融机构、商业性金融机构、合作性金融机构协同支持县域农村产业融合发展的金融服务模式，发挥优势互补，聚合金融的政策性、商业性与合作性，提高金融的支持效益。发挥政策性金融机构在支持乡村产业绿色发展中的引领作用，结合经营主体的贷款用途，通过无息、低息、信用贷款等方式支持乡村产业绿色发展，积极为绿色环保转型农业生产企业提供优惠贷款，发挥政策引导性作用。利用国有大型商业银行在县域镇村的网点分布优势，参照战略事业部运营模式组建农村三产融合投融资事业部，专职从事乡村产业经营主体的信贷需求跟踪调查及信贷产品开发，结合不同主体的经营特征设定信贷资金使用的不同期限和授信额度等条件。对于合作性金融机构而言，可以此为中心联合政策性融资担保机构、小额贷款公司以及相关经营主体组建信贷资金互助组织，充分发挥合作金融在支持乡村产业绿色发展过程中的补位作用。

2. 推动金融技术创新和数据共享，共同促进乡村产业绿色发展

一方面，利用大数据、云计算、移动互联网等信息技术提升农村社区零售终端以及网络终端金融服务质量，实现基础的 ATM、POSEPOS 等自动终端服务设施在镇村社区一级的全覆盖，探索开发面向乡村产业经营主体的金融零售服务和电子结算服务，提高金融支持乡村产业绿色发展的技术含量，实现乡村产业绿色发展与农村金融服务质量提升的双赢。另一方面，通过建立技术服务平台，为金融机构和企业提供技术咨询、解决方案和技术支持，以及为相关从业人员提供技术培训等，促进金融支持技术的推广和应用。同时，搭建金融支持数据库，加强对乡村产业绿色发展的环境数据、能源数据等关键数据的监测和采集，建立健全数据质量控制机制，并加强数据的整合，促进数据在不同机构和部门之间的流通和共享，提高数据的可靠性和准确性，更高效地发挥“双碳”目标下金融支持对乡村产业绿色发展的作用。

3. 进一步加快农村金融业市场化进程，深化农村金融改革

一方面，积极推进期货、基金等金融市场的建立和完善，丰富农村金

融市场结构，不断创新涉农金融产品种类，完善市场品种，丰富产业链上中下游品种组合，通过扩大融资渠道、降低交易成本促进企业创新，进一步降低能源消费，从而加速乡村产业绿色低碳发展。另一方面，结合区域实际进行农村金融改革试点，适度降低金融机构的准入门槛，引导实力雄厚、符合条件的民间资本进入农村、进入市场，建立信托公司、保险公司、金融租赁公司等不同类型的非银行金融机构，丰富农村金融市场的产品服务供给主体，打破农村金融市场的垄断局面，激发市场竞争活力，从而强化新型农业经营主体在金融市场上的议价能力，切实降低农村产业融合经营主体的融资成本，同时要强化对民间金融机构的监管，做好风险防范措施，避免风险过大对市场产生动荡。

9.2.4 健全农业保险风险分担体系

依托农业发展的乡村产业也承担着农业所面临的风险，再加上产业化逐渐推进，产业链不断延伸，风险种类与影响进一步扩大。要充分发挥金融支持的有效作用，推动乡村产业绿色发展必须建立多层次的风险分担机制，为各产业主体保驾护航。

（1）进一步推动保险产品的创新。通过研发投入支持和鼓励保险公司开发适合农村产业发展特点和实际需求的保险产品，如设计农业保险、农机保险、农产品质量安全保险、农业保险和贷款保险相结合的综合保险产品；扩大价格保险的开办区域和品种，在生猪、蔬菜、玉米、小麦、水稻、禽类等品种基础上，继续拓展其他重要农产品以及农业产业保险链条。稳步扩大农产品目标价格保险、收入保险、天气指数保险等新型农业保险的试点范围，促进规模效应发展，逐步将农业保险的保障水平提高至能够大部分覆盖或全面覆盖农村产业发展项目运营所需的地租成本、物化成本以及人力成本。

（2）强化政策性农业保险对于农村产业经营主体经营风险的兜底性保障作用，敦促国家农担公司、省级农担公司要积极发挥自身职能作用，为农业经营主体提供担保服务，进一步完善以财政支持为主导的农业巨灾风险转移分散机制，健全农业再保险体系，结合乡村产业项目的类型特征开发更为丰富的普惠性农业产业化保险产品。同时积极利用数字金融创新融资需求主体增信模式和增信系统，精准评估不同涉农企业和新型农业经营主体的信用等级和风险，针对不同信用等级的经营主体，提供对应的保险服务，实现降低金融机构贷款风险和提高农村产业贷款可得性的双重目标。

（3）积极推动农村保险服务模式创新。一方面，开展“农业保险 +”“绿色保险 +”，实现农业保险与其他业务部门合作的一体化。加强银保互动，探索以“信贷 + 农业气象指数保险”的模式来服务“最后一公里”，降低农村地区因气象灾害所造成的风险损失。此外，拓展开发农村产业保险保单质押的产品种类，进一步探索“订单 + 保险”“订单 + 保险 + 期货”等创新模式，以农产品经营订单作为授信要素，为订单农业生产主体提供必要的保障。另一方面，应进一步推动农业保险服务标准化体系建设，在法律允许和风险可控的范围内简化涉农保险产品运营流程，结合农业产业化新趋势做好涉农保险业务人员和投保农户的宣传培训工作，有效提升农业保险服务质量，加强农业产业经营主体对于产业低碳转型、绿色升级的信心。

9.3　优化政府职能作用

在市场经济条件下，城乡发展差距的存在导致资源要素由农村向城市转移，农村地区缺乏必要的资源禀赋，难以产生强大的原生经济主体，无法带动地区经济发展。同时，地方政府也因资源流失、财政紧张导致服务工作无法有效开展，不能很好地助力地区经济发展。在此基础上，国家应加大对经济发展薄弱地区的服务支持，充分发挥政府职能作用，通过采取宏观调控手段，引导资源向农村地区聚集，优化资源配置，聚焦乡村产业绿色发展，发挥政府的引领、监管和调控的作用。

9.3.1　强化各级政府的引领作用

乡村产业绿色发展面临着资金短缺、认知不足、理解不深、瞻前顾后等多种问题，金融法律制度建设方面需进一步优化，乡村地区缺乏配套的政策支持，未能有效激发农业经营主体的主观能动性和金融机构的参与积极性。基于此现状，乡村产业绿色发展不仅需要金融机构的大力支持，还需要各级政府的引导和扶持，从而营造有利于乡村产业绿色发展的良好生态环境。

（1）强化政府的引导作用，为金融机构支持产业发展营造良好环境。由农业部门联合金融部门、社会机构认定乡村产业经营主体，建立从业主体名录并明确需要金融机构重点支持的主体名单，支持乡村产业主体通过资本市场实现主体间兼并、收购、重组以及控股，组建大型农业企业集团，使资金流向具有创新技术的产业或收益较好的绿色低碳行业和企业，以充分实现金融资源的优化配置，推动乡村产业的可持续发展。同时鼓励建设创新型互联网平台、互联网支付机构、网络借贷平台、股权众筹融资平台，从工商登记、增值电信业务经营许可、民间借贷登记、资质认定、知识产权保护、人才引进、财政支持引导等方面予以政策支持，并进行适度监管。建设以县域为主、多种形式的交易市场，建立抵押物处置机制及农村产权抵押贷款风险补偿基金，减少乡村产业绿色发展过程中的风险。

（2）进一步发挥政府的多方协调作用，强化财政政策、产业政策以及信贷政策的配合力度，形成支持乡村高质量发展的政策合力。首先，应由省市级人民政府牵头联合相关部门，在中央金融支农政策的思路框架下，结合本省市乡村产业绿色发展实际，出台金融支持产业融合发展的具体指导意见，指导县级政府充分利用好定向降准、再贷款、再贴现等货币政策工具的红利，做好本区域内的金融支农工作。引导地方政府金融监管部门在风险可控的前提下适度放宽金融机构支持乡村产业经营主体贷款的监管要求，提高对农村产业绿色发展中相关的不良贷款容忍度。其次，县级政府还要利用上级转移支付做好财税配套政策的设计，成立相应的政策性担保公司为规模化龙头企业、农民专业合作社、种养大户等提供融资增信，完善金融担保授信机制。最后，县级政府作为扶贫开发的主阵地，还可以将产业绿色发展与金融扶贫开发工作统筹起来，将以往分散的财政资金、扶贫基金与金融资源整合起来，通过优化配置进一步促进农村一二三产业的深度链接和低碳融合发展。

9.3.2　做好项目资金流向监管

由于农村金融资源总量本身较为有限，必须提高农村金融资源的配置水平和使用效率，从而对县域农村产业融合发展起到靶向性的促进作用。因此，金融支持县域农村产业绿色发展，既要“子弹充足”，又要“弹无虚发”，需要加强项目资金的流向监管、确保金融信贷资金真正用在“刀刃”上，以提高项目资金使用效率。

（1）加快建立财政金融专项资金监管平台。利用互联网、大数据技术提高乡村产业绿色发展财政金融专项资金监管平台的技术含量，在平台上整合惠农财政金融政策集成模块、本地特色优势农业产业化重点支持领域模块、支农惠农财政金融资金流向公示模块、乡村产业经营主体信贷风险预警模块等，并将其与金融信用信息基础数据库对接，为广大金融机构甄别清洁项目，评估绿色效益和绿色信贷决策提供评价依据，同时，坚持节能减排和金融生态环境建设有机结合，把节能减排情况纳入金融生态环境评价体系，加大考核力度，使金融资源更多流向绿色低碳项目和产业，形成集政策宣讲、信息备案、公开公示、风险预警、考核评价等功能于一体的资金监管平台。为了预防资金发放和使用过程中的不正之风和潜在的腐败问题，确保专项资金能全额流到从业主体手中，应从源头开始监管资金发放流程，由金融部门负责人员统一“发货”，并电话通知各乡村产业经营主体“收货”，各属地部门相关人员负责具体的资金“派送”，并建立涉农信贷资金使用合规性的反馈举报机制。

（2）加强金融机构涉农贷款的追踪调查和管理。同贷前审查一样，贷后追踪调查和监管也是金融机构预防不良贷款的主要手段。一方面，应制定乡村产业绿色发展项目信贷资金使用管理办法，明确农村金融机构从事涉农专项贷款监管督查的责任划分、具体程序、执行标准以及奖惩细则，确保专项贷款监督管理工作责任分工明确。另一方面，要进一步强化信贷业务经理的责任意识，做好信贷业务经理的技能培训工作，推动信贷业务经理与乡村产业经营主体开展结对帮扶工作，不仅要深入了解各类经营主体的项目运营特征及信贷产品诉求，帮助他们选择契合其自身实际的金融产品及服务类型，还要指导各类经营主体做好财务管理工作，及时跟踪他们的项目运营现状及资金链风险程度，做好风险提示和风险预警。

（3）采取差异化、分层级的灵活监管模式。东部地区和中西部地区的现实情况差异较大，各级政府应根据区域发展实际情况，实行差异化的监管模式。对于东部地区应加强监管力度，防止金融资源的滥用，进一步监管和引导资金流向绿色低碳产业。中西部地方政府金融监管部门在保证风险可控的前提下，可以适度放宽金融支持乡村产业绿色发展项目贷款的监管要求，制定契合乡村产业绿色发展项目运营阶段性特征的绩效考评制度和尽职免责制度，提高对乡村产业绿色发展项目不良贷款的容忍度，扶持农村产业化发展稳步推进，激发中西部地区农村产业经营主体的积极性和创造性。

9.3.3 以宏观调控优化资源配置

通过强化政府宏观调控手段加强财政对乡村产业和农村金融发展的支持能有效弥补现有农村金融服务体系的缺陷和不足、建立健全的农村金融服务体系、降低农村金融服务风险，使其更好地服务于乡村产业绿色发展。

1. 加大财政投资力度

在很长时间内，农村金融机构在支农惠农方面承担了一部分财政职能，导致农村金融支持农村产业化发展往往“有心无力”，这不利于推进金融支持乡村产业的绿色发展。针对这一困境，应进一步强化政府所承担的财政支农职能，进一步改革和完善农村公共财政体制，分担农村金融机构的“财政性”职能，灵活运用财政投资工具支持乡村产业绿色发展。

一方面，要通过政府财政投资政策倾斜为乡村产业绿色发展和农村金融发展提供必要的基础设施支持，从而改善农村金融支持乡村产业绿色发展的外部环境。即加大政府财政投资乡村产业化基础设施和农村公共产品供给的力度。尤其是要将农村重点农田水利设施、道路桥梁、通信电网项目纳入财政转移支付专项划拨范畴，从而为乡村产业以及农村金融市场的成长创造良好的基础环境支撑。其中，还需要对地方特色历史人文资源、自然资源进行保护开发，在充分挖掘地方产业发展新动能的同时注重环境效益的保护。同时，要发挥财政支持农村金融发展的政策撬动作用，引导资金流向农业生产，使农业向低碳化、绿色化转型，促进绿色科技投入和新型农业产业有序发展，从财政支持方面进一步推动乡村产业绿色、可持续发展。

另一方面，由财政出资组建相应的金融机构，健全农村金融组织体系和服务功能，专项支持乡村产业融合高质量发展。当前我国政策性农村金融机构只有中国农业发展银行一家，不仅数量不够，而且功能不健全，限制了金融对乡村产业绿色发展的支持作用。对此，首要的是加大对中国农业发展银行的改革和财政支持力度，补充其资本金，加大其财政途径的信贷资金来源力度，将财政性扶贫资金部分或全部划拨给中国农业发展银行进行信贷化配置，将政策性银行服务功能从主要提供粮食收购贷款拓展到对农村交通、水利、电网等基础设施建设和扶贫开发的信贷投放领域，从而使中国农业发展银行真正成为一家具有农村扶贫、开发职能的专门银行。在此基础上还需要推动财政出资组建新兴政策性农业保险机构，完善农村政策性金融组织体系，形成农业产业化运营再保险机制与巨灾风险转移分散机制。进一步推动财政出资发展农村信用担保服务机构，分摊农村信贷风险，调动农村金融机构贷款的积极性，在各类商业性担保机构的基础上由财政出资构建政策性信用担保服务机构，为商业性担保机构提供一般再担保和强制再担保业务服务，破解乡村产业绿色发展中的资金瓶颈，为金融发展提供重大机遇。引导各担保机构秉持保本微利经营原则，调低融资担保和再担保业务收费标准，为金融机构对乡村产业从业主体发放贷款提供有效的担保服务。同时，还要倡议由中央和地方财政分层专项资金支持成立乡村产业经营主体信用担保基金，在保证信贷业务质量的前提下鼓励金融机构适当参与证券投资业务，促进金融机构负债构成多元化，满足乡村产业绿色发展过程中对资金支持的多元需求。另外还要做好财政投资工具与货币政策工具的配合使用，综合运用定向降准、支农再贷款、支小再贷款和再贴现等多种货币政策工具，增加金融机构支持农村产业发展的资金来源。

除此之外还要对财政资金进行合理管理与监督，避免财政支农资金被挪用、被滥用。一是要强化财政资金管理，提高财政支持资金预算管理的科学化、精细化水平，创新财政支持资金管理办法；建立公开的、透明的财政支持资金使用程序和使用范围，强化资金的使用效率。二是要健全对财政资金管理人员的激励和约束机制。将监督检查结果与财政管理考核相结合，与财政转移支付相结合，实行奖优罚劣。将监督检查成果运用到财政管理的改进和完善之中，提高监督检查的威慑力。

2. 扩大税收优惠幅度

在现代农村金融服务体系建设中，税收调节是财政政策的一项重要工具，它可以对农村金融机构服务“三农”的成本和收益进行调节，从而为农村金融机构服务农村产业融合发展和农村经济提供必要的激励与约束机制。农村企业与乡村产业项目的风险承受能力较小，其中绿色化产业经营成本高，使其在与非绿色企业或项目的竞争中处于被动位置。这造成金融资本、社会资金对参与绿色投资、绿色生产往往持等待观望的心态。而税收在金融支持乡村产业绿色发展这一过程中通过减免或加重征收等措施，一方面，降低金融支农成本和风险，增加金融支农收益，提高了农村金融机构服务“三农”的积极性，同时也提升了社会资本积极投资建设低碳项目和与低碳产业互补的产业项目的意愿，从而积聚更多的金融资本，推动乡村产业绿色低碳发展；另一方面，约束农村金融机构的金融服务偏离农村的行为，促使其金融支农功能不发生异化和运作规范。因此，对于农村金融机构应给予一定力度的税收优惠，避免其将税收作为经营成本并转嫁给金融需求者，降低金融机构支持农村第一、第二、第三产业融合发展贷款成本。

具体而言：一是对农村新设立的金融机构，如村镇银行给予5年以上的税收优惠减免，降低其开办初期的经营成本，促进新兴农村金融机构的快速成长。二是对在县域内新设营业网点并积极为农村产业经营主体提供多元化的绿色金融产品服务的金融机构实施适当的税收减免政策，促进大型城市金融机构积极向农村开拓绿色产业市场。三是延长对农村信用合作社的税收扶持政策期限，出台处理抵债资产过程中的相关税费减免政策，对农村信用合作社在接受和处置抵债资产过程中应缴纳的税收予以减免。对农村信用合作社延长税收扶持政策期限，出台处理抵债资产过程中的相关税费减免政策，对农村信用合作社在接受和处置抵债资产过程中应缴纳的税收予以减免。四是将农村非正规金融机构的规范激励纳入税收优惠范围，促使其正规化，扩大乡村产业绿色发展的融资渠道。

3. 转移支付工具的使用

政府利用财政补贴、损失注销和补充资本金等转移支付工具，降低农村金融机构支农成本和风险，提高农村金融机构服务“三农”的积极性，促进农村金融安全和可持续运行。农业固有的弱质性和风险性，造成了农业产业尤其是农村的绿色产业具有较高的风险性，这使农村金融机构比城市金融机构面临着更大的风险，在市场竞争和平均利润率规律的作用下，农村金融机构有可能将有限的农村金融资源优先配置到城市投资项目上，以获取可靠的高收益，这难免会对农业和农村经济发展造成不利影响。要促进农村金融机构为“三农”服务的积极性和主动性，除了政府利用税收工具提供激励机制外，还可以运用转移支付工具。具体来说，主要有以下 3 个方面。其一，由中央财政和各地省级财政共同出资建立“农业贷款风险补偿基金”，当农村金融机构出现政策性贷款亏损时，由风险补偿基金给予冲销，以降低农村金融机构的支农风险。其二，对于积极开发农业产业化金融产品、服务县域农村产业融合项目发展的金融机构，应给予一定的亏损补贴或利差补贴，同时要给予新增支农贷款较多的金融机构相应的财政激励，引导县域资金留在农村服务“三农”，对于经营初期处在亏损状态的新开设的金融机构，要利用转移支付工具给予一定的财政补贴，使其逐步拥有“造血”功能。其三，对于农村合作金融组织、非正规金融组织应在法律框架内给予其一定的财政激励，鼓励和引导它们发挥自身网点下沉的优势，积极参与乡村产业绿色发展项目投融资运营，在服务农村产业化发展的同时增强自身的市场竞争力。

4. 完善顶层法律规制框架

金融支持乡村产业绿色发展的有效推进，根本上还是在于农村金融服务体系的完善，要想构建支撑农业产业绿色化发展的金融服务体系，仍离不开顶层法律规制框架的完善。应坚持公平原则、效率原则以及激励相容原则的基本导向，切实做好针对农村产业经营主体以及金融服务需求主体的法律需求调研，并保障科学立法和公正执法全过程的公开透明，同时考虑到地区差异，对东部和中西部地区实行不同的法律政策支持。

（1）进一步探索制定和实施促进现代农村金融服务的专门法案。目前我国没有一部专门针对农村金融发展的法案，农村金融发展的法律依据只来自《中国人民银行法》《商业银行法》和《农村信用合作社管理细则》等法律法规，法律条款散而零乱，适用性差，客观上需要建立一部专门的农村金融根本大法，以适应农村产业化发展和农村金融服务深化的现实背景，同时要进一步加强政策间的协调性和衔接性，减少政策间的冲突。该法律的基本内容应包括如下方面：在法律总则中应确定该法具有农村金融总法的性质和仅限于县域农村的适用范围；在法律主体条款中应明确农村金融组织体系的组成框架、金融机构发展类型、地位、发展权利与义务、农村金融市场体系构成框架、市场交易规则、市场交易双方的权利与义务；明确各种法律纠纷、法律处罚和法律仲裁等思路，并且在“双碳”目标下，应加强对绿色金融政策法律体系的研究，制定相应的政策法规来规范绿色金融体系的运行，引导绿色金融发展方向，进一步推动乡村产业绿色低碳发展。

（2）结合农村非正规金融的发展趋势，本着正向引导农村非正规金融服务乡村产业绿色发展的宗旨，探索制定和完善针对农村非正规金融和民间金融的专门法案。一般而言，外部制度环境是决定内生性金融业态能否良性发展的重要因素之一，只有通过法典化的方式为非正规的内生性金融业态提供法律地位和产权保护，才能够激发内生性金融的活力，使其与正规金融一起成为支撑乡村产业高质量发展的重要动力来源。在现代农村金融制度构建中，急需专门制定一部农村非正规与民间金融促进的专门法案，促进农村内生性金融业态规范化、法治化和有序化发展。尤其是对不同形式的内生性金融活动，如内生性正规金融、内生性非正规金融、民间金融和高利贷应区别对待，确定哪些合理、哪些不合理，并对“合理”的非正规金融组织的性质地位、运作机制等给予法律上的正式确定，划清非法吸收公众存款与合法民间借贷之间的界限、消解法律与某些金融支持政策的冲突等，使民间金融业态合法合规，降低金融支农的市场风险和交易成本。同时要打造严格的环境法律制度。严格的环境规制不仅引导金融市场资金从“两高一剩”行业流向节能环保和绿色产业，迫使高污染企业开展绿色创新活动减少污染以重新获得金融机构资金支持，而且提高了环境信息的透明度，减少信息的不对称，促使企业获得规模更大、期限更长以及成本更低的外部融资，为产业绿色低碳发展营造更安全的金融环境。

（3）贯彻区域发展战略，制定差异化的金融政策。针对我国金融支持乡村产业绿色发展东部强、中西部弱的不均衡状态，各级政府应根据区域发展实际，制定差异化的金融支持政策。就东部地区而言，物质基础和经济实力相对雄厚，传统金融已无法满足乡村产业绿色发展的多元化需求，因此应重点进行绿色产品创新，开发高端绿色金融产品，探索新的绿色金融服务项目。根据东部地区的产业特点，在加强对绿色环保产业进行金融支持的同时，还应积极引导高消耗、高排放的资本密集型企业进行绿色转型，减少碳排放；同时扩大跨区域绿色金融改革创新试点，实现绿色金融资源的跨区域流动，充分发挥试点地区的辐射带动作用，形成绿色金融区域协同发展的新优势。就中西部地区而言，金融基础较为薄弱，应加强金融知识宣传，培育绿色发展理念，提升金融机构绿色服务意识；加大金融政策实施和基础设施建设，加快金融产品推广，扩大金融业务覆盖范围，注重金融人才引进和培养，提高金融服务效率；同时充分发挥西部地区产业特色优势，加强金融与绿色农业、绿色旅游、绿色能源等产业的融合发展，充分发挥金融碳减排的作用，实现西部地区乡村产业的绿色低碳发展。

第10章　湖南省金融支持乡村产业绿色发展案例分析

党的二十大报告提出要“全面推进乡村振兴”，这是对党的十九大报告所提出的“实施乡村振兴战略”的进一步发展，彰显出新时代新征程在工农城乡关系布局上的深远谋划，为不断推进乡村振兴、加快农业农村现代化进程指明了方向。鉴于发展乡村产业的重要性，2018年中共中央、国务院印发了《乡村振兴战略规划（2018—2022年）》，其中从产业融合、利益联结与农村创新创业三个方面对发展壮大乡村产业做出了明确要求。2019年国务院颁布的《关于促进乡村产业振兴的指导意见》成为全国乡村产业振兴工作的指导性文件，随后农业农村部再次分别印发《全国乡村产业发展规划（2020—2025年）》《关于拓展农业多种功能促进乡村产业高质量发展的指导意见》，对全国乡村产业发展做出了具体部署，综上可以得出“产业兴旺，是解决农村一切问题的前提”，推动乡村产业发展对于全面实施乡村振兴战略具有重要的现实价值，彰显了发展乡村产业的重要性，加快发展乡村产业是实施乡村振兴战略的首要任务和工作重点。

中部地区承东启西、连南接北，资源要素丰富、市场潜力巨大、文化底蕴深厚。站在农业农村发展新的历史起点上，湖南省深入贯彻落实习近平新时代中国特色社会主义思想和党的二十大精神，出台多项政策以推动农业全面升级，加快实施创新引领开放崛起战略，顺应发展态势，抢抓发展机遇，充分发挥农业大省优势，各地依托乡村资源，发掘新功能新价值，培育新产业新业态。新兴产业带已初具规模，乡村产业体系发展呈现新态势，走出了一条精准、有特色、可持续的乡村产业绿色发展道路。“十三五”期间，湖南省全省农业农村发展取得历史性成就、发生历史性变革，为进一步推进乡村产业绿色发展奠定了坚实基础：农业综合生产能力显著增强，全面完成

“十二五”“十三五”时期高标准农田建设任务，开建一批重大水利工程，粮食播种面积、产量常年稳定在 7000 万亩、600 亿斤左右，水稻、油菜面积均稳居全国第 1 位，粮食安全省长责任制考核连续 4 年获得国家考核评价“优秀”等次。“优质湘猪工程”加快推进，生猪出栏量位居全国前列。十大农业优势特色千亿产业蓬勃发展，“一县一特、一特一片”基本成型，全产业链产值达到 1.24 万亿元。农林牧渔业总产值达到 7511.96 亿元，增速高于全国平均水平；第一产业增加值达到 4240 亿元，居全国第 6 位。湖南省计划“十四五”时期，在农村同步全面建成小康社会的基础上，立足农业农村发展新的历史起点，将“三农”工作重心历史性转向全面推进乡村产业绿色发展，积极部署、统筹谋划、科学推进乡村产业绿色发展。

10.1 湖南省乡村产业绿色发展现状

10.1.1 综合水平

图 10.1 是 2011—2020 年湖南省与全国乡村产业绿色发展水平综合指数变化趋势的对比图。首先，根据测算结果，湖南省乡村产业绿色发展水平综合指数存在以下几个特征：第一，湖南省乡村产业绿色发展水平综合指数呈持续上升趋势，由 2011 年的 0.15 增长到 2020 年的 0.24，增长幅度达到 60%，明显领先于全国平均增长水平，此后，湖南更是通过以县域城乡融合发展为动力，实现农业农村改革新突破；以精细农业发展为突破，扛稳国家粮食安全首要任务；以“六个全覆盖”乡村建设为关键，补齐农村全面小康短板；以绿色乡村为目标，逐步进入宜居宜业新发展阶段；以乡村文化兴盛为方向，赋能全面推进乡村产业绿色发展内在动力；以“三治融合”“乡村善治”为要求，探索农村高效能治理长效机制；以农业农村优先发展为原则，推进脱贫攻坚与乡村产业绿色发展有效衔接；第二，湖南省乡村产业绿色发展水平综合指数较小，最高仅为 2020 年的 0.24，这说明湖南省乡村产业绿色发展水平较低，还存在较大提升空间。因此，为深入贯彻落实中央

经济工作会议、中央农村工作会议重要精神和中央一号文件部署要求，湖南多部门联合印发了《湖南省金融支持巩固拓展脱贫攻坚成果全面推进乡村振兴实施方案》，以创建农村普惠金融示范区、加强乡村旅游金融服务等一系列措施，进一步引导金融资源向乡村更加绿色低碳的产业领域聚集。但与此同时，可以明显地观察到，自2011—2020年期间，湖南省的乡村产业绿色发展水平综合指数低于全国平均水平，说明湖南省乡村产业绿色发展水平较全国平均水平而言较为落后，湖南省还需根据其乡村实际情况采取因地制宜的方式发展乡村产业，提升产业发展水平，如图10.1所示。

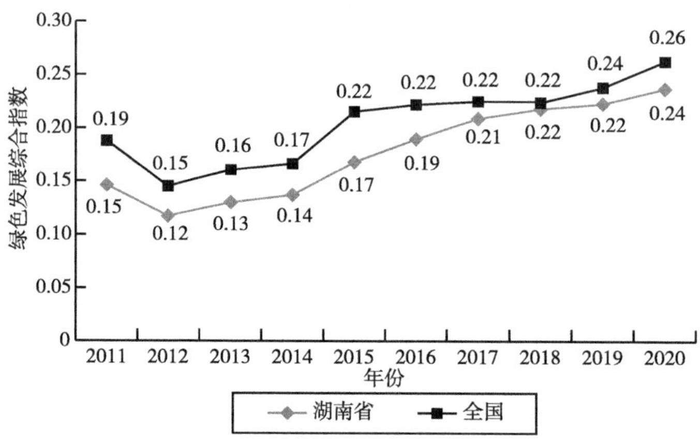

图10.1　2011—2020年湖南省与全国乡村产业绿色发展综合指数变化趋势对比

10.1.2　各子系统水平

图10.2描绘了2011—2020年湖南省乡村产业绿色发展水平六个子系统指数的变化趋势。从农林牧渔业、农产品加工业、乡村新型服务业、生态循环农业、农业科技创新和农村创新创业六个子系统测算结果来看与全国乡村产业绿色发展各子系统指数变化趋势较为接近，具体表现在：第一，农林牧渔业指数小幅波动，但总体上呈现稳定上升态势，研究期内年平均增长率为3.07%，2018年之后的增长幅度较为明显；第二，农产品加工业指数变化有明显波动，除2019年有所下降以外，研究期间其他各年度均有提升，但提升

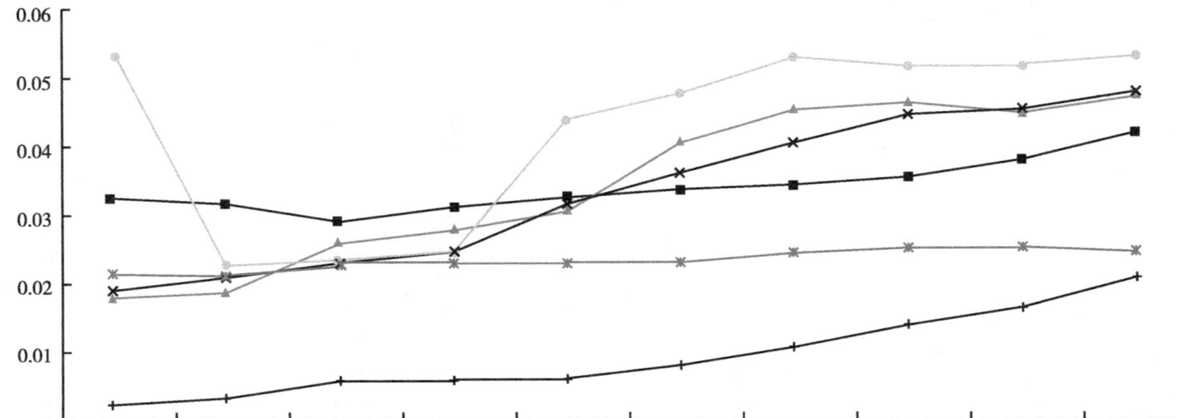

	2011	2012	2013	2014	2015	2016	2017	2018	2019	2020
农林牧渔业	0.032570765	0.03170656	0.029071987	0.031214345	0.032643329	0.033821	0.034493112	0.035634944	0.03820216	0.042220073
农产品加工业	0.017829083	0.018574913	0.025858531	0.027798055	0.030564928	0.040669162	0.045521574	0.046581616	0.045074273	0.047502066
乡村新型服务业	0.018907889	0.020807752	0.022959643	0.024601923	0.03166431	0.036275614	0.040680546	0.044837097	0.045620099	0.048234633
生态循环农业	0.021331786	0.020550087	0.02306345	0.022894898	0.023080427	0.023018445	0.02437263	0.025131996	0.025240142	0.024570528
农业科技创新	0.053411219	0.02258553	0.023425307	0.024663919	0.044167907	0.047973944	0.053298491	0.051980398	0.052272146	0.053507788
农村创新创业	0.001976192	0.002956055	0.005464488	0.005715245	0.005869301	0.007777555	0.01043548	0.013712825	0.016321488	0.02076732

图 10.2 2011—2020 年湖南省乡村产业绿色发展各子系统指数变化趋势

幅度差异较大；第三，乡村新型服务业指数持续呈上升趋势，2015 年在相关政策的加持下上升幅度最为明显，增长率达到 28.71%，高于全国平均水平；第四，生态循环农业指数的变化趋势较为平缓，未出现较大波动，但在 2012 年、2014 年、2016 年和 2020 年分别出现了不同程度的下降，年平均增长率为 1.68%；第五，农业科技创新指数波动幅度相对较大，整体呈现下降趋势，2016—2018 年下降趋势较为明显，而后在 2019—2020 年有所上升；第六，农村创新创业指数年平均增长率为 31.79%，总体上呈现出较为明显的上升态势，其中 2012 年增长率达到最高为 84.86%，其余年度除 2012 年和 2013 年以外增长幅度均较为明显。

图 10.3 是 2011—2020 年湖南省与全国、邻省（湖北）、最高（MAX）乡村产业绿色发展各子系统指数变化趋势对比图。

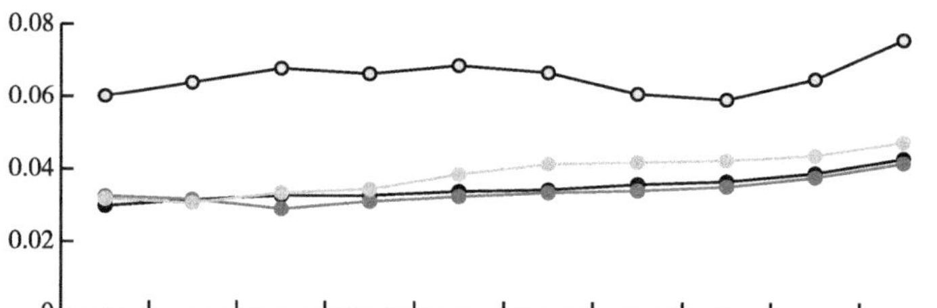

	2011	2012	2013	2014	2015	2016	2017	2018	2019	2020
全国	0.03	0.03	0.03	0.03	0.03	0.03	0.04	0.04	0.04	0.04
湖南	0.03	0.03	0.03	0.03	0.03	0.03	0.03	0.04	0.04	0.04
湖北	0.03	0.03	0.03	0.03	0.04	0.04	0.04	0.04	0.04	0.05
MAX	0.06	0.06	0.07	0.07	0.07	0.07	0.06	0.06	0.07	0.08

（a）农林牧渔业2011—2020年湖南省与全国、邻省、最高乡村产业绿色发展指数变化趋势对比

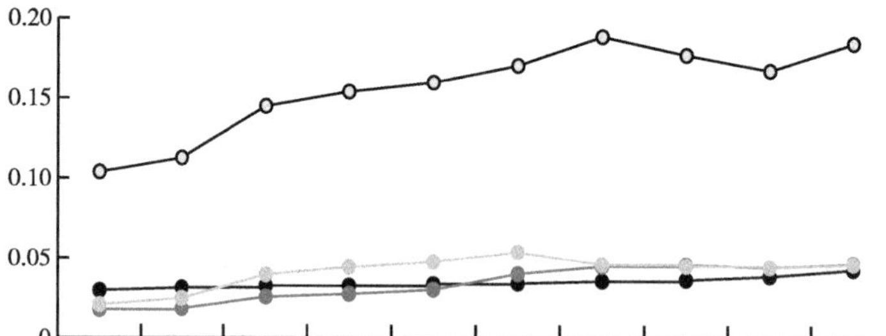

	2011	2012	2013	2014	2015	2016	2017	2018	2019	2020
全国	0.03	0.03	0.03	0.03	0.03	0.03	0.04	0.04	0.04	0.04
湖南	0.02	0.02	0.03	0.03	0.03	0.04	0.05	0.05	0.05	0.05
湖北	0.02	0.02	0.04	0.04	0.05	0.05	0.05	0.05	0.05	0.05
MAX	0.10	0.11	0.14	0.15	0.16	0.17	0.19	0.18	0.17	0.18

（b）农产品加工业2011—2020年湖南省与全国、邻省、最高乡村产业绿色发展指数变化趋势对比

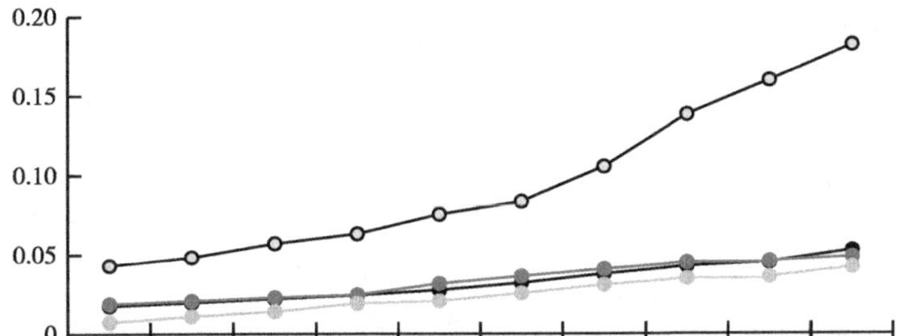

	2011	2012	2013	2014	2015	2016	2017	2018	2019	2020
全国	0.02	0.02	0.02	0.02	0.03	0.03	0.04	0.04	0.05	0.05
湖南	0.02	0.02	0.02	0.02	0.03	0.04	0.04	0.04	0.05	0.05
湖北	0.01	0.01	0.01	0.02	0.02	0.03	0.03	0.03	0.04	0.04
MAX	0.04	0.05	0.06	0.06	0.08	0.08	0.11	0.14	0.16	0.18

（c）乡村新型服务业2011—2020年湖南省与全国、邻省、最高乡村产业绿色发展指数变化趋势对比

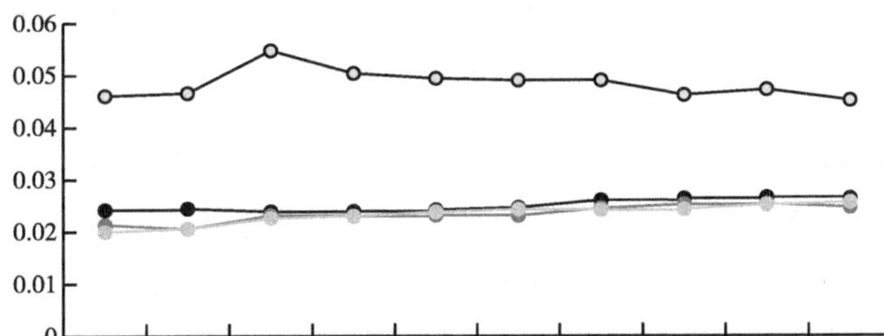

	2011	2012	2013	2014	2015	2016	2017	2018	2019	2020
全国	0.02	0.02	0.02	0.02	0.02	0.02	0.03	0.03	0.03	0.03
湖南	0.02	0.02	0.02	0.02	0.02	0.02	0.02	0.03	0.03	0.02
湖北	0.02	0.02	0.02	0.02	0.02	0.02	0.02	0.02	0.03	0.03
MAX	0.05	0.05	0.05	0.05	0.05	0.05	0.05	0.05	0.05	0.05

（d）生态循环农业2011—2020年湖南省与全国、邻省、最高乡村产业绿色发展指数变化趋势对比

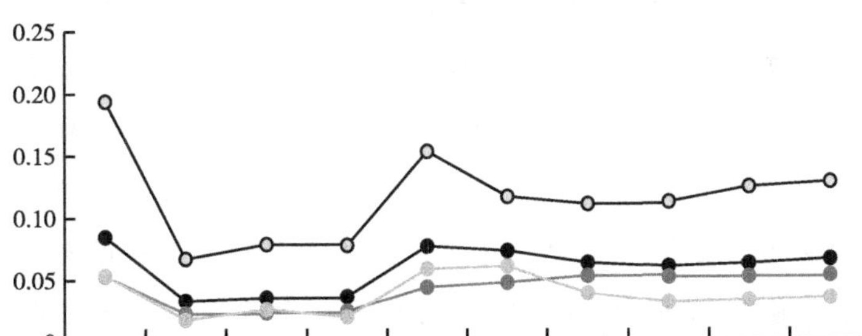

	2011	2012	2013	2014	2015	2016	2017	2018	2019	2020
全国	0.08	0.03	0.04	0.04	0.08	0.07	0.06	0.06	0.06	0.07
湖南	0.05	0.02	0.02	0.02	0.04	0.05	0.05	0.05	0.05	0.05
湖北	0.05	0.02	0.03	0.02	0.06	0.06	0.04	0.03	0.03	0.04
MAX	0.19	0.07	0.08	0.08	0.15	0.12	0.11	0.11	0.12	0.13

（e）农业科技创新2011—2020年湖南省与全国、邻省、最高乡村产业绿色发展指数变化趋势对比

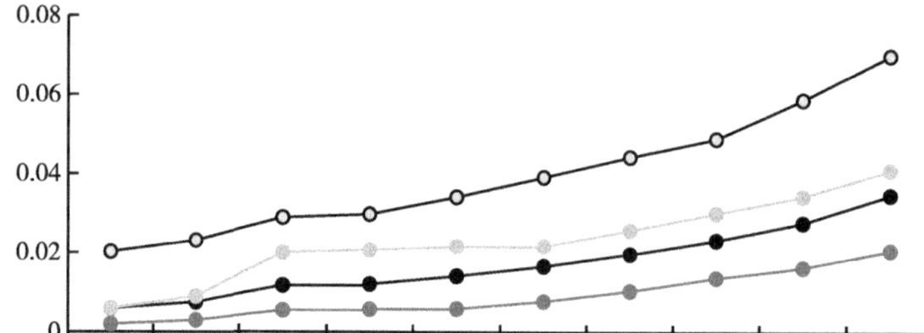

	2011	2012	2013	2014	2015	2016	2017	2018	2019	2020
全国	0.01	0.01	0.01	0.01	0.01	0.02	0.02	0.02	0.03	0.03
湖南	0.00	0.00	0.01	0.01	0.01	0.01	0.01	0.01	0.02	0.02
湖北	0.01	0.01	0.02	0.02	0.02	0.02	0.03	0.03	0.03	0.04
MAX	0.02	0.02	0.03	0.03	0.03	0.04	0.04	0.05	0.06	0.07

（f）农村创新创业2011—2020年湖南省与全国、邻省、最高乡村产业绿色发展指数变化趋势对比

图 10.3　2011—2020 年湖南省与全国、邻省、最高乡村产业绿色发展各子系统指数变化趋势对比

可以观察到，第一，湖南省六个子系统指数中农林牧渔业、生态循环农业、农业科技创新和农村创新创业指数均低于全国平均水平。主要是因为我国地域广大，区域发展不均衡，改革开放以后，我国东部沿海地区发挥交通便利的区位优势，率先推动区域工业化、城镇化发展，成为我国经济相对发达地区，而其周边地区的农村，受工业建设带动和城镇扩张辐射，形成了利益密集的特征。与之相对，广大中西部地区依然呈现出以农业为主的产业形态，成为经济社会发展相对落后的地区。而湖南省处于我国中部地区，该地区的一般农业型村庄所存在的经济机会自然较少，因此这四个指数低于全国平均水平。但在国家相关政策的引导下，湖南省为深入贯彻落实相关政策精神也出台了一系列政策文件，因此乡村产业绿色发展中的这几个指标发展也呈利好态势，其变化趋势均分别与全国平均水平各指数十分接近。由于农村产业链延伸有限，农村工业和服务业尚处于初始阶段，三产融合发展明显落后。湖南农产品 2020 年跻身"万亿俱乐部"，加工产值与农业产值比达到 2.55∶1，但远远低于河南省、山东省等国内农业先进省份和发达国家水平，且农产品加工转化率低于全国平均水平，因此湖南省农产品加工业指数在 2016 年之前低于全国平均水平，虽然在此之后经过不懈的努力高于全国平均水平，但仍与一些农业先进省份存在较大的差距。同时，乡村新型服务业在 2015 年之前基本与全国平均水平

一致，自 2015 年往后高于全国平均水平，直至 2020 年降至全国平均水平之下。主要是湖南省一直致力于拓宽新型职业农民的来源渠道，通过资格认定时的教育培训、认定后的教育培训以及构建新型职业农民的互动平台，提高其人力资本含量并释放新型职业农民的创新活力和经营潜力；从而充分发挥新型职业农民对周边农户和现代产业的带动作用，鼓励新型职业农民通过家庭农场、农民合作社、农业龙头企业、综合性服务机构、农业技术指导等增强与周边农民的经济互动，促使新型职业农民和周边农户形成联结更紧密、方式更加多元的利益共同体。第二，湖南省六个子系统指数中农产品加工业和农业科技创新与最高省份的差距最大，说明湖南省在农产品加工业和农业科技创新方面的发展还有较大的空间，可以参考示范省份发展路径，结合本省实际情况，立足自身特色，体现差异优势，大力发展县域富民产业。乡村新型服务业指数与最高省份之间差距的波动较大，自 2016 年以后差距更是进一步拉开。而剩下的农林牧渔业、农民创新创业和生态循环农业指数与最高省份之间的差距相对较小，说明湖南省在乡村产业绿色发展过程中这几个方面取得的成绩比较不错。第三，为更加客观地分析湖南省乡村产业绿色发展各子系统水平，选取中部地区湖南省的邻省湖北省进行对比分析发现，湖南省六个子系统指数的趋势走向与邻省湖北省较为相似，而其中农林牧渔业指数，湖南省低于其邻省，农产品加工业也是，但 2017 年后差距明显缩小，乡村新型服务业指数高于邻省，生态循环农业指数大小与邻省基本趋于一致，农业科技创新指数在 2014 年以前与邻省趋于一致，2015—2016 年低于邻省，在 2017 年实现超越，较邻省更高，农村创新创业指数低于邻省，与之差距一直保持较为平稳的水平。

10.2 湖南省金融支持乡村产业绿色低碳发展现状

10.2.1 政策支持现状

自乡村振兴战略提出后，财政对农村发展的资助力度虽有所增强，但很难满足“三农”发展的全部需求和实现乡村振兴的战略目标。2018 年中央一号文件指出，要重点发展普惠金融以促进农村经济发展，因为普惠金融能使更多的低收入群体、小微企业享受到金融服务，从而推动乡村产业的发展。因此，借助金融手段服务于乡村产业绿色发展就成为现实的选择。为了深入贯彻落实《国务院关于印发推进普惠金融发展规划（2016—2020 年）的通知》（国发〔2015〕74 号），加快推进湖南省普惠金融发展，结合《湖南省“十三五”金融业发展规划》《湖南省金融精准扶贫规划（2016—2020 年）》，立足湖南省实际，发布《湖南省推进普惠金融发展实施方案》等文件，此类文件的提出也支持了湖南普惠金融的发展。同时为切实贴近乡村振兴中乡村产业生态振兴的要求，践行农业产业绿色发展理念，2017 年，湖南省政府金融办、人民银行长沙中心支行、省财政厅、省发展改革委、省环保厅、省银监局、省证监局、省保监局 8 个部门联合下发了《关于促进绿色金融发展的实施意见》，为进一步推动供给侧结构性改革，培育经济发展新动能提供政策方面的支持，进一步推动金融支持乡村产业绿色低碳发展。

为创建农村普惠金融示范区、加强乡村金融建设，进一步引导金融资源向乡村产业绿色低碳领域聚集。湖南多部门联合出台了《湖南省金融支持巩固拓展脱贫攻坚成果全面推进乡村振兴实施方案》（以下简称《方案》），《方案》包括 30 条“干货”措施，聚焦乡村产业重点领域，内容涉及支持农业优势特色产业加快发展、完善种业融资服务体系、扎实做好新型农业经营主体金融服务、探索金融支持乡村建设和绿色发展的新模式等。同时，《方案》提出了“探索开展农村普惠金融示范区创建，推动农村普惠金融高质量发展”“支持符合条件的企业发行非金融企业债务融资工具用于乡村振兴”等多项细化措施。为进一步优化农村金融生态环境，湖南省还将逐步推动建立健全省级农村信用信息系统，研究建立新型农业经营主体信用评价指标体系，探索开展“公司 + 基地 + 农户”“公司 + 合作社 + 农户”等上下游涉农信用信息一体化采集，切实防范“三农”领域金融风险。并且出台《湖南省“十三五”林业发展规划》和《关于加快推进美丽乡村建设的意见》，贯彻绿色发展理念，坚持以提高发展质量和效益为中心，以建设绿色通道为抓手，为建设美丽幸福湖南提供绿色保障和生态支持，持续完善相关政策机制助力产业绿色低碳发展。

“十四五”时期（2021—2025 年）是巩固拓展脱贫攻坚成果的关键时期，是衔接推进乡村产业绿色发展的重要阶段。在《中华人民共和国国民经济和社会发展第十四个五年规划和 2035 年远景目标纲要》中明确提出了全面推进乡村振兴的历史任务，并强调要推进农业绿色高质量转型以及建设美丽宜居乡村，即实现乡村产业生态化和推进美丽乡村建设是我国“十四五”时期全面建设社会主义现代化国家的重要任务。表明党中央对推进我国农业发展和生态农业转型的决心，也为进入生态农业时代我国农业农村的可持续发展提供了政策指导。因此，推动乡村产业生态化高质量转型成为乡村产业绿色发展的必然趋势。湖南省委、省政府提前谋划，明确编制“十四五”巩固拓展脱贫攻坚成果同乡村振兴有效衔接规划，并列入湖南省“十四五”重点专项规划。同时认真贯彻落实《中华人民共和国乡村振兴促进法》《全国农业农村现代化规划（2020—2025 年）》《湖南省国民经济和社会发展第十四个五年规划和二〇三五年远景目标纲要》《中共湖南省委湖南省人民政府关于实现巩固拓展脱贫攻坚成果同乡村振兴有效衔接的实施意见》，围绕实施“三高四新”战略和农业农村现代化总目标以及可持续发展理念，在科学分析“十四五”形势任务、机遇和挑战的基础上，积极推进三产融合，进而实现多业协同和可持续发展的良好局面。

2022 年 2 月，中央一号文件接续强调全面推进乡村振兴，聚焦产业促进乡村发展，农业农村现代化迈出新步伐，并对持续推进农村三产融合、推进农业农村绿色发展等做出了具体要求。金融作为现代经济发展的核心与利器，在优化资源配置、促进经济发展方面有着不可替代的作用，为产业融合发展提供融资渠道和资金支持，对促进乡村产业绿色发展具有重要意义。对于产业的发展支持更加趋向绿色低碳的方向。湖南省立足本省实际，发布规范性绿色金融支持产业领域项目，深化绿色金融改革，建立“双碳”金融项目库，组织金融机构全覆盖对接；做优顶层设计，以长株潭为代表，三市曾联合发布结合部分地区确立 89% 保护区域面积的《长株潭城市群生态绿心地区总体规划》，并在《长株潭两型社会建设综合配套改革试验总体方案》中确立了系列阶段性发展目标和具体任务；搭建综合服务平台，开展环境权益抵押质押融资试点，为推动乡村产业绿色低碳发展提供全面的政策支持。

10.2.2 金融渗透现状

1. 乡村金融服务渗透不断深入

截至2020年末，乡村金融下沉工作已经取得显著成效，湖南省乡镇实现了银行网点的全覆盖，全省6923个贫困村金融服务覆盖率为100%。从物理硬件的角度看，2020年湖南省金融机构资产总额为14072.1亿元，营业网点数为4154个，从业人数达到42213人，法人机构数167个，如表10.1所示。

表10.1　2011—2020年湖南省金融机构覆盖情况

年份	资产总额/亿元	营业网点数/个	（网点数/农村人口）/每万人	从业人数/人	法人机构数/个	（法人机构数/农村人口）/每万人
2011	3999.00	4184.00	1.16	38694.00	211.00	5.83%
2012	4670.70	4119.00	1.16	38937.00	163.00	4.60%
2013	5569.00	4098.00	1.18	39359.00	161.00	4.62%
2014	6550.00	4106.00	1.20	39878.00	160.00	4.68%
2015	7702.14	4108.00	1.23	39675.00	160.00	4.80%
2016	9495.65	4157.00	1.29	41912.00	157.00	4.87%
2017	10184.00	4192.00	1.35	42120.00	159.00	5.11%
2018	11605.00	4209.00	1.39	42563.00	164.00	5.41%
2019	12632.00	4203.00	1.42	42544.00	164.00	5.54%
2020	14072.10	4154.00	1.52	42213.00	167.00	6.09%

虽然渗透成效已较为显著，但金融服务仍在继续向农村地区渗透。由表10.1可知，湖南省农村金融机构相对数（法人机构数/农村人口）在逐步增加，从2011年的5.83%增加至2020年的6.09%，同时农村金融机构

网点相对数（网点数/农村人口）也在不断增加，2020 年达到最高每万人 1.52 个，营业网点从业人数从 38694 人增加至 42213 人，因此可以得出结论，湖南省金融仍在向乡村不断下沉，基础金融服务在乡村的覆盖面上进一步扩大，为金融支持乡村产业绿色低碳发展奠定了坚实的基础。

2. 金融服务效率提升

目前，组成农村地区基础金融覆盖的三大方式是 ATM 机、POS 机及转账电话。根据湖南省地方金融监督管理局的数据，截至 2018 年，湖南农村地区银行卡的人均持卡量达到 3.31 张，实现了银行账户的普及。2018 年，农村地区人均办理 ATM 业务 12.81 笔/年，人均办理 POS 机业务 2.6 笔/年，对金融业务保持了一定的使用频率。其次，根据北京大学数字普惠金融指数，如图 10.4 所示，2011 年至 2020 年湖南省普惠金融的数字化指数增长超出 10 倍，湖南省数字普惠金融水平越来越高。数字普惠金融的发展既可以把湖南省偏远地区纳入现代化金融服务的范围之内，提高普惠金融的渗透率，也可以通过云计算、大数据等技术提高其服务效率。

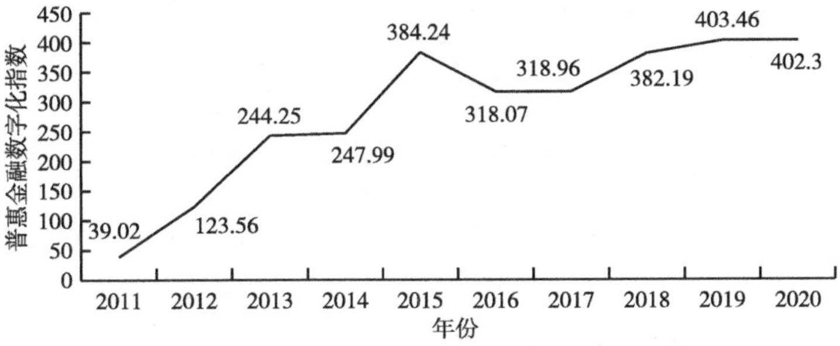

图 10.4　2011—2020 年湖南省普惠金融数字化指数

10.2.3　金融可得性现状

1. 湖南省人均涉农贷款规模持续增长

从人均涉农贷款余额来看，由图 10.5 可知，2011—2020 年，湖南省人均涉农贷款从 1.09 万元增加至 5.29 万元，是原先的 4.85 倍，总体呈明显上升趋势，且增速一直保持正向增长。湖南省人均涉农贷款余额逐步增加，农村获得较多的信贷支持，农村金融供给增加。与此同时，湖南省绿色贷款余额总量高速增长。2023 年 9 月末，全省绿色贷款余额 8907.2 亿元，同比增长 47.4%，高于各项贷款同比增幅 36.3 个百分点。湖南省县域绿色贷款余额逐年提升，呈稳步上升趋势，这说明绿色金融对当地经济的支持力度正在逐年增加，农村绿色金融机构支持实体经济的力度逐步加强，资金外流的情况也在逐步改善。县域绿色金融的发展对县级以下的乡村发展具有较强的带动作用，必然推动金融支持乡村产业绿色低碳发展。

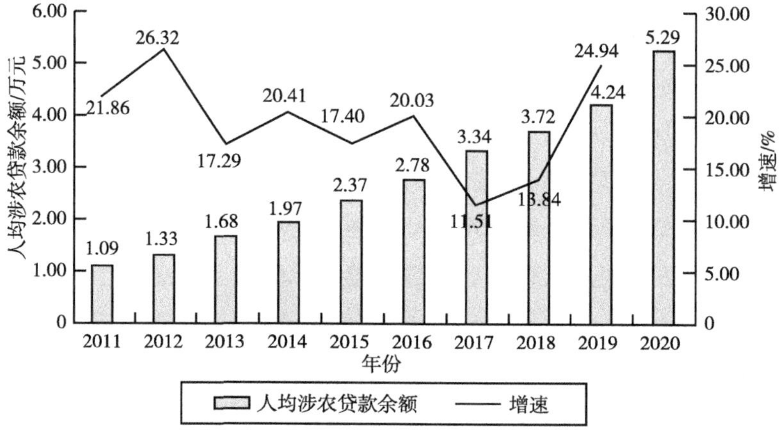

图 10.5　2011—2020 年湖南省涉农贷款余额及增速

从人均情况来看，根据图 10.6 所示，2011—2020 年湖南省县域人均存款及人均贷款总体均呈现上升趋势，人均存款从 9284 元/人增加至 31376 元/人，是原先的 3.38 倍，人均贷款从 5825 元/人增加至 28645 元/人，是原先的 4.92 倍。一个地区的人均存款可以反映该地区居民的资产实力情况，人均贷款可以反映该地区的金融资源的可得性和使用效率，综合二者可以在一定程度上反映该地区的投融资环境氛围。总体来说，湖南省县域居民的资产实力逐渐加强，县域层面的金融资源可得性及效率稳步提升，普惠金融环境日益活跃，县域投资氛围越来越浓郁。而与此同时，湖南省县域人均存贷比逐年提升，呈稳步上升趋势，从 2011 年的 62.75% 增加至 2020 年的 91.30%，这说明金融对当地经济的支持力度正在逐年增加，农村金融机构支持实体经济的力度逐步加强，资金外流的情况也在逐步改善。县域金融的发展对县级以下的乡村发展具有较强的带动作用，必然推动普惠金融对乡村产业绿色发展的支持成效。

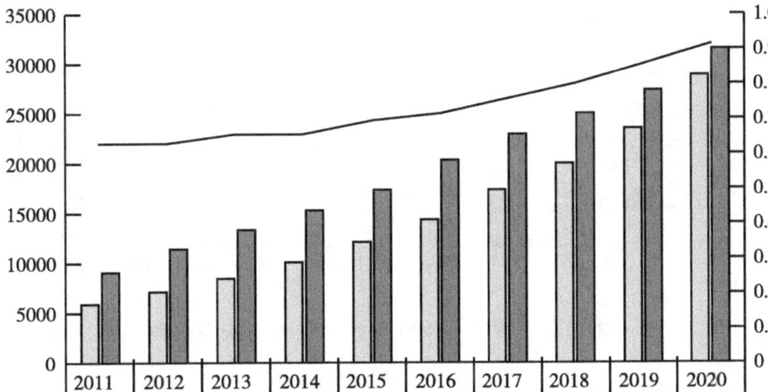

	2011	2012	2013	2014	2015	2016	2017	2018	2019	2020
人均贷款余额/（元/人）	5825.37	7028.25	8609.95	9982.66	11937.20	14366.50	17184.15	19765.37	23381.21	28644.99
人均存款余额/（元/人）	9284	11234	13217	15248	17258	20305	22842	24859	27300	31376
人均存贷比	0.63	0.63	0.65	0.65	0.69	0.71	0.75	0.80	0.86	0.91

图 10.6　2011—2020 年湖南省县域人均存贷款余额及存贷比

2. 湖南省农业保险赔付规模扩大、险种持续创新

农户收入和农业的发展都与农作物的收成紧密相关，而农作物又极易受到自然环境的影响。所以一旦出现自然灾害，农作物受损就会对农户收益产生不利影响，因此涉农保险对农户和农村有较大的意义。如图 10.7 所示，人均农业保险保费支出总体呈稳步上升趋势，从 2011 年的 0.2 万元增加至 2020 年的 1.15 万元，是原先的 5.75 倍，上涨幅度十分明显。此外，2019 年湖南省在现有农业保险险种的基础上，开展了农业保险创新试点，主要包括耒阳市和常宁市油茶保险、沅陵县茶叶收入保险及长沙县水稻收入保险，还包括“保险 + 期货”联合模式的新探索，目前已在华容县和宜章县分别以棉花和鸡蛋为标的展开了试点。从 2011 年起，人均农业绿色保险保费支出总体也呈稳步上升趋势，绿色保险全面开花，不断推出“绿色保险 +”模式。截至 2022 年末，绿色保险保费收入余额 27.4 亿元，同比增长超 270%。保险方式的创新将进一步支持湖南省

乡村产业的绿色低碳发展。

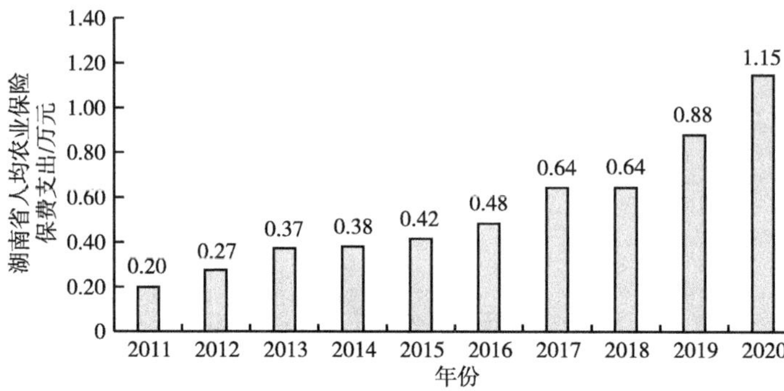

图 10.7　2011—2020 年湖南省人均农业保险保费支出

10.2.4　涉农金融产品服务现状

目前，针对乡村的金融产品及服务的创新工作的成效较为可观。首先围绕“两权”抵押问题展开了涉农金融产品服务创新的探索。随着湖南省农村集体产权制度改革的推进，“两权”抵押贷款试点也在逐步展开，自 2016 年起就在 11 个市（县）开展了“两权”抵押贷款的试点工作，有力地引导了涉农金融机构围绕“两权”抵押问题开展金融产品服务的创新，此外湖南省开展排污权抵押贷款试点，建立和完善了绿色金融市场交易平台，为湖南省绿色金融的进一步发展，促进金融资源与绿色产业的有效对接提供了重要渠道和载体。

其次，体现在金融产品及服务创新追求精准化上。在乡村振兴战略提出后，湖南省出台了官方的金融支持乡村特色产业政策文件，指引省内金融机构因地制宜地扶持特色产业，开展“一县一特”金融服务的试点。截至 2020 年末，已经在 13 个县市展开了“一县一特”试点。湖南省普惠金融支持“一县一特”部分案例如表 10.2 所示。本书以金融支持隆回县金银花“一县一特”为例开展现状分析。金银花产业一直是隆回县的特色产业，当地金融机构瞄准该产业与多方机构合作并通过提供一系列金融服务，逐步帮助隆回县金银花产业实现了种植、深加工到生态农庄及文化旅游的产业链全面发展。一是当地金融机构的信贷资金服务，包括人民银行及银行机构两方的资金支持。人民银行隆回县支行于 2020 年通过当地银行向隆回县提供了额度为 1 亿元的支农再贷款，其中 50% 的资金被专门用于支持金银花产业发展；其次还指导当地银行机构对从事金银花深加工的企业发放了低息贷款，并且将对金银花产业的支持情况作为对当地银行的考核标准之一，以引导银行加大对金银花产业的支持力度。而隆回县的银行机构则主动对接需求，开办了 5 个专属产业的"金银花贷"产品，为当地金银花产业提供贷款利率优惠，并在金银花主产区特别设立了金融服务点为其提供金融支持。二是针对金银花产业的融资担保服务。主要是通过银担合作的模式，提高金银花相关企业的融资能力。隆回县的银担合作工作主要有两大担保公司主体参与，主体一是当地县政府成立的中小企业融资担保公司，该公司将金银花产业作为银担合作的重点工作对象之一。主体二是湖南省农信担保公司，该公司与当地银行共同创设了"惠农担——金银花特色贷"。双方通过协议约定：一方面，银行机构对额度低于 1000 万元的贷款提供一定的利率优惠；另一方面，担保公司降低抵押担保门槛，通过低利率及续贷等方式提高金银花产业中相关企业的首贷率，帮助产业内市场主体将自身信用信息转化为后续融资的信用基础。三是金银花种植保险服务，当地保险公司创设了金银花种植保险，并争取到了隆回县财政对保费 50% 的补贴，为众多金银花经营主体的经济利益提供了理赔保障，稳定了当地金银花产业的发展。

表 10.2　湖南省金融支持"一县一特"部分案例

县（市）	主导特色产业	特色金融产品	金融机构
隆回县	金银花	金银花贷	隆回农商行
		金银花种植险	中国人民财产保险公司
祁东县	黄花菜	黄花贷	农业发展银行
南县	稻虾产业	稻虾贷	南县农商行、中国邮储银行
汝城县	朝天椒	辣椒贷	汝城农商银行
湘潭县	湘莲	湘莲贷	中国农业银行
汉寿县	甲鱼	甲鱼贷	汉寿农商银行

最后，湖南省积极发展绿色金融，如图10.8所示，2011—2020年湖南省的绿色金融指数呈稳步上升趋势：2012年，湖南省发展投资集团与国家开发银行发起设立并管理8只两型社会建设基金，资金规模高达70亿元，成为全国第一只两型基金。并且推行《湘江流域重金属污染治理实施方案》，总投资达595亿元，为保障方案顺利实施，湖南省衡阳、湘潭、郴州等市以地方政府投融资公司为平台，2013年以来在全国率先发行67亿元重金属污染治理专项债券，带动近200亿元投资。农业产业的收入与农作物的收成紧密相关，而农作物又极易受到自然环境的影响，所以一旦出现自然灾害，农作物受损就会对农户收益产生不利影响的问题，因此涉农绿色保险对农户和农村有较大的意义，从2011年起，湖南省人均农业绿色保险保费支出总体呈稳步上升趋势，绿色保险和绿色债券全面开花，截至2022年末，绿色保险保费收入余额27.4亿元，同比增长超270%，全省绿色债券及绿色债务融资工具余额213.41亿元，同比增长11.3%。此外，湖南省在全省范围内开展绿色金融劳动竞赛、碳金融产品和案例"双十佳"评选活动，通过典型示范引领，激发金融机构创新绿色金融产品活力和加大投放力度。绿色金融产品的创新将进一步支持湖南省乡村产业的绿色低碳发展。

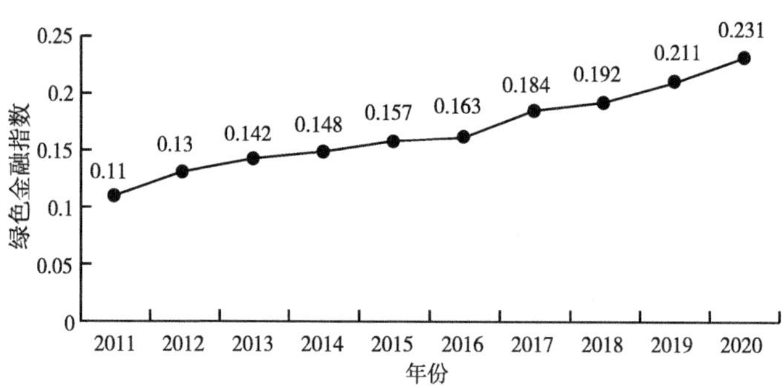

图10.8 2011—2020年湖南省绿色金融指数

10.2.5 金融运行环境现状

1. 农村信用体系建设正逐步推进

目前，湖南省各市州政府联合中国人民银行因地制宜地推动着农户信用信息系统建设，信用建设主体从上至下涵盖了乡镇、村庄及个体，创建过程中成功打造了“韶山模式”及“隘口村模式”等农村信用体系创建案例。根据人行数据，截至 2020 年 6 月，湖南省已建成全省级别的农户信用信息系统 1 个、县域级别的农户信用信息系统 6 个，评定为信用乡镇、信用村及信用乡镇的数量分别为 445 个、7275 个、768 万户，在获得贷款的 497 万农户中，有 273 万户获得了信用贷款。其次，2020 年，湖南省农业农村厅印发了农村信用体系建设的相关文件，农村信用体系建设有了政策的进一步推动。综上数据可知，农村信用体系的建设将逐步为金融活动的开展提供良好的信用环境，也将强化农村信用意识，推进乡风文明，助力乡村产业的绿色低碳发展。

2. 外部政策环境不断改善

在乡村振兴战略提出之后，政策法规支持力度在已有基础上进一步加大。如湖南省发布了《湖南省金融支持“一县一特”特色产业工作方案》（以下简称《方案》），该《方案》可以指引金融机构为农村产业发展提供差异化、特色化和专业化的业务。在财政税收政策方面，湖南省的支持力度也不断加大，如建立“农村金融基层服务体系建设资金”项目，对农村金融服务站进行补助。其次，根据中国人民银行长沙中心支行的数据，2018 年，湖南省地方财政奖补资金发放额为 9.5 亿元，同比增加 6.9%。全省税收优惠总额 51 亿元，同比增长 33.2%。2019 年 6 月末，全省投放在普惠金融领域的贷款余额为 5560 亿元，较 2016 年增长 16.9%，其中农户贷款余额为 4821 亿元，较 2016 年增长了 32%，作为全国赤道银行的兴业银行在长沙设立环境金融中心，2023 年以来，累计为湖南省电力行业发放清洁能源贷款 10.81 亿元，承销电力企业债券 10 亿元。在农业保险的财政补贴方面，如表 10.3 所示，根据 2019 年湖南省农业保险保费补贴文件，中央及湖南省级财政明确了对种植业及养殖业约 20 个险种的覆盖。此外，政策鼓励各地农业保险以当地特色农产品为标的，为特色产业提供保障。针对特色农业保险，不仅县级财政会给予奖补，湖南省财政也将给予奖补，同时政府对金融机构的绿色保险实行再担保，减少金融机构支持乡村绿色低碳产业的风险。总的来说财政、税收对金融支持与整合力度的不断加强，为金融支持湖南省乡村产业绿色低碳发展营造了良好的外部环境。

表 10.3　　2020 年湖南省财政补贴险种主要标的物汇总

财政层级	补贴险种主要标的物
中央财政	种植业：水稻、玉米、棉花、油菜、甘蔗
	养殖业：能繁母猪、育肥猪、奶牛
	森林：已基本完成林权制度改革、产权明晰、生产和管理正常的公益林和商品林
	财政部确定的其他品种
省级财政	种植业：烟叶、柑橘、葡萄、茶叶、湘莲、水稻制种
	养殖业：能繁母牛、大鲵、肉鸡、鸭、鹅、生猪价格指数
	省财政厅确定的其他品种

10.3　湖南省金融支持乡村产业绿色低碳发展存在的问题

10.3.1　农村金融机构内部问题

1. 基础金融设施维护不足及功能单一

一是基础金融设施维护及闲置问题。当前，湖南省乡村地区的支付环境已经有了很大改善，但出现了后期基础金融设施的维护、补贴费用等难题。拥有助农取款服务点的村庄占所有村庄的比例高达 98.23%，因此后期需要的维护费用规模较大。但由于农村地区金融服务效益性相对较低，如果后续无法保证维护费用补助的持续性，那么在业务量少、交易额小的农村地区，ATM 等基础金融设施很难维持连续运营；同时，随着移动支付方式在乡村的下沉及技术的更新迭代，乡村金融服务点的使用频率逐渐减少，当地居民使用意愿也呈下降趋势，最终会导致部分设施长时间被闲置。二是支农金融服务点承载的功能太少。如湖南省农村地区已建成 86 万个助农取款服务点，但其中有电商功能的仅约 20 万个，占比仅为 23.83%，普惠金融和新兴绿色金融服务难以通过该物理站点在乡村产业绿色低碳发展中充分发挥出各种功能。

2. 金融支持体系层次尚不健全

现代农村金融体系的形成，将有力提升金融对农村实体经济发展的服务效率，助力乡村产业建设的不断完善，促进乡村产业绿色低碳发展。目前湖南省的金融支持体系层次尚不健全，主要原因有三个：一是虽然目前湖南省农村的普惠金融体系已经基本形成，但在农村地区，银行仍是支农金融机构的主力军，非银行类金融机构仅能作为辅助力量。特别是县以下地区的金融机构仍是以村镇银行及农商银行为主，且只有在县城才有大型银行业务的开展，金融业务通常较少触及村级领域。二是传统银行类金融机构服务农业产业创新时主要锚定大型农业科技企业和大型农业创新项目，对中小型有融资需求的农业产业创新企业和项目关注度不够，金融服务支持体系难以满足多样化的农业产业创新和发展的需求，农业产业经营主体难以实现多元化、协调化发展。同时金融机构对绿色企业和项目缺乏了解，在当前信息共享渠道相对缺乏的条件下，金融机构与绿色企业之间存在着信息不对称问题，信息不对称会降低金融机构决策效率，金融机构难以大批量地对涉绿企业进行检测与认定，进而予以准确扶持，这在客观上造成双方供需愿望与现实脱钩的局面。三是保险证券类公司的覆盖率非常低，即使在乡村地区已有保险公司、证券营业点的覆盖，但实际上在乡村地区迸发活力的保险、证券机构并不多，多数的保险公司出于风险的考量对于绿色低碳产业并不提供保险服务。金融支持体系的不健全会整体影响乡村地区的金融活力，影响金融支持对乡村绿色低碳产业的全面供给。

3. 金融服务和产品同质化严重

一是整体上缺乏完善的涉农产品体系。在乡村地区，金融机构提供的产品多数停留在与存贷款以及支付结算业务相关的传统产品上，新兴金融产品如绿色金融在乡村的推广范围小，使用率低。二是涉农金融产品存在同质化、单一化的问题。一方面，由于农村市场更为复杂，长期以来，商业银行对农村市场不够重视，发力农村市场的时间过短，对于农村的产品和服务创新不足；另一方面，商业银行追求利润，热衷于额度大、贷款期限长的产品，对特定用户如低收入的农民和贫困户等群体的金融产品的供给不足，无法满足乡村产业绿色发展的多样化社会需求。目前，精准解决农村需求的创新金融产品不多，现有涉农金融产品期限不适配、额度不足、定价不合理的问题仍然广泛存在，难以满足乡村各类经营主体对信贷产品的需求。三是在保险方面，农业保险主要覆盖的是风险相对较低的标的，如种植业中的水稻、玉米、棉花，养殖业的鸡、鸭、鹅等标的，可见湖南省当前涉农保险覆盖标的有待丰富，保障功能不健全，难以充分满足乡村经营主体对风险保障的需求，难以激发乡村绿色产业的发展活力。同时，新型农业风险管理工具发展缓慢，尽管我国在不断推进完全成本保险、目标价格保险、天气指数保险、收入保险、“保险 + 期货”等新型农业保险产品的试点和复制推广，但目前湖南省新型农业风险管理工具发展仍然缓慢，多元化、多层次、广覆盖、差异化的农业保险产品体系和服务体系尚未建立。

10.3.2 外部环境问题

1. 农村信用环境亟须改善

农村金融发展缺少征信体系的支持。由于缺少信用，借贷双方存在信息不对称，拉高了农民贷款的门槛，增加了金融机构的贷款风险，结果是增加了双方借贷成本，不利于金融支持在乡村产业绿色发展中发挥作用。一方面，农村小微企业特别是农民有贷款需求和还款意愿，但由于可用于抵押担保的资产存在数量少、处置管理难、资产价值评估难、缺乏变现渠道，加上又没有信用记录，在贷款时容易遭到银行拒绝，只能转向民间私人借贷，甚至铤而走险走向高利贷，缩小了普惠金融的市场，也会导致小规模的企业在绿色低碳产品创新上停滞不前；另一方面，由于征信体系的不足，金融服务不能覆盖到没有信用记录或者是信用评级低的人群，在某种程度上反而会阻碍征信体系的发展。目前，湖南省农村信用体系建设才刚起步，信用问题突出，不仅不利于普惠金融在乡村的运行，也阻碍了乡村的文明建设。根据湖南省审计厅发布的 2019 年审计工作报告，在省内农商行中，不良贷款率超过 5% 这一监管红线的机构有 5 家。可见目前湖南省农村信用体系建设工作面临着众多难题：一是信息采集难度大，信息征集手段较弱。原因在于农户住户分散，且信用信息包含较多内容，需要参与的部门众多，很难做精做细，同时对于绿色产业的界定也较为模糊。二是缺乏科学的评价体系，目前制定的信用评价机制和指标仍处于初级阶段，存在不规范不健全等问题。三是没有形成长效的守信正向激励机制及健全的失信惩戒机制，存在评级标准缺乏规范性，随意性较大，信用评价体系浮于表面等问题。这些都会阻碍金融对于乡村绿色低碳产业的精准支持。

2. 金融知识和金融人才匮乏

一是农村群众缺少系统的关于金融方面的教育，造成农民金融素养不高，对于金融服务的接受度和使用度不高，不利于普惠金融、绿色金融的发展。一方面，由于缺少基本的金融理论知识和风险意识，容易轻信高额投资回报，误入非法集资陷阱，造成金融风险和财产损失，降低了农村产业经营主体对金融服务和产品的信心，不利于金融产品和服务在乡村产业绿色发展中的进一步深入推广；另一方面，由于金融知识的不足，对普惠金融、绿色金融的产品服务和相关政策感到陌生和抗拒，提高了金融机构提供金融服务的成本，同时农业产业经营主体对申请贷款、购买农业保险、按时还款等方面的意识不强，金融工具的使用程度较低，使普惠金融、绿色金融在乡村的推广严重受阻，不利于金融支持乡村产业绿色低碳发展。二是缺乏评估绿色项目的人才。要实现金融对于绿色低碳产业的精准有效投入，金融人才不但要懂经济学，还要精通产业方面尤其是绿色低碳产业方面的知识，综合知识要求比较高，因此就导致人才的供给不足，对项目的风险评估很难进行。三是创新金融产品的人才匮乏，人才匮乏导致金融支持绿色低碳产业的产品种类不多，且涉及农村的较少，没有真正发挥支持乡村产业绿色低碳发展的作用。最后，金融机构缺乏对人才的定期培训，社会在发展，知识结构也要不断地更新，否则不利于金融进一步地深入发展。

3. 担保机制和风险分散与补偿机制不健全

一方面，虽然2017年改组成立的湖南省农业信贷融资担保有限公司，一直在为湖南省农业企业、中小企业银行融资提供担保，并已经在全省14个市州设立了分公司，但湖南省农村担保中介组织中的社会化力量稀缺，湖南省的“三农”融资提供担保服务体系仍有待进一步成熟。目前，农村可以用于抵（质）押的资源过少，抵（质）押过程中就算存在可用的资源，也会面临部分资源评估、处置变现的难题，农村客户担保能力因此受到严重限制。农村产业经营主体在融资时面临缺乏普遍认同、有价值的可抵押担保品，加上农村金融市场信息获取成本高，市场信息化水平较低，借贷双方信息不对称风险高等问题，提高了农村产业经营主体获取融资的门槛，加上使其在实现规模化生产以及扩展供应链、价值链的生产性融资困境没有得到根本性扭转，降低了农村产业经营主体扩大农业产业发展规模的积极性，不利于乡村产业进一步的绿色转型升级。同时一些本可以通过担保方式获取信贷支持的乡村绿色低碳产业项目因风险较高和缺乏担保物难以获得融资，进而阻碍了乡村产业绿色发展。

另一方面，自然环境、市场价格波动对农业的影响很大，加之农民经营水平不足，农业产业生产风险较大，加之农村小微企业通常竞争力不强，经营不稳定，抗风险能力不足，使涉农贷款风险超过一般贷款，造成金融机构的坏账和不良贷款率增加，而利率却基本保持相同，这不仅挫伤了金融机构提供涉农贷款的积极性，削弱了其对农业产业的资金投入力度，同时由于开展农业绿色低碳产业风险管理业务的成本和风险较普通的风险管理业务较高，且难以形成规模效应，使金融机构开展农业风险管理业务和创新农业风险管理产品的积极性不高，未能起到良好的引导农业产业经营主体管理风险的作用。而且农村的债权主要集中在银行手中，其他金融机构参与不足，不能充分分散风险，也缺乏退出机制，不利于扩大乡村产业绿色低碳发展的规模。

4. 政策环境有待进一步改善

一是湖南省经济发展和环境保护矛盾还处在博弈阶段，还没有形成有效解决机制，绿色发展道路还很漫长。像绿色产业或者节能环保产业的发展都需要投入大量的资金，投资回报期较长，湖南省目前财政税收激励不足且缺少一套专业性和可操作性较强的具体执行标准。二是产业支持力度不够，基层缺乏对相关资金的统筹支配权。县区政府作为乡村产业绿色发展政策的主要实施者，往往没有统筹农业农村发展资金的灵活度和自由度，“财权与事权”不匹配，使农业产业经营主体积极性受影响。三是缺乏长效利益分配机制。虽然农村产业发展具备了较好的基础条件和产业环境，但在产业发展中，纵横向产业链条由于缺乏完善的信息披露政策指导，导致各方主体未能实现有效沟通，难以充分发挥各自相对优势，不利于形成和完善长效利益分配机制，同时政策方面对于风险和收益平衡的问题还没有得到有效解决。四是存在政府监管能力较弱的问题。绿色信贷业务办理过程中企业环保指标不能实时获得，仅靠环保部门发布的环保评估报告进行评估，这对环境与社会风险贷前评估及贷后风险管理都不利。

10.4　政策建议

10.4.1　加强金融机构内生力

1. 加强基础金融功能设施的建设

任何产业的发展都离不开基础设施的支撑，而基础金融功能设施的条件是否完善则是金融支持农村产业绿色低碳发展好坏的关键。随着乡村振兴战略的深入实施，要加快数字化转型升级，充分发挥线下村站在推广、宣传、风险查勘“最后一公里”服务优势，促进农村金融服务共享。一是增强服务功能。布设 ATM、POS、EPOS 等自动终端服务设施，设计操作简单、交易便捷、安全可靠的数字金融产品与服务，为农民提供查询、转账、汇款、小额提现、网上缴费等服务；通过线上金融超市、需求信息发布，打通供需信息堵点；通过建设接地气的线下数字村站，降低金融服务成本，为产业融资提供便利。二是加快新一代信息基础设施向农村延伸，促进传统设施数字化改造，完善农村物流网络和电子商务体系，加大推进农业物联网、云平台体系建设的力度，同时推动基础数据整合共享。依托金融、农业农村、大数据等管理部门协同构建市场主体的信息共建共享机制与平台，综合运用区块链、多方安全计算、联邦学习等技术，在保障原始数据不出域的前提下规范开展数据共享，实现数据可用不可见、数据不动价值动，搭建乡村综合金融信息服务平台，及时更新金融支持绿色低碳产业的政策以及绿色产业的评级标准和结果，提高金融机构为乡村绿色低碳产业服务的效率和精准度。三是建设多元化乡村数据采集渠道，按照地方政府数据管理部门主导、金融机构牵头、村级组织参与、各方协同、服务社会的整体思路，通过信息技术的运用，降低农村金融市场主体的信息搜集成本，重点建立健全新型农业经营主体信用档案，保障数据信息时效性。四是政府要与金融机构和企业建立合作机制并加快绿色金融大数据中心建设，搭建绿色金融信息共享平台并加强监管，随时追踪绿色产业投入资金的使用情况，在为金融机构提供投资市场风险防范的同时，还能为绿色金融市场健康发展保驾护航。

2. 构建多层次的金融支持体系

结合前文的现状分析，湖南省目前惠普金融对于乡村的支持仍是以银行作为主力军，影响到普惠金融在乡村的全面供给。同时单一的信贷方式已经不足以满足乡村产业绿色低碳发展的需求，乡村产业绿色低碳发展需要更加丰富的金融支持体系。因此，构建多层次的金融支持体系需要构建由市场、政府、社会机制三方主导的现代农村金融支持体系，有定位开展多层次的金融供给，积极建立农村地区分支机构：一是，政策性银行和大型商业银行发挥带头作用；新型业态机构如互联网金融公司在农村的金融市场中积极发挥鲶鱼作用；村镇银行、基层网点更要扎根本土发挥毛细血管的作用。二是，搭建银行与企业的对接平台，通过项目库、推介会、网上融资平台等多种形式，积极引导金融机构与低碳企业转型升级项目的融资对接，突出重点，细化投向，有针对性地加大投放力度。同时要进行模式创新，如积极开展金融租赁、集合融资、融资担保、金融仓储等适合产业绿色转型升级的非信贷类融资模式，着力加强对企业产业绿色转型升级的金融支持。三是，创新金融支持产品，拓宽乡村产业绿色发展的融资渠道：如金融机构要加快农业产业科技创新领域信贷金融产品的创新，与复杂多样的农业产业科技创新金融需求进行有效衔接；推动绿色保险和绿色农业基金的参与；抓住涉农绿色专项债券政策的利好机会。通过上述建议进一步拓宽农业企业的融资渠道，构建起从主体到平台再到产品的多层次金融支持体系。

3. 加强金融支持的服务水平

金融机构应充分调研农村金融服务、农村产业发展现状，把握农村地区人民群众对金融支持的合理诉求，调整金融产品与服务结构。普惠金融服务及产品创新应差异化、常态化。创新差异化是指因地制宜地开展普惠金融服务。根据前文的内容，普惠金融对湖南省乡村的支持情况不尽相同，薄弱领域也各有差别，因此金融机构应注重县域特点，提供各具特色和重点的支持模式，而不是搞“一刀切”，直接统一部署。金融创新常态化指的是，随着政策的更新及互联网经济在乡村的渗入，金融机构面对千变万化的市场环境，要保持创新意识，及时更新金融产品、抵押物等各项内容，这样才可以及时、充分地满足乡村产业绿色低碳发展过程中对金融服务的各类需求，让金融服务拓展到产业发展的每个角落。与此同时，线上化、数字化也是金融服务的发展趋势，金融机构可以通过金融科技提高金融服务的覆盖面，从而给农业农村提供更多、更优质的金融资源。首先，通过手机银行线上完成部分业务，节约到银行网点办理的时间与交易成本，让农民随时随地享受便利的金融服务。其次，积极履行社会责任，保障弱势群体的金融权益。针对农村大量不会使用智能设备、腿脚不便的老年客户，提供专门的上门服务。最后，商业银行通过服务创新、流程创新等手段，缩短贷款所需时间，提高服务效率。

10.4.2　完善金融支持外部环境

1. 建立健全农村征信制度

主要包括建立农户信用信息数据库，健全信用联合惩戒和激励机制，进而营造良好的乡村信用环境。首先，需要获得真实、全面、低成本的信用数据。传统信用数据方式获取成本高、效率低，而数字技术催生的互联网金融可以高效、低成本地获取大量用户数据，便于金融机构加强与政府、电商之间的合作，共享税务、消费等金融数据，以此判断农业产业经营主体的信用状况。因此，建立线上征信制度，能为农业农村提供更多信贷服务。其次，在信用体系建设过程中，可以鼓励各县级政府与当地金融机构合作开展诚信文化宣传，加强金融消费者保护，扩大金融知识普及范围进而促进乡风文明，在支持乡村产业绿色发展的金融服务在引入社会资本的同时，要注重对金融服务机构的动态化与常态化监管，并将风险防范与信息反馈融入金融市场治理的全过程，将金融风险扼杀在摇篮之中。还应加强乡村地区金融法律法规建设，打击拖欠逃避债务等不守信用的行为，减少当地金融犯罪，助力打造法治乡村，维护农村金融秩序，推动乡村治理有效。最后，加强农村地区执法力量，及时有效地解决农村金融借贷纠纷，维护法律的权威，引导农民守信守法，促进征信制度发展，以法律为准绳加大对各种故意扰乱农村金融秩序等恶意行为的惩治力度，为金融支持乡村产业绿色低碳发展保驾护航。

2. 完善农村担保与风险补偿体系

需从各个方面加强湖南省农村融资担保体系的建设，除了继续完善湖南省已有的涉农信贷担保外，可以在有条件的村镇通过财政设立关于绿色产业信贷的担保和风险补偿体系，以此撬动更多的资金，满足乡村产业绿色发展的资金需求。

一是，要充分发挥保险分散农业风险的作用。由于购买保险不能增加收入，农民不愿意买保险，可以借鉴交强险，改变保险购买方式，由政府强制购买部分农业保险，其他保险由农民自愿选择购买。同时在已有的农业保险的基础上，扩大对于绿色低碳产业保险标的的覆盖范围，分散绿色产业发展过程中的风险，并不断推动银行业与保险业、担保业之间的合作，发挥银保担的协同作用，保障农民的权益，降低农业生产的风险。并且积极地将大数据、人工智能、物联网、无人机、卫星遥感等高新技术引入农业保险领域，帮助保险公司合理定费定损，对参保农产品进行远程监控，降低农业保险供求双方风险，有效提升农业保险理赔效率。

二是，完善保险和期货联合的模式。因为农产品价格通常具有波动性较大的特点，而乡村振兴设施建设项目存在预期收益不稳定的特点，两者都亟须具有风险分担及转移功能的金融产品来降低风险，可以加大对农产品期货、期权的推广宣传，扩大新型风险管理工具在农业产业经营主体和金融投资者中的认知。丰富期货、期权产品种类结构，研发适合农村绿色低碳产业的期权、期货风险管理产品，为农业产业经营主体提供多样化的标的选择，满足农业产业经营主体差异化的风险管理需求。同时，创新融资担保方式，增加担保物品如专利、应收账款、订单等，发展“供应链 + 担保”为主的农村产业链上下游联合担保模式。以“政府 + 国有基金”的融资担保体系作为补充，设立专门的融资担保机构，为缺乏担保的涉农贷款提供担保。

三是，建立有效的信贷风险补偿机制。通过降低金融机构对于乡村绿色低碳产业信贷的损失和风险，促使金融机构成为支持节能减排的主要力量。允许金融机构对于乡村绿色低碳信贷业务扩大利率浮动范围，或相关机构对此类信贷进行贴息、补贴、担保、保险等，建立起有效的绿色信贷风险补偿机制。建立并落实节能减排项目“绿色信贷”的金融债权保全制度，确保金融债权有计划、有步骤地得以清偿，尽可能地避免逃避绿色信贷债务现象的发生，鼓励关于节能减排项目融资的服务创新和产品创新，从风险补偿机制方面进一步推动乡村产业绿色低碳发展。

3. 加强金融知识宣传与普及

农民金融素养的缺乏增加了金融推广成本。因此，加强金融知识宣传与普及势在必行。第一，切实保护金融消费者权益，加强农村客户防范电信诈骗、非法融资、高利贷等非法金融活动危害农民财产安全等方面的培训，减少农民对金融服务和产品的抵触心理。第二，创新金融宣传手段，推动金融服务和宣传一体化，让农民边学习边办业务，在业务操作中提升金融素养。第三，建立多层次、多角度的金融宣传体系，包括监管机构、乡村基层组织、商业银行、媒体等，团结一切力量，投入到农村金融知识宣传普及中，提高金融宣传的公信力、执行力、影响力、覆盖面。同时要着重培养和提高涉农企业和新型农业经营主体的金融素质素养，增强其对新型借贷产品如绿色信贷、风险管理工具如绿色保险等产品和服务的认知，提高其融资和使用新型风险管理工具的意愿，进一步提高金融在绿色低碳产业和项目方面的使用率。第四，重视金融支持乡村产业绿色发展过程中人才队伍的作用，打造高质量的金融服务人才队伍，提高金融服务农业产业的专业性、有效性、可持续性。

4. 完善金融发展的外部政策

首先，打造良好的法律环境，应加快出台相关法律法规的步伐，完善农村的金融法律环境。其次，完善政府的扶持政策，为农村金融运行打造一个健康的政策环境。在财政税收政策方面，针对农村金融机构，通过实行一些税收优惠及补贴利率的措施，降低农村金融机构的经营成本，促使农村金融机构增加信贷方面的供给。针对涉农贷款业务，可以对农业贷款项目实行选择性的贴息，促使各大金融机构增加涉农方面的信贷供给；在货币政策方面，可以通过利率等手段引导、调节信贷资金流向，通过其杠杆作用，改变微观经济的融资模式，引导资金流入清洁能源技术产业，包括核能、风能、太阳能和水力发电等以低碳技术为核心的产业，引导和推动企业以提高生产效率与资源利用率，以减少产生污染源产业的废气排放为取向，使投融资和生产经营活动向发展清洁能源项目倾斜，推动低碳经济的发展。微观经济行为集合的结果就是能使低碳和清洁生产技术水平不断提高，使产业结构走向多样化、低碳化、清洁化；在产业政策方面，充分发挥政策对产业的引导作用：一方面，既要扩大农业产业项目的规模，建立品质优良、绿色安全、组织严密、市场成熟的现代农业产业体系，促进低碳技术的开发和低碳产业的兴起，形成成熟的产业链条，并且必须采用各种政策措施淘汰产能落后，推动产业转型；另一方面，又要加大对当地特色农业产业项目的帮扶力度，提高农业资源的利用率，帮助农业及农村形成良性的信贷循环，提高贷款吸纳能力及增值能力，扩宽农户的增收致富渠道；再者要加强监管，金融监管部门需制定全面的监管制度框架，拓展监管范围，及时防范农村机构所面临的风险。总之，通过完善金融发展的外部环境，将为金融支持乡村产业绿色低碳发展保驾护航。

参考文献

[1] 习近平．坚持把解决好“三农”问题作为全党工作重中之重举全党全社会之力推动乡村振兴 [J]．求是，2022 (7)：4-17.

[2] 安晓明．新时代乡村产业振兴的战略取向、实践问题与应对 [J]．西部论坛，2020，30 (06)：38-47.

[3] 陈一明．数字经济与乡村产业融合发展的机制创新 [J]．农业经济问题，2021，504 (12)：81-91.

[4] 李周，温铁军，魏后凯等．加快推进农业农村现代化：“三农”专家深度解读中共中央一号文件精神 [J]．中国农村经济，2021，436 (04)：2-20.

[5] 刘红峰，刘惠良．乡村振兴视角的农业高质量发展测度研究 [J]．周口师范学院学报，2020，37 (04).

[6] 宋保胜，杨贞，李文等．科技创新服务乡村振兴的内在逻辑及有效供给路径研究 [J]．科学管理研究，2020，38 (05)：116-124.

[7] 金萍女，戎成．乡村振兴背景下职业教育助力乡村产业发展：机制构建与推进路径 [J]．教育与职业，2022，1022 (22)：18-25.

[8] 李凌汉．影响农村内生发展动力的因素及实现路径——基于扎根理论的分析 [J]．观察与思考，2020，516 (12)：75-85.

[9] 史作廷，李冠霖．以行政区品牌建设为重要突破口 引领推进脱贫地区乡村产业振兴 [J]．宏观经济管理，2021，455 (09)：70-80.

[10] 段龙龙，祁妙，杨澜．农业生产托管促进乡村产业振兴的机制与实现路径研究——基于四川省的调研 [J]．农业经济，2023，429 (01)：14-16.

[11] 张吉岗，吴嘉莘，杨红娟．乡村振兴背景下中西部脱贫地区产业兴旺实现路径 [J]．中国人口·资源与环境，2022，32 (08)：153-162.

[12] 闫周府，吴方卫．从二元分割走向融合发展——乡村振兴评价指标体系研究 [J]．经济学家，2019 (06)：90 - 103.

[13] 金婧．共同富裕背景下数字普惠金融对乡村产业振兴的影响——基于省域面板数据的实证 [J]．商业经济研究，2022，839 (04)：177 - 180.

[14] 刘赛红，杨颖．金融资源配置与乡村产业振兴的交互作用及其空间溢出效应 [J]．经济问题，2021，507 (11)：98 - 106.

[15] 戴文娇．金融资源配置对乡村产业振兴的非线性影响 [J]．技术经济与管理研究，2022，317 (12)：88 - 93.

[16] 姚耀军．中国农村金融发展与经济增长关系的实证分析 [J]．经济科学，2014 (5)：24 - 31.

[17] 魏雪燕．农村金融对农村经济增长的影响——基于 1985—2014 年数据的实证分析 [J]．金融理论与探索，2016 (4).

[18] 汤雪．金融支持对四川省筠连县农村发展影响的研究 [D]．西南民族大学，2018.

[19] 徐欢．区域农村经济发展中的金融支持研究 [J]．农村经济与科技，2020，31 (07)：143 - 144.

[20] 刘旦．我国农村金融发展效率与农民收入增长 [J]．山西财经大学学报，2007，171 (01)：44 - 49.

[21] 温涛，冉光和，熊德平．中国金融发展与农民收入增长 [J]．经济研究，2005 (09)：30 - 43.

[22] 杨小玲．改革开放以来农村金融发展对农民收入结构影响的实证分析 [J]．大连理工大学学报（社会科学版），2009，30 (04)：28 - 33.

[23] 周一鹿，冉光和，钱太一．经济转型期农村金融资源开发对农民收入影响效应研究 [J]．农业技术经济，2010，186 (10)：33 - 39.

[24] 张昴．乡村振兴与农村金融深化 [J]．中国金融，2018，886 (16)：90 - 91.

[25] 余春苗，任常青．农村金融支持产业发展：脱贫攻坚经验和乡村振兴启示 [J]．经济学家，2021，266 (02)：112 - 119.

[26] 邵晓翀，杜尔功．金融助力乡村振兴的现实基础、理论逻辑与实践路径——基于新发展格局视角 [J]．技术经济与管理研究，2021，

303 (10): 76 - 80.

[27] 罗屹,武拉平. 乡村振兴阶段的农业支持政策调整:国际经验及启示 [J]. 现代经济探讨, 2020, 459 (03): 123 - 130.

[28] 陆静超. 新时期金融精准支持乡村振兴对策研究 [J]. 理论探讨, 2021, 220 (03): 145 - 149.

[29] 田丽秀,姜健. 基于乡村振兴战略背景下的金融支持农村产业融合发展效率研究——以云南为例 [J]. 云南农业大学学报(社会科学), 2019, 13 (01): 11 - 18.

[30] 杨菊. 重庆市金融支持乡村产业发展的实证研究 [D]. 兰州大学, 2019.

[31] 李洪侠. 乡村振兴视角下财政金融支农协同作用研究——基于 DEA - Malmquist 和 Tobit 模型 [J]. 西南金融, 2021, 480 (07): 14 - 26.

[32] 张晓娜,陈超. 乡村振兴、金融支持与农村市场发展水平的功效差异性——基于长江经济带沿线省域的经验分析 [J]. 商业经济研究, 2021, 820 (09): 113 - 117.

[33] 杜家廷,何勇,顾谦农. 数字普惠金融对农村居民消费结构升级的非线性影响 [J]. 统计与信息论坛, 2022, 37 (09): 63 - 74.

[34] 吴东军. 乡村振兴战略与金融支持 [J]. 青海金融, 2018, 334 (07): 42 - 46.

[35] 董小君,完颜通. 供应链金融服务乡村产业振兴的机制、模式与路径研究 [J]. 中州学刊, 2022, 311 (11): 56 - 62 + 2.

[36] 何广文,何婧. 乡村产业振兴中的金融需求 [J]. 中国金融, 2019, 904 (10): 33 - 34.

[37] 刘世波,邓生朋,石怡等. 金融支持乡村振兴战略的路径研究——基于鲁浙贵 3 省数据分析 [J]. 区域金融研究, 2020, 573 (04): 56 - 62.

[38] 夏诗涵,王建洪,王茂. 乡村振兴背景下农村产业发展水平研究——基于熵权法 - TOPSIS 综合评价模型 [J]. 湖北农业科学, 2019, 58 (17): 184 - 187.

[39] 郭佳莲. 农村金融支持乡村振兴战略的路径选择:基于全国 11 家省级农信的案例 [J]. 西南金融, 2019, 457 (08): 54 - 62.

[40] 任海峰，李文亮．乡村产业振兴的金融支持路径——基于平顶山市的实践经验［J］．银行家，2020，238（12）：131－134.

[41] 陈锋．金融支持乡村产业振兴模式探索［J］．中国金融，2022，985（19）：92－94.

[42] 周之茹，李勇．金融支持乡村产业振兴模式创新研究［J］．合作经济与科技，2019，620（21）：76－77.

[43] 程玉伟．乡村产业振兴视角下的农村一二三产业融合发展研究［D］．中共中央党校，2021.

[44] 邵智宝．发挥好金融支持乡村产业振兴的作用［J］．中国金融，2022，971（05）：26－27.

[45] 姜中裕．数字普惠金融促进乡村产业振兴的模式创新与政策研究［D］．南京信息工程大学，2022.

[46] 陈志松．商业银行支持乡村产业振兴实践路径研究［D］．西北农林科技大学，2022.

[47] Modernization of Agriculture and Economic Development：The Indian Experience. Dholakia Bakul H，Dholakia Ravendra H. 1992.

[48] 黄宏斌，王少楠．江苏省金融支持农业产业化的实证分析［J］．浙江农业科学，2014（09）：1482－1486＋1489.

[49] 李婕妤，姚凤阁，路少朋．中国农村金融发展与农业现代化关系研究［J］．学习与探索，2017（03）：131－137.

[50] 杨西水．基于金融服务视角的辽宁乡村产业振兴研究［J］．农业经济，2020（03）：132－134.

[51] 李季刚，马俊．数字普惠金融发展与乡村振兴关系的实证［J］．统计与决策，2021，37（10）：138－141.

[52] 康书生，杨娜娜．数字普惠金融发展促进乡村产业振兴的效应分析［J］．金融理论与实践，2022（02）：110－118.

[53] 邱晗，黄益平，纪洋．金融科技对传统银行行为的影响——基于互联网理财的视角［J］．金融研究，2018（11）：17－29.

[54] The industrialization of Agriculture：Implications for Future Policy. Allan W. Gray，Michael D. Boehlje. 2013.

[55] 刘孟飞．金融科技与商业银行系统性风险——基于对中国上市银行的实证研究［J］．武汉大学学报（哲学社会科学版），2021，74（02）：119－134.

[56] 丁廉业．互联网金融助推农业供给侧结构性改革的路径研究［J］．西南金融，2018（05）：37－43.

[57] 李戎，刘璐茜．绿色金融与企业绿色创新［J］．武汉大学学报（哲学社会科学版），2021，74（06）：126－140.

[58] 王玉林，周亚虹．绿色金融发展与企业创新［J］．财经研究，2023，49（01）：49－62.

[59] 王营，冯佳浩．绿色债券促进企业绿色创新研究［J］．金融研究，2022，（06）：171－188.

[60] 韩科振．绿色金融发展与绿色技术创新效率关系研究——基于空间溢出视角的实证分析［J］．价格理论与实践，2020，（04）：144－147＋178.

[61] 何凌云，梁宵，杨晓蕾，钟章奇．绿色信贷能促进环保企业技术创新吗［J］．金融经济学研究，2019，34（05）：109－121.

[62] 贾洪文，樊树钢．黄河流域绿色金融与经济高质量发展耦合协调研究［J］．生态经济，2023，39（10）：89－98.

[63] 吴成颂，昂昊．中国绿色金融效率时空分异及其提升路径［J］．资源科学，2022，44（12）：2456－2469.

[64] 贺正楚，刘思思，周永生．绿色金融、融资效率和产业链企业价值［J］．财经理论与实践，2022，43（03）：26－33.

[65] 王丽萍，徐佳慧，李创．绿色金融政策促进企业创新的作用机制与阶段演进［J］．软科学，2021，35（12）：81－87.

[66] 王康仕，孙旭然，王凤荣．绿色金融发展、债务期限结构与绿色企业投资［J］．金融论坛，2019，24（07）：9－19.

[67] 王旭，褚旭．基于企业规模门槛效应的外部融资对绿色创新影响研究［J］．系统工程理论与实践，2019，39（08）：2027－2037.

[68] 王锋正，陈方圆．董事会治理、环境规制与绿色技术创新——基于我国重污染行业上市公司的实证检验［J］．科学学研究，2018，36

(02)：361－369.

［69］刘海洋．乡村产业振兴路径：优化升级与三产融合［J］．经济纵横，2018（11）：111－116.

［70］李二玲，邓晴晴，何伟纯．基于产业集群发展的中部传统平原农区乡村振兴模式与实现路径［J］．经济地理，2019（12）：110－118.

［71］余春苗，任常青．农村金融支持产业发展：脱贫攻坚经验和乡村振兴启示［J］．经济学家，2021（2）：112－119.

［72］靳淑平，王济民．规模农户信贷资金需求现状及影响因素分析［J］．农业经济问题，2017（8）：52－58；111.

［73］胡俊波，熊若希，唐张雨青．“信用评价”能缓解农村小微企业“融资难”吗？［J］．农村经济，2021（2）：77－86.

［74］庞悦，刘用明．乡村振兴背景下农村金融资源配置困境与破解路径——以成都“农贷通”模式为例［J］．农村经济，2023（3）：58－68.

［75］葛和平，钱宇．数字普惠金融服务乡村振兴的影响机理及实证检验［J］．现代经济探讨，2021（5）：118－126.

［76］邓楚瑶，王福友．数字普惠金融推动农业高质量发展的路径选择——基于黑龙江省农业数字普惠金融案例分析［J］．审计与经济研究，2022，37（06）：117－126.

［77］高帆．乡村振兴战略中的产业兴旺：提出逻辑与政策选择［J］．南京社会科学，2019（2）：9－18.

［78］江世银，曹嘉宝．数字普惠金融对乡村振兴的影响及其机制研究［J］．贵州大学学报（社会科学版），2022，40（06）：47－60.

［79］李忠平，李雄军．长三角地区乡村振兴发展水平评价及障碍因子诊断［J］．统计与决策，2023，39（06）.

［80］吕承超，崔悦．乡村振兴发展：指标评价体系、地区差距与空间极化［J］．农业经济问题，2021，（05）：20－32.

［81］许烜，宋微．乡村振兴视域下农业绿色发展评价研究［J］．学习与探索，2021，（03）：130－136.

［82］魏琦．农村金融助力乡村振兴的关键所在及策略探讨［J］．农村金融研究，2018，（12）.

[83] 张建杰，崔石磊，马林等．中国农业绿色发展指标体系的构建与例证 [J]．中国生态农业学报（中英文），2020，28（08）．

[84] 巩前文，李学敏．农业绿色发展指数构建与测度：2005—2018年 [J]．改革，2020，(01)：133－145．

[85] 许敬辉，王乃琦，郭富林．数字乡村发展水平评价指标体系构建与实证 [J]．统计与决策，2023，39（02）．

[86] 刘涛，尚晓菲．数字普惠金融与农业高质量发展的耦合互动 [J]．中国农机化学报．